開かれた
音楽の
アンソロジー
Anthology of Open Music

Free Music 1960~80

Disk Guide編

TAKEO SUETOMI
末冨健夫
Onnyk
金野吉晃
KOJI KAWAI
河合孝治
KAZUE YOKOI
横井一江
SABU TOYOZUMI
豊住芳三郎
Kenya Kawaguchi
川口賢哉
HARUMI MAKINO
牧野はるみ
MASAFUMI ODA
織田理史

Free music 1960~80 Disk Guide Edition
Copyright©2017Chap Chap Records
All Right reserved
http://www.chapchap-music.com
1863 Shinden, Hofu-city, Yamaguchi-prefecture,
747-0825, Japan
Edited by Takeo Suetomi Koji Kawai
Photo courtesy of SABU TOYOZUMI,
ALEXANDER VON SCHLIPPENBACH
Cover design Misono Ueda
Published by TPAF:ISBN 978-4-906858-13-2
1-42-8-107 Minamiogikubo, Suginamiku Tokyo, Japan

フリーミュージック 1960~80（ディスクガイド編）
企画制作：ちゃぷ ちゃぷ レコード、
著者：末冨健夫、金野吉晃、河合孝治、横井一江、
牧野はるみ、川口賢哉　豊住芳三郎、織田理史
編集：末冨健夫、河合孝治
表紙デザイン：上田美園
発行所：TPAF
ISBN 978-4-906858-13-2

はじめに

「Free Music 1960〜1980：開かれた音楽のアンソロジー」（以下 FMO と略）では、当初企画段階で年代も２０００年までの１０００枚くらいのアルバムを選盤しましたが、本の内容を１９８０年までとしたことと、紙面の都合上、後半部分に１６６枚のアルバムを紹介したに留まり、他の多くのアルバムを紹介できませんでした。従ってその反省から「FMO」で紹介した１６６枚に２３４枚を加え全部で４００枚のアルバムを紹介すると共に新たにディスクガイド部分を独立させ続編として出版することにしました。

ここに掲載されているアルバムの多くは末冨が４０年以上に渡って、LP や CD を買い集め聴き続けた中から選ばれています。購入の基準はすでに名盤として知られているものもあれば、たまたま中古盤屋で安かったとか、知らないミュージシャンだけどジャケットに惹かれて等々、まるで音楽の内容の善し悪しとは別の動機のものもあります。もちろんそんな個人的な好みや思い入れだけでは、プライベートな内容に終わってしまいます。

従って、「FMO」でも紹介したフリージャズ、現代音楽の集団即興に、実験的ロック、アート分野のパフォーマンスや現代作曲家による即興を含んだアルバムも加え、全体の幅を持たせると同時に、メインストリームに位置する世評の高いアルバムもなるべく網羅し１９８０年までの音楽の流れを俯瞰出来るように配慮しました。それでも、本の物理的限界の為、削除したアルバムも相当数存在し、それはちゃぷちゃぷミュージックのホームページ「LP/CD レヴュー」に掲載しています。

各レヴューアーの方々には、字数制限以外は自由に書いていただきました、読者の皆様はそれを読まれ賛否両論おありでしょうが、それによって解釈の幅も広がり、そこで聴かれている音楽の存在意義もまた広がって行くと言うものです。また、どれから聴いてよいのか分からない方は紹介したアルバムの中から気ままに購入をされ、とにかく聴いてみて下さい。音楽はまずは聴かれる事が前提としてあります。いずれにしろ本に完璧というものはありません。従って前作同様、読者の皆様からさらなる率直なご意見、ご批判をいただき次の機会へと繋げていければと思います。

（末冨健夫、河合孝治）

In the previous work "Free Music1960~80: Anthology of Open Music ", we originally planned to feature about 1,000 albums from 1960 to 2000, but since the contents of the book was up to 1980, we could introduce only 166 albums as Disk Guide in the latter half of the book and could not introduce other many albums. Therefore, from that experience, we decided to independently publish the Disk Guide part as a sequel to the previous work, adding 234 albums to the 166 albums already introduced in "Fee music1960~80" and featuring a total of 400 albums.

Takeo Sutomi, Koji Kawai

1. Lennie Tristano:Descent Into The MAELSTROM/メエルストルムの渦 (EAST WIND/1952～66年)

これは Lennie Tristano/レニー・トリスターノの、1952（51年説アリ）年から66年までの未発表録音を集めたアルバム。本名は Leonard Joseph Tristano。1919年シカゴ生まれ。生まれた時から目が悪く、10歳の頃には失明していたようだ。12歳でサロン・ピアノを弾き、自己のディキシー・バンドではクラリネットも吹いていた。46年 NY に進出するも5年間は音楽理論の研究に時間を費やした。51年に音楽学校を設立。リー・コニッツ、ウォーン・マーシュ、ビリー・バウアーらが門下生となった。1949年に Lee Konitz(as)、Warne Marsh(ts)、Billy Bauer(g)、Arnold Fishkin(b)、Denzill Best(ds)と演奏した録音した2曲、「Intuition」と「Digression」が、史上初の「フリー・インプロヴィゼイション」の録音ということになっている。歴史に残らなかったが「フリー・インプロヴィゼイション」を演奏し、録音をしていた者もいたかも知れないし、本当に他にはいなかったのも知れない。そもそも「フリー・インプロヴィゼイション」の定義まで話を膨らませてはここでは書ききれないから止める。とにかくこのアルバムがリリース出来た事は快挙である。何が快挙かといえば、53年録音の「メエルストルムの渦」を聴けば分かる。この曲のタイトルは、エドガー・アラン・ポーの小説に触発されて付けられたもの。ピアノの多重録音だ。ジャズではまず行われない多重録音やテープ操作による音の変調、変換等を当時から積極的に行っていたのも全である。だが、多重録音で驚くのではない。完全な無調の音楽なのである。重ねられたピアノの音が3分26秒の間、正に鳴門の大渦巻き状態なのである。セシル・テイラーが分身の術を使って、三人がピアノをガンガン鳴らしているような感じだ。これが53年の演奏だとは！何とも恐ろしいミュージシャンだったのだろうか。彼こそ、ビ・バップ革命以降、最初のジャズにおける「前衛」ミュージシャンだった。セシル・テイラー出現以前のことである。これが日本のレーベルからリリースされたのは正に快挙と言う他はない。（末冨）

2. Moondog (Prestige/1956年)

Moondog/ムーンドッグ、本名 Louis Thomas Hardin は、（1916年～1999年）アメリカ、カンザス州生まれの盲目の詩人、作曲家、自作楽器の製作・演奏・・と、書けば何やらいかにも「アーティスト」と、かっこよく呼べそうだが、1943年 NYC に移住してからは、その滞在期間30年の内20年は路上で生活していた。しかし所謂ホームレスとも呼べないというから、とにかく訳のわからない生活様式を送って来ていたようだ。いつもヴァイキングみたいな格好をしていたらしい。そのくせ、バーンスタイン、トスカニーニ、チャーリー・パーカー、ベニー・グッドマンらとの交流もあったというから、ますます訳が分からない。こんな人が普通の音楽をやる訳が無い！ 1956年に Prestige(マイルスの4部作で有名な JAZZ の"有名な"マイナー・レーベル)に録音された本作は、アルバムとしては、53年 Epic に吹き込まれたファースト・アルバムの次に当たる。すでに49年には「Snaketimes Rhythm」という彼の音楽の特徴をよく現したタイトルのシングルが発売されていた。彼の音楽はジャズとクラシックとアメリカ先住民の音楽と NYC の路上で聞こえる街の騒音を、混ぜたらこうなったといった按配だ。2曲目の「Lullaby」は、妻 Suzuko（日系人？）が生まれて6週間になる娘の為にムーンドッグの作った子守唄を日本語で歌う。4曲目は、彼の作った詩の日本語訳を Sakura Whiteing が朗読する。その他、自作の打楽器を叩いていたり（先住民の音楽の影響が大きい）、NYC の路上の騒音（カエルの声も）が演奏に被せてあったりと、とにかく一筋縄でいかないこんな音楽を50年代に作っていたという驚きと、これを49年から録音してリリースするレーベル（後にはメジャーまでが録音した）が結構存在したというのも興味深い。74年からはドイツに移住し、数百もの曲が当地で管理、出版された。99年ドイツで亡くなっている。後年のミニマリスト達に尊敬され、影響を強く与えた。（末冨）

3. Nam June Paik : Works 1958.1979　(Sub Rosa/1958, 79年)

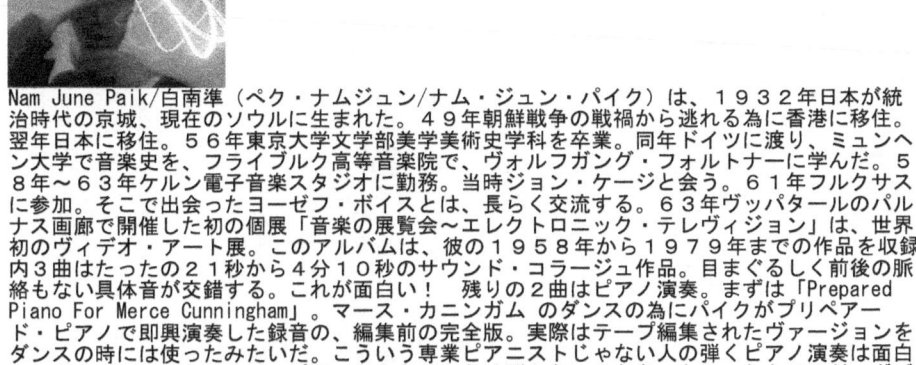

Nam June Paik/白南準（ペク・ナムジュン/ナム・ジュン・パイク）は、１９３２年日本が統治時代の京城、現在のソウルに生まれた。４９年朝鮮戦争の戦禍から逃れる為に香港に移住。翌年日本に移住。５６年東京大学文学部美学美術史学科を卒業。同年ドイツに渡り、ミュンヘン大学で音楽史を、フライブルク高等音楽院で、ヴォルフガング・フォルトナーに学んだ。５８年～６３年ケルン電子音楽スタジオに勤務。当時ジョン・ケージと会う。６１年フルクサスに参加。そこで出会ったヨーゼフ・ボイスとは、長らく交流する。６３年ヴッパタールのパルナス画廊で開催した初の個展「音楽の展覧会～エレクトロニック・テレヴィジョン」は、世界初のヴィデオ・アート展。このアルバムは、彼の１９５８年から１９７９年までの作品を収録。内３曲はたったの２１秒から４分１０秒のサウンド・コラージュ作品。目まぐるしく前後の脈絡もない具体音が交錯する。これが面白い！　残りの２曲はピアノ演奏。まずは「Prepared Piano For Merce Cunningham」。マース・カニンガム のダンスの為にパイクがプリペアード・ピアノで即興演奏した録音の、編集前の完全版。実際はテープ編集されたヴァージョンをダンスの時には使ったみたいだ。こういう専業ピアニストじゃない人の弾くピアノ演奏は面白い。ドン・チェリーしかり。ピアニストならこうは弾かないよなあ、といったところだ。ガゴーーン、ギョーーン、ギギーーーと書いておけば想像出来るだろう。対して２曲目のピアノの演奏はTAKISという人（何者？）との即興演奏だが、こっちはかなり具体的なメロディーが継ぎ接ぎされて出て来る。ロマン派、バロック、どこかの民謡風＆グチャグチャが、ごちゃ混ぜで続く。サウンド・コラージュを生演奏していると思ったらいい。仙台の美術館でパイクとボイスと金大煥さんの３人展が催されたことが有った。金さん宅でそのパンフレットを見せてもらったことがある。（末冨）

4. Ornette Coleman:The Shape Of Jazz To Come(Atlantic/1959年)

Ornette Coleman/オーネット・コールマンは、１９３０年テキサス州フォートワース生まれのアルト・サックス、トランペット、ヴァイオリン奏者。チャーリー・パーカー以降最大のジャズの革命家のひとり。プロ・デビューはR&Bのバンドだった。４９年に初録音を経験している。その頃から今に通じる演奏をしていたらしく、楽器を壊されたこともあったようだ。彼の実質的な最初の録音は、コンテンポラリーに１９５８年と５９年に録音した２枚のアルバムだ。ドン・チェリーはすでに参加しているが、どちらかと言えば、彼の作曲能力を買われての録音だった。実際、この最初期のアルバムに当たるこの２枚に、以後度々演奏される彼の代表作と言える曲がたくさん収録されている。５９年録音の本作は、アトランティックにおける第１弾。記念すべきオーネット・コールマン・カルテット～O・Coleman(as)、Don Cherry(cor)、Charlie Haden(b)、Billy Higgins(ds)の初陣を飾るアルバム。後有名になった曲「Lonely Woman」が収録されている。リリース当時は賛否両論の嵐が吹いたそうだが、今の耳で聴けば、これのどこがそんなに衝撃的なのだろうと思う人も多いかもしれない。時代がやっと彼（この時代の）に追いついたということか。同じく５９年録音といえば、マイルス・デイヴィスの「Kind Of Blue」がある。これはモード・ジャズの実質的出発点といえる傑作。この録音の翌月の５月にはコルトレーンが「Giant Steps」を録音している。それと同じ５月に録音された、O・コールマンのこのアルバムは、同じくフリー・ジャズの出発点と言えるだろう。そう考えると、巷で言われる、ジャズはモード・ジャズに至って、その後必然的にフリー・ジャズに行かざるえを得なかった。という表現は間違いだということが分かる。この二つ、ほぼ同時に生まれたようなのであった。だが、この「フリージャズ」という呼び方が曲者で、実はオーネットは「フリージャズ」を演奏していなかったとも言えるのだ。野放図なフリーとは一線を画すのがオーネットの音楽だった。（末冨）

5. Ornette Coleman:Free Jazz(Atlantic/１９６０年)

このあまりにも有名なタイトルは、レーベルが勝手につけたという。現在までも続くオーネットのダブルカルテットの源流はここにある。しかし、この作品、今聴いても難しい。おそらくは弁証法的に止揚されるべき二つのコンボの関係が把握できないのだ。プライムタイム結成後のほうがよほど理解できる。つまりこの時代、1960 年には、彼の流儀、思想を理解し、演奏できるミュージシャンは多くなかったということになるだろう。それは、このアルバムのもう一人のサックス奏者であるエリック・ドルフィーでさえ例外ではない。ドルフィーの演奏はいわばメアンデルのように内部へと渦巻いてゆく。だがオーネットは、アンサンブル概念、アドリブの呪縛を解放するため「開いて」ゆこうとしていたのだ。しかし誰もが演奏に沈潜してしまう。そう、これは決して「フリーなジャズ」ではない。オーネットもまた「ジャズからのフリー」を目指していたのではないか。そして彼はバイオリンとトランペットを手にし、エレクトリックなリズム隊を起用し、J・B・ウルマーという逸材を見いだす。しかし、この時代、ダブルカルテットは決して成功したとは言えない。成功していないからこそ重要な問題提起だったのだ！（金野）

6. Gunther Schuller, John Lewis:Jazz Abstractions(Atlantic 1960 年)

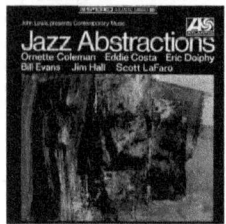

ガンサー・シュラーは1925年ニューヨーク生まれ、ホルン奏者、作曲家として活躍し、ニューイングランド音楽院の学院長、また小沢征爾などとタングルウッド音楽祭も主催し、その活動は実に多才だった。そのような活動の中で特筆すべきなのは五十年代の後期からのジャズとクラシックを融合した「サード・ストリーム・ミュージック：第三の流れ」という新しい音楽の確立を目指したことである。その試みにジョン・ルイスが共感し、二人が中心になって作られたのが本アルバムである。二人の他、ジム・ホール、オーネット・コールマン、エリック・ドルフィー、ビル・エバンス、エディアイ・コスタ、スコット・ラファロ、ジョージ・デュヴィエ、スティックス・エバンス、アルヴィン・ブレーム、それに弦楽合奏が加わると言う豪華メンバー。全部で4曲。そのうちシュラー作が3曲、ジムホール作が1曲。1曲目の「アブストラクション」（G. Schuller）はコールマンと弦楽奏者とのインタープレイが聴き所。2曲目は「ギターとストリングスのための詩」（By J. Hall）は弦楽五重奏がテーマを演奏し全体の主導権を保ち、ホール、ラフォロがそれにバリエーションを加えている。3曲目は「ジョン・ルイスのテーマによるヴァリエーション」（G. Schuller）はルイスの作曲の「Django」をテーマに書かれている。前半はホールとラファロのデュオが中心、中間部は弦楽合奏、後半にドルフィーのフルートソロで音楽全体が高揚する。4曲目が「セロニアス・モンクのテーマによるヴァリエーション」（G. Schuller）はモンクの「Criss-Cross」を題材による演奏。コールマン、ドルフィー、コスタ、ラファロ、それぞれのソロが際立っている。ところであらためて「サード・ストリーム・ミュージック」とは何だったのかと問うなら、それは新しいエクリチュール音楽への試作だったのではないか。そうだとすればジャズにとっては大いなる矛盾であろう。なぜなら即興を予定調和として抑えつつ全体の構造をかなりの部分、固定されるなら、それはクラシックとジャズがお互い触発されるというか、ナンセンスとナンセンスが合わさった過剰な意味を配置するか、もしくは不在と差異を保ったままの関係に過ぎないからである。ただこのアルバム自体の演奏はすばらしいし、ジャズの歴史の位相に一時の刺激をあたえたことは事実であろう。そう言う意味では心にとどめておく１枚ではないかと思う。（河合）

7. グループ・音楽 (HEAR sound art library/1960 & 61年)

1960年結成の学生達の即興集団（塩見允枝子、刀根康尚、小杉武久、水野修孝ら）。演奏を同時録音し、再生時に歪ませるとか、シュトックハウゼン「イーレム」のようにステージから演奏者が分散していくなど、相当に実験的。ただし、そういう説明がないと録音自体の悪さもあって把握できない。同時期、草月ホールでのイベントや海外の新しい音楽の紹介が盛んになりはじめた。当時の日本の芸術家達は海外の情報に餓えており、わずかに入って来るそれを貪欲に吸収した。例えば美術なら「具体」や「九州派」のように、60年代の日本の芸術のユニークさは、むしろ世界的な潮流とのギャップによって生まれた。韓国に孤立していたカン・テーファンがフリージャズを意識しつつ異なる次元の音楽を産んだ事実に似ていないか。
（金野）

8. Eric Dolphy: Other Aspects (Blue Note/1960.62年)

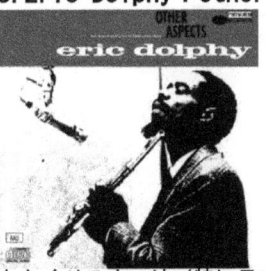

とかくリスナーは（特に日本の）、発売されているレコード類を聴いただけで、そのミュージシャンの事を、それが全てだと言う前提で評価したりしてしまう。現在はインターネットのおかげで、資料的には以前とは比べ物にならないほどの情報を取り入れることが出来る時代にはなって来たが。それでも情報がほとんど手に入らない者もいる。マイルス・デイヴィスのように、オフィシャル音源をはるかに越えるブートレッグの存在で（これの善し悪しの問題は、ここでは触れない）、空白の期間が埋まり、それまで考えられて来たこととは違っていた。等と言う事も起こる。限られた情報だけで、全てをこうと決めるのは危険なのではあるが、判断する情報がなければ正直どうしようもないのも事実だ。クラシックのように楽譜で後世に残せるタイプの音楽ではない即興演奏（ロックも、ポップスも。クラシック以外はほとんどそうだ。）は、可能な限りの録音物は残しておかないと、後世の者が活字だけでは、どうにも判断出来ない。さて、このドルフィーのアルバムが、それに当たる。もし、これの存在が知られないままだったとしたら、これまで通りのドルフィーの定位置からは出る事はなかっただろう。チャーリー・パーカーとフリー・ジャズの橋渡し云々等々。この60年と62年の未発表録音は、64年ドルフィーが、ミンガス・バンドのヨーロッパ・ツアー出立前に、友人のヘイル・スミスに手渡されたテープだ。それをジェームス・ニュートン尽力で Blue Note から CD化、リリースされた。その内容たるや、聴く前の想像を越えるもので、女性のヴォイスとドルフィーのバンド（メンバー不明）との演奏。無伴奏フルート・ソロが2曲。ロン・カーターとのデュオ。タブラ、タンブーラとドルフィーのフルート。これは、主役はタブラで、ドルフィーは、フルートで短い旋律を繰り返す。フリーとも違う新しい音楽の模索を行っていたのだ。（末冨）

9. The Gil Evans Orchestra：Into The Hot (Impulse/1961年)

ギル・エヴァンスは、１９１２年カナダ、トロント生まれのアレンジャー、作曲家、ピアニスト。幼い頃に、カリフォルニアに移り住んだ。１４歳の時ルイ・アームストロングのレコードを聴いてジャズに興味を持った。作編曲は、独学で習得。彼を有名にしたのは、クロード・ソーンヒル楽団にアレンジを提供した時からだ。４０年代のジャズのビッグ・バンドにフレンチ・ホルンやチューバを持ち込んだ。彼の腕に興味を持った者の中に、マイルス・デイヴィスがいた。４８年から両者はコラボレーションを開始。そして、キャピトルに吹き込んだ名作が「バース・オブ・ザ・クール」だ。後マイルスとは、「マイルス・アヘッド」「ポーギー＆ベス」「スケッチズ・オブ・スペイン」に結実する。Impulseへ６０年に吹き込んだ「Out Of The Cool」は、この時代を代表する傑作。翌６１年に録音されたのが、これと対となる「Into The Hot」だ。アルバム・タイトルは、「ギル・エヴァンス・オーケストラ」となっているが、実際はギルが、このアルバムで演奏をしている者達を、ギルの名前を使って、もっと売り出そう、知名度を上げてやろうという戦略で作ったアルバム（に、違いない。）「バース・オブ・ザ・クール」にも作品を提供していたジョン・キャリシのオーケストラと、セシル・テイラー・セプテットの録音を、交互に並べて構成させている。キャリシの曲は、アジアを演奏旅行した折の印象が１２音を使って書かれている。アドリブ・スペースは少なく、そんな制限された中でもフィル・ウッズらが良いソロを取っている。対して、テイラー・グループは、ライオンズ、シェップ、テッド・カーソン、ラズウェル・ラッド、サニー・マレイ、ヘンリー・グライムスという強力な布陣で、この時代最先端を行くホットな演奏をしている。ギル・エヴァンスが指揮をしたようにクレジットされてえいるが？さて？(末冨)

10. Jeanne Lee&Ran Blake：The Newest Sound Around (RCA/1961年)

Jeanne Lee/ジーン・リーは、１９３９年NYC生まれのヴォーカリスト。６３年に渡欧。マリオン・ブラウンやギュンター・ハンペルらと共演をし、ヴォイスの新境地の開拓を行った。その後はギュンター・ハンペルと結婚し活動を共にした。ハンペルと自主レーベルBIRTHを設立し、数多くのアルバムを制作し、そのほとんどのアルバムで彼女のヴォイスが聴ける。７８年と７９年録音の「Freedom Of The Univers」は、ハンペルとリーのデュオ・アルバム。BIRTH以外でも、「Conspiracy」(Earth Forms/1974)がある。これは、ハンペル、サム・リヴァース、スティーヴ・マッコール他８人のアンサンブルをバックに歌ったアルバムだが、リーの歌のバックでフリーな演奏を行うような曲もあり、相当ユニークなアルバム。Ran Blake/ラン・ブレイクは、１９３５年マサチューセッツ州スプリングフィールド生まれのピアニスト。二人は、デビュー初期の頃、デュオ活動をしていた。６１年録音の本作は彼等のファースト・アルバム。翌年二人は、モンタレー・ジャズ・フェスティヴァルに出演し大好評を博した。ここではジーン・リーの後年聴くことの出来るフリー・ヴォイスを聴くことは出来ない。「Laura」、「Where Flamingos Fly」、「Summer Time」、「Lover Man」、「Sometime I Feel Like A Motherless Child」、「Left Alone(CDのみ)」等のスタンダード・ナンバーを歌っているのだが、天界からの贈り物のようなDeep Voiceはすでに聴く事が出来る。ラン・ブレイクのピアノの伴奏が素晴らしい。常識的な伴奏の域を越え、新しい響きを歌の後ろで奏でる。極上のバラード・アルバム。１９８９年、OWLに久々のデュオ・アルバム「You Stepped Out Of A Cloud」を吹き込んだ。(末冨)

11. Duke Ellington:Money Jungle (United Artists/1962年)

フリージャズ/フリー・ミュージックを扱うこの本で、デューク・エリントンとは？
５０年代後半から６０年代のアメリカは、ブラックナショナリズムに呼応したジャズ・ミュージシャンのアルバムがたくさん作られた。己の民族性を発見し高揚させ、人種差別はびこる不条理な社会との戦いに臨んだ。そんなミュージシャンの代表が、マックス・ローチでありチャールズ・ミンガスだ。ローチの「We Insist!」「It's Time」、ミンガスの「直立猿人」、「The Clown」（特に、Haitian Fight Song）、「Mingus Presents Mingus」等々。だが、エリントンは、彼らが生まれた頃には「Black Beauty」、「Black And Tan Fantasy」等々をすでに演奏していた。ミンガスがエリントンを私淑し大きな影響を受けるのは自然な成り行きだったろう。彼には、エリントン・サウンドそのまんまのようなアルバムもあるし、エリントン・ナンバーをコンサートでは常に演奏していた。そんなミンガスにエリントンとの共演、録音が実現した。ドラマーは、この時代共闘していたと言っていいマックス・ローチ。１９６２年９月のことである。ミンガスは憧れのエリントンを前にしてガチガチに固まってしまったそうだ。演奏されたのは、全てエリントンの曲で、「マネージャングル」、「アフリカの花」はこのセッションの為に作られた新曲。あとは、「ワーム・ヴァレー」、「ソリチュード」と言った美しいエリントン・ナンバーから、「キャラバン」等々。とにかくエリントンのピアノが凄い。一体どんな指をしているだろうと思うくらいタッチが強く重い。フリージャズ・ピアニストで、こんなにゴツゴツした迫力のある演奏をしている者がはたして何人いるか？　と言うか、いない。セシル・テイラーが憧れるのも分かるというものだ。エリントン直系のピアニストは、モンクとセシル。これをジャズの歴史の主流とせず傍系と位置づける愚かさよ。さて、ミンガスだ。彼も一体どうすればこんな音がベースから出せるのか？コントラバスの弦から発せられる音を超えている。ローチも果敢に挑む。ど迫力の演奏（末冨）

12. Prince Lasha Quintet featuring Sonny Simmons : The Cry! (Contemporary/1962年)

プリンス・ラシャは、１９２９年テキサス州フォートワース生まれのアルト＆バリトン・サックス、フルート、クラリネット奏者。オーネット・コールマンとは幼なじみで、勉学も音楽も共に学んだ間柄。そのせいか、この二人は音楽までもが兄弟のようだ。とは言ってもその後のオーネットほどの飛翔はラシャには無かったのだが。ラシャは、５４年オークランドで、これまたオーネット・スタイルのソニー・シモンズと出会い、意気投合して双頭グループを結成した。６２年録音の本作は、グループのファースト・アルバム。メンバーは Prince Lasha(fl), Sonny Simmons(as), Gary Peacock(b), Mark Proctor(b, except, 2, 7, 8) Gene Stone(ds) ラシャは、ここではフルートに専念。そのせいもあって、相方のシモンズの方がよく目立っている感じは否めない。音楽のコンセプトは、正に同郷のオーネット流「フリー・ジャズ」。と言うか、まだまだこの頃は、後に多様化を見せるフリー・ジャズ/フリー・ミュージックにはまだまだ遠い時期だ。みんな手探りで新しい道を探っていた頃で、その大きな手本としてオーネット・コールマンという存在があったのだった。フリー・リズムとは言い難い。旧来のジャズの形からほんの一歩踏み出したといったところだろうか。一定のビート感は残っている。まだ古いと新しいが共存している状態。その上でラシャとシモンズが、かなりの自由度で振舞う。ピーコックとプロクターの２ベースは効果的で、おそらくピーコックの方だと思うが、リズムキープは片方に任せて、ときにフロント陣と同等の動きを見せる。このベースを聴くだけでも、価値が有る。このコンビは６７年に、「Firebirds」、７６年には「Live at The Berkeley Jazz Festival Vol.3」アルバムを残している。（末冨）

13. Jimmy Giuffre:Free Fall(Columbia/1962年)

ジミー・ジュフリーは、1921年テキサス州ダラス生まれのクラリネット、テナー・サックス、バリトン・サックス奏者で、アレンジャー。西海岸で、49年ウディー・ハーマン楽団に参加し、アレンジャーとして活躍。名を上げる。「フォー・ブラザーズ」は彼の作・編曲。その後、ハワード・ラムゼイ・ライト・ハウス・オール・スターズ、ショーティー・ロジャース・ジャズ・ジャイアンツで活躍。58年ニューポート・ジャズ・フェスティヴァルを記録した映画「真夏の夜のジャズ」では、彼のトリオのクールな演奏が目を引く。61年、ポール・ブレイ（p）、スティーヴ・スワロー（b）とトリオを結成。このトリオで3枚のアルバムを製作した。これは、62年録音の三作目。フリー・ジャズの元祖の暖簾を掲げるのは何もセシル・テイラーやオーネット・コールマンだけではない。当時のビー・バップからの脱却はトリスターノ、コニッツと言った白人ミュージシャンも同様に試行錯誤を重ねていた。その中でも特にジミー・ジュフリーの試みは、徹底していて、時代の先駆を行くものだった。この62年のトリオの演奏は特にその感を強くするものだ。「フリー・ジャズ」と言うよりも、70年前後に起こったヨーロッパのフリー・ミュージックに直結する演奏と言ってよい。静かで柔らかな、しかし抽象的な表現は今の時代の演奏と言われても信じるほどだ。再認識・再評価の必要を強く感じる。（末冨）

14. Sonny Rollins：Our Man In Jazz (RCA/1962年)

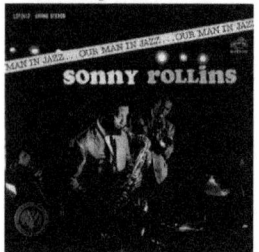

ソニー・ロリンズは、1930年 NY 生まれのテナー・サックス奏者。ハーレムで育った。近所には、コールマン・ホーキンスが住んでいた。テナー・サックスは、高校生の時アルト・サックスから替えた。当時、ジャッキー・マクリーン、ケニー・ドリューらとバンドを組んでいたというから、ジャズ黄金期とは恐ろしい時代だ。これはロックにも言えて、ビートルズだって、メンバーはみんな近所だった。兄はヴァイオリン奏者で、ピッツバーグ交響楽団に在籍していたこともある。プロ入りしてからの活躍ぶりをここで書く必要は全くないだろう。人気絶頂の50年代末、彼は突然引退し、自身の音楽を見つめ直すことにした。ウィリアムズバーグの橋での彼の練習はジャズ・ファンなら誰でも知っているエピソードだ。61年活動再開し、RCA と契約をした。そして、名作「橋」をジム・ホールらと録音した。翌62年 NY のクラブ「ヴィレッジゲイト」で行われたライヴから3曲収録したのが「Our Man In Jazz」。何と、ドン・チェリーが相手になってしまう。ドラムは、ビリー・ヒギンス。ベースは、ずっとロリンズに寄り添っているボブ・クランショウ。これは、ロリンズがオーネット・コールマン流儀で演奏してみせたアルバムなのだった。引退していた間、突然現れたオーネット・コールマンに興味津津だったロリンズが、再起した後に選んだ相手がドン・チェリーと言うのもこの時代の成せる技か。ロリンズもいつになく奔放にサックスを吹くが、ドン・チェリーにソロが移ると俄然オーネットのグループの雰囲気にガラリと変わってしまう。63年にはベースを57年にも共演しているヘンリー・グライムスに替え、ヨーロッパ・ツアーも行っている。RCA には「3 For Jazz」の中に録音がある。シュツットガルトでのライヴ盤（ブート）も出回っている。コールマン・ホーキンスとの共演盤では、ピアノにポール・ブレイを起用していた。（末冨）

15. Don Ellis:Essence (Pacific Jazz Records/1962年)

ドン・エリスは１９３４年ロサンジェルス生まれのトランペッター。ボストン大学で作曲、UCLAで民族音楽学を学ぶ。エリスと言えば何と言っても６０年代後半から７０年代にかけて彼が引きいたビックバンドでの活躍である（『at the Filmore』参照）が、このアルバムはそれ以前の若い頃の演奏である。フリージャズと言う意味ではビックバンドよりこちらの演奏に軍配が上がる。本アルバム(Don Ellis(tp),Paul Bley(p),Gary Peacock(b),Gene Stone(ds) Nick Martinis(ds))もそうだがこの時期の彼のアルバム（『New Idea』『How time passes』etc)で演奏されているミディアムあるいはアップテンポの曲はビーバップの構造からはなんとか逸脱しょうとする意図が感じられはする。しかし大方４ビートで演奏されている為か、あくまでも同一性を保ったままの差異に過ぎず境界の外へは脱出できずにいる。結局４ビートからの逸脱は変拍子を多用した彼のビックバンドによって成し遂げられれことになる。一方、本アルバムのスロー・ナンバー「Irony」でのエリスは境界を作らず、空間を手探りし、空間を生きる様子が伺える。ポール・ブレイの内部奏法から始まるアトーナルかつクロマチックな演奏は絶品であるし、ゲイリー・ピーコックやドラムの二人もかなり自由に演奏している。この時代を語る上で重要なアルバムと言ってよいだろう。（河合）

16. 銀巴里セッション june 26,1963 (Three Blind Mice/1963年)

１９５０年代の空前のジャズ・ブームが終りを告げた６０年頃の東京では、日本人ジャズ・ミュージシャンが演奏出来る場所はほとんど無かったそうだ。ジャズ・ミュージシャンの中でも特に新しいジャズを模索していた仲間だった金井英人（b）、高柳昌行（g）、富樫雅彦（ds）、菊地雅章（p）達は自分達のやりたいジャズの演奏が出来る所を探していた。銀座のシャンソン喫茶「銀巴里」が理解してくれて、金曜日午後を彼らに提供してくれたのだった。彼らは、１～２ヶ月に１度、深夜１２時からオリジナル曲だけのライヴを続けた。６３年６月２６日のこの録音は、いささか事情が違っており、オリジナル曲は金井英人の「Obstruction」のみ。この時はこれから社会と隔離された所に行かなければならなかった高柳昌行の「お別れ会」と、そこから帰ってきた富樫雅彦の「歓迎会」の意味合いがあったからだった。1曲目の「Green Sleeves」は高柳（g）、富樫（ds）、金井（b）、稲葉国光（b）による１８分くらいの演奏。この「Green Sleeves」こそ数有るこの曲の録音でも屈指の名演でなないだろうか。高柳の１音に重みのある厳しいギターの演奏は、後年のギター・ソロの音に繋がる。次の菊地の「Nardis」も同じく厳しい音だ。これが６３年の音かと疑いたくなる。富樫のドラムのキレ味の鋭いこと！　続く日野皓正や山下洋輔はまだまだ自分の音を作る遥か以前の演奏なのは仕方がないが、山下の後年の怒涛のフリー演奏とは打って変わって音数の少ない演奏が意外と言えば意外。これは、「ミントン・ハウスのチャーリー・クリスチャン」の日本版的な意味合いを持つ、日本のアメリカの模倣に終わらない独自のジャズの夜明けを記録した貴重で重要なアルバムだ。岡崎市在住の医師、内田修氏による録音は、これ以外にもたくさん有る。現在岡崎市の図書館が、内田氏が市に寄贈した多くの録音の中から佐藤允彦の監修で随時 CD 化されている。（末冨）

17. The Giuseppi Logan Quartet (ESP/1964年)

ジュゼッピ・ローガンは、1935年ペンシルバニア州フィラデルフィア生まれのマルチ・リード奏者。アルト・サックス、テナー・サックス、バスクラリネット、フルート等。15歳でプロ・ミュージシャンとなったが、後ニューイングランド音楽院で学んだ。ニューヨーク進出後は、タウンホールで弦楽合奏との共演をするなど意欲的な活動を見せた。64年G・ローガン (ts,as,fl,b-cl,Pakisutani oboe)、エディー・ゴメス (b)、ドン・プーレン (p)、ミルフォード・グレイヴス (ds,tabla) と言う強力な布陣でESPへの初録音に臨んだ。ローガンは、60年代に現れたフリー・ジャズ・ミュージシャンの中でも、最も異様で、訳が分からなく、突飛で、不思議で、怪しく、聞き手の想像力を駆り立てる存在は他にいない。ESPに2枚リリースした後は、精神に異常をきたしたとも言われ、ヤクの売人として御用になりその後何十年も務所暮らしをしていたとかネガティヴな話題しか聞こえて来ない。その彼が近年突如シーンに復帰して、アルバムをリリースしたものだから驚いた。1曲目「タブラ組曲」では、グレイヴスのタブラの伴奏に乗ってローガンはパキスタンのオーボエ（シャナイの仲間だろう）を吹く。しょっぱなからカマしてくれる。書く曲も独特なメロディーラインだ。彼の演奏となると、アイラーの様に広い音域を激しく移動するワケでもなく、ほとんど中音域周辺でとぐろを巻く。反対に他のメンバーの自由闊達さは驚く程だ。（末冨）

18. Albert Ayler Trio : Spiritual Unity (ESP/1964年)

初期キリスト教徒が、苦難を乗り越えて正典としての「聖書」を編纂し終えたとき、それは彼らが異端を弾圧する権威となった瞬間である。世界の何処であれ、武力革命が成功した途端、まず開始されるのは粛清。人間の世に戦争が亡くなる事は決して無いように、社会にいじめや差別は消えない。差別された者ほど、逆差別を開始する。ジャズが異端の音楽であればこそ、それは日々の糧となりえた。しかし、どこかでジャズは祭り上げられてしまった。それは神ではなく犠牲として、あるいはまた悪魔に取り憑かれたものとして。もし、アイラーが破壊せよというなら、まず彼をこそ殺さなければならない。それは決して昇天＝アセンションなどではなく、泥にまみれ、踏みつけられ、地べたに血を流しながら、悔恨の慟哭のなかで殺戮されなければならない。あるとき私は思った。「この一枚があればフリージャズは他に要らない」と。しかし思い直した。「この一枚があればジャズは他に要らない」と。フリー？それは無意味だ。ジャズも元は無意味、無駄を意味する言葉だった。ではフリージャズは「無意味の無意味」なのか。誰かが言った。「フリージャズは禁止の禁止だ」と。アイラーがどこまでも朗々と謳い上げるあげるとき、それは自由の讃歌ではない。音楽という牢獄、ジャズという地獄のアンチテーゼとして、そこに無垢なまま生まれた幼な子が、「肉をまとった存在は如何に不自由であるか」を告発する宣言なのだ。閑話休題。脇侍の菩薩について。もしゲイリー・ピーコックではなく、ヘンリー・グライムスだったら。そしてサニー・マレイではなく、ミルフォード・グレイヴスだったら。そんな可能性だってあったのだ。しかし本尊アイラーは何者にも代え難い。近年彼の未発表、未収録のテイクの再発売が盛んだ。そんなことは問題ではない。ジャズに再び「根源における共感」という祝福を齎した事、これがアイラーの全てであった。（金野）

19. Michael Garrick Trio : Moonscape (Airborn/1964年)

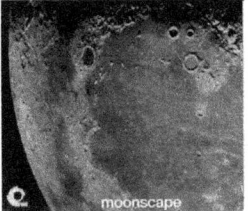

Michael Garrick/マイケル・ガーリックは、1933年イギリス、エンフィールド生まれのピアニスト。ロンドン・ユニヴァーシティ・カレッジで文学を学んだ。58年ヴァイヴの Pete Shade らと自己のグループを組んだ。卒業後は、詩とジャズのコラボレーションを追求し、63年「Poetry &Jazz in Concert」のディレクターを務め、アルバムとしてリリースされた。65年から69年の間、ドン・レンデル&イアン・カー・クインテットに参加。その間も、詩とジャズの融合は追求し続けた。67年ジャズとラージ・コーラスの曲が、セント・ポール教会で演奏される。68年からは、自己のグループにノーマ・ウィンストン(voc)を迎え、アルバム「The Heart Is A Lotus」他を制作した。合唱曲も多数発表している。こう書いてる64年録音の「Moonscape」だが、これまで紹介したガーリックの横顔だと、少し意外かもしれないピアノ・トリオのアルバムだ。それに、彼がフリー・ジャズと関わりがあるのかと、不思議に思われるだろう。彼のピアノは、普段は明るいイメージだし。ガーリックのピアノに、デイヴ・グリーン(b)とコリン・バーンズ(ds)のピアノ・トリオ。詩と、ジャズと、ピアノ・トリオのキーワードからだと思いもかけない演奏がここでは繰り広げられているのだ。オリジナルのジャケットには、ガーリック自らの解説で、「Free Form or The New Thing」との文字が見える。そう、これはガーリックの、フリー・ジャズが聴けるアルバムなのであった。こう書いてる私も、始めて聴いたときは予想と違って、逆に喜んだクチだ。思わぬ拾い物。ジャケットの月面のモノクロ写真そのままの、ダークな雰囲気が全体を覆う。フリーと言ってもセシルのようなパワフルなタイプではなくて、ポール・ブレイのような繊細なタイプの演奏か。このアルバム。オリジナルは、10インチ盤で、たったの99枚しかプレスされていない幻のアルバムだったが、近年 CD 化されいつでも聴けるようになった。お試しあれ。（末冨）

20. Bill Dixon7-tette : New York Contemporary 5 (SAVOY/1964年)

ビル・ディクソンは、1925年マサチューセッツ州ナンタケット生まれのトランペット奏者。ほとんどのフリー系ミュージシャンよりも一世代上の彼は、60年代初頭のフリー・ジャズ黎明期の理論的支柱として支持されていた。彼の書く曲は構造がしっかりとしていて理論家としての側面をよく表している。演奏もエモーション一発の感覚的なものではない。中音域をいかしたもので、ハイノートを激しくヒットし、熱く燃えるタイプとは異なる。知名度の割には60年代は録音が少ない。この録音は、オーボエやチューバを使った演奏で現在聴いても古さを感じさせない。80年代以降は SoulNote 等からたくさんのアルバムが出るようになった。アルバム後半はドン・チェリー、アーチー・シェップ、ジョン・チカイらのニューヨーク・コンテンポラリー 5の演奏。63年8月から64年初頭にかけての半年たらずの活動しかしていない。NYC5 の最初のトランペットは、ビル・ディクソンだったが、すぐにドン・チェリーに代わったのだった。モダン・ジャズからフリー・ジャズに移行する最初期のグループとして、他のミュージシャンの規範となった重要なバンドだった。このアルバムでは、一部テッド・カーソン（tp)も加わっている。ここでのベースはロニー・ボイキンス。ドラムはサニー・マレイだ。（末冨）

Disk Guide of Open Music

21. New York Art Quartet (ESP/1964年)

１９６４年夏、アーチー・シェップとの「ニューヨーク・コンテンポラリー・5」を解散したジョン・チカイ（as）は、ラズウェル・ラッドを誘い「ニューヨーク・アート・カルテット」を結成した。当初のベースとドラムは NYC5 のムーアと J・C・モーゼスを予定していたが、結成直前にルイス・ウォーレン（b）とミルフォード・グレイヴス（ds）に落ち着いた。だが、これは光明だった。当時（今も？）ミルフォード・グレイヴスのドラミングは、他の追従を許さない程の技術と音楽性を持っていたからだ。NYAQ の特徴は、単に即興演奏家が寄せ集まりセッションを行ったのではなくて、明確なグループ・コンセプトを持った上で集団即興（作曲も含めて）を突き詰めて行ったのだった。短いテーマはあるが、演奏におけるモチーフ的なもので、四人の自発的な演奏がお互いに影響し合いながら演奏は進む。チカイの色彩感に富むアルト・サックス演奏と、ラッドの激しくも雄弁なトロンボーンがウォーレンとミルフォードの正に変幻自在な演奏と絡み合う。たった四人の演奏なれど、一人ひとりが一つのユニットとして機能して行っているのだ。四曲目は、ルロイ・ジョーンズのポエトリー・リーディングが加わる。「ブラック・ダダ・ニヒリズム」を披露している。１２月にウォーレンが抜けた後ベーシストがなかなか決まらなかったが、レジー・ワークマンが参加し、Fontana にもう一枚アルバムを残し、たった一年たらずで解散してしまった。（末冨）

22. The Byron Allen Trio (ESP/1964年)

バイロン・アレンは、１９４０年ネブラスカ州オマハ生まれのアルト・サックス奏者。４８年から音楽を学び始めた。最初はバルトーク、ラヴェルと言ったクラシックや現代音楽に興味があったが、セロニアス・モンクのレコードを聴いてジャズに興味が沸いたと言う。彼のファースト・アルバムの本作は、６４年１０月１日から４日間行われた「ジャズ１０月革命」の直前の９月２５日、ニューヨークで録音されている。メンバーは、Byron Allen(as)、Maceo Gilchrist(b)、Theodore Robinson(perc)によるトリオ。三曲目に「Decision For The Coleman」と言うオーネット・コールマンに捧げられた曲がある。アレンの音楽は、突然変異的に現れた"前衛"ではなく、クラシックやジャズの伝統の上に、セロニアス・モンクや当時彼のまさに目の前にいたと言ってよいオーネット・コールマンの音楽を彼なりに咀嚼し自前の音楽を作り上げていった一人だった。ここで繰り広げられている演奏に耳を傾ければ、明らかにオーネットの影響は大きいと分かる。だが、演奏そのものは、ドラマーが少々オーソドックスすぎるきらいはあるものの、特にベースのグリクリストの変化に富んだ自在ぶりは特筆すべきものがある。三者の臨機応変な楽器の絡みは正に「フリー」以外の何者でもない。テンポやダイナミックスのスポンテニアスな変化は聴きものだ。その後のアレンのアルバムは、７９年突然リリースされた若いミュージシャンを従えたアルバム「Interface」だけではないか。（末冨）

23. Giorgio Gaslini : L'Integrale No,3&4(Soul Note/1964&68年)

ジョルジオ・ガスリーニ。1929年ミラノ生まれ。50年代に、ジャズと12音の融合を試みる等、常に先駆的存在だった。本作は、彼の64年と68年までの録音の4作品を収録。64年の「Ｄｏｄｉｃｉ　Ｃａｎｚｏｎｉ　Ｄ'Ａｍｏｒｅ」、「Ｕｎ　Ａｍｏｒｅ」、65年の「Ｎｕｏｖｉ　Ｓｅｎｔｉｍｅｎｔｉ」、「Ｌａ　Ｓｔａｇｉｏｎｅ　Ｉｎｃａｎｔａｔａ」。「Ｎｕｏｖｉ…」は、レイシー他豪華メンバーの揃ったドン・チェリー・グループとの共演。録音までの準備期間が、48時間しか無い中で作曲されたようだ。4つに分けられた組曲が、チェリーのグループの他、イタリア勢も加わった大編成のアンサンブルによって、熱気を帯びながら構築されていく様は圧巻！　他の曲の説明が出来ないのが残念。（末冨）

24. John Coltrane : Ascension （Impulse/1965年）

ジョン・コルトレーンは、64年12月の録音「至上の愛」でジャズの最高峰に登りつめた。インド哲学を彼なりに音楽で具現化してみせたこのアルバムは、ジャズだのフリーだのを越えた普遍的価値を有する傑作だった。（翌年のライヴ・ヴァージョンもＣＤ化されているが、これはオリジナルよりも壮絶な演奏になっている。）65年録音はされたが、彼の死後にリリースされたレギュラー・カルテットでの「Transition」を収録後すぐに、彼は当時の若手俊英達を集めて11人編成で集団即興演奏の「アセンション」を2テイク録音した。集団即興演奏といえどもテーマ部分は存在するし、ソロ・オーダーもあらかじめ決められている。まだジャズの範疇を逸脱してはいないし、するつもりもなかっただろう。集団即興とは言え、そこはムジカ・エレットロニカ・ヴィヴァやタージ・マハル旅行団等とは違う。ジャズ的熱狂を伴うこの集団即興演奏は、当時賛否両論を呼んだようだが、今の耳にはエルヴィン・ジョーンズやマッコイ・タイナーの演奏が今ひとつ周りについて行けていないように感じられる。ヨーロッパでは翌年、アレクサンダー・フォン・シュリッペンバッハがヨーロッパの精鋭を集めて「Globe Unity/Sun」を録音している。マイケル・マントラーの「The Jazz Composers Orchestra:Communication」は64年の録音だが、コルトレーンは相当に意識したに違いない。フリー・ジャズ・オーケストラと考えれば、マントラーに軍配が上がるだろう。だが、あのコルトレーンがこのような演奏に足を踏み入れた事は、フリー・ジャズを推進して来た若手達にとっては、心強いことだっただろう。それにしても、フレディー・ハバードと言う人は面白い。60年の「オーネット・コールマン/フリー・ジャズ」と、この「アセンション」というジャズの問題作に両方参加しているのに「フリー系」とは誰も、本人も全く認識していないんだから。（末冨）

Disk Guide of Open Music　15

25. Sun Ra:The Heliocentric Worls Of Sun Ra Vol.1&2
(ESP/1965年)

60年代のサン・ラは、自らのレーベル「サターン」から次々とリリースする一方、欧州、エジプトにも渡り多くの録音を残している。サン・ラのアルバムはどれも完結しておらず、常に過程のなかにある。宇宙が進化するように、彼もアーケストラも進化していく。ESPのサン・ラ・ワールドでは独自の響きを持つ打楽器が重要だった。既に電子楽器も用いているが、それは後にマグー美術館で咆哮するシンセサイザーのノイズソロとなる。やがて「スペース・イズ・ザ・プレイス（宇宙とはこの場所だ、とでも訳そうか）」と繰り返し、「世界の終り」を告げるコーラスがやってくる。こうした、変容していく集合体を、構成中心主義ともいうべきグローブ・ユニティ・オーケストラと比較してみると、意外なほどサン・ラは全体での混沌を抑制している。屋台骨をささえる古株らのソロは明快に響く。あらゆる素材をとりこみ、かつ放射するアーケストラ。その変容はサン・ラ亡き後も続いている。しかし「太陽中心世界」は、サンでありラーであった存在無くしてどこまでいけるのか。（flとasのD・デイヴィス～故人～は風巻隆と日本を回り、LPも残した。）（金野）

26. The George Russell Sextet:At Beethoven Hall
(SABA-Werke/1965年)

ジョージ・ラッセルは1923年シンシナティ生まれ。作曲家、ピアニスト。彼の名を決定付けたのはリディアン・クロマッチク・コンセプト（以下LCCとする）という理論であり、マイルスのモード奏法や武満徹の音楽にも影響を与えたと言われている。そのLCCをいかんなく発揮したのが、このアルバムで、ドン・チェリーがフューチャーされている。ではLCCとはどういうものか。それにはスケールとモードの違いについて説明する必要があるだろう。スケールは音の列を単に階段状に並べたものにすぎないが、モードは本来ある地域・文化圏特有の音組織によって作られたものである。ちなみにジャズにおけるモード奏法は中世の教会旋法からアイディアを得たというが、モードに安易に機能的な和声を付加するなら、モードの特性は失われてしまう。（例えばモード奏法の代表的なアルバムである、マイルス・デイビス『カインド・オブ・ブルー』に納められている「So What」を聞くとキャノンボール・アダレイのソロはモードになっておらず、ドミナントモーション（II-V）を基本にしたアドリブにしかこえない。）LCCではバーティカル（垂直的）、ホリゾンタル（水平的）に音組織を捉えるが、それがスケールに生まれる機能的なコードなら垂直、モードなら水平というのではない、もしそう考えてしまうなら音組織の機能を規則的に配分してしまい時間を秩序づけることになり、それは同一性を前提として差異にすぎないが、そうかと言って「差異からの差異」を生み出す（これがフリーミュージックの理想ではあるが）のでもない。どちらにも還元されない言わば「差異からの同一性」がLCCの特徴ではないかと思う。たとえば1曲目の「Freein' Up」ではラッセルのピアノが、「感覚可能な同一的音体系」に対して強度となって感覚されることしか出来ない「差異」の反復となって、刺激をあたえているが、さらに「リディア・イン・バグス・グルーヴ」「リディアズ・コンファメーション」「リディア・ラウンド・ミッドナイト」とスタンダードの曲をLCCで演奏することによってその独特の雰囲気は強固なものになる。ただ、何曲も聞いていると最初は「感覚されることしかできないもの」がやがて「感覚可能なもの」つまり認識の対象に変化して、やや飽きがこないでもない。もっとも全体の演奏は素晴らしいし、LCCという実験的な試みをは大いに評価されるべきである。そう言う意味では名盤であると思う。ところでLCCが21世紀の今日、新たな音楽を創出するコンセンサスとしての役割がまだ残っているのだろうか。（河合）

27. François Tusques:Free Jazz (Mouloudji/insitu/1965年)

これほどまでに「美しいフリージャズ」が他にどれだけあるだろうか。しかし、それは同時に何か細さ、脆弱さを感じるのである。フランス人ミュージシャンだけによって演奏されたアルバムだ。メンバーはB. ヴィテ(tp)、F. ジャンノー(sax, fl)、M. ポルタル(bcl)、C. ソードレ(per)、B. ゲラン(b)、F. テュスク(p)。特にポルタルのバスクラリネットは一種異様な輝きを放っている。各サウンド間の素晴らしいバランス感覚と統合性。もちろんそれを支えるのは各自の優れた即興演奏なのだ。そして完成されたものは次の瞬間から瓦解して行くのである。コレット・マニーが65年にプロデュースしたアルバムである。(金野)

28. Bob James Trio:Explosions (ESP/1965年)

ボブ・ジェームスは、1939年ミズーリ州マーシャル生まれのピアニスト、作編曲家。61年ミシガン大学在学中に、ボブ・ポザー、ロン・ブルックスとトリオを結成。ノートルダム大学で開催されたインター・カレッジ・ジャズ・フェスティヴァルに出場し優勝をした。クインシー・ジョーンズの推薦でファースト・アルバム「ボールド・コンセプション」を録音。63年メイナード・ファーガソン楽団に参加。63年から68年にかけてはサラ・ヴォーンの伴奏を務めた。これは、そんなボブ・ジェイムスの1965年のアルバムだ。そんなと、書いたが訳が有る。ベースはBarre Phillips/バール・フィリップス。ドラムはRobert Pozar/ロバート・ポザー。日本のジャズ・ファンが好きなピアノ・トリオだ。だが、ここではもう一つ加わっている。テープだ。ボブ・ジェームスとバール・フィリップスが、Robrt Ashley/ロバート・アシュレイと Gordon Mumma/ゴードン・ムンマの協力を得てテープに様々なノイズや電子音を編集していった。いわゆるテープ音楽だ。それを流しながらトリオは演奏した。4人目の共演者といったところだろう。断片的、点描写的なクールな現代音楽的と言ってもいいような演奏が聴ける。だが、それだけには終わらず、ミュージック・コンクレートと言って良いエレクトロニックな音響の上で、ブルースを演奏し、スウィングもしてみせるのだ。勿論それだけで演奏は収束には向かわない。この頃のボブ・ジェームスは正にジャズの最先端にいたのだった。それも相当に実験的な。だが、この時期の彼は、サラ・ヴォーンの伴奏者でもあったのだから、才能の振れ幅が何とも大きなことか。(末冨)

29. Paul Bley:Touching (Debut/Fontana/1965年)

オスカー・ピーターソンの後釜として、弱冠17歳でデビューした白人青年ポール・ブレイは、ある意味天才であったが、それ故に過酷な運命があった。天才は頂点から出発し、墜ちて行くだけといわれる。時代はフリージャズに突入していた。もし天才が「成長が早かっただけの存在」なら、過去の遺産の反映にすぎない。しかしブレイは早々とバップを捨て、しかもフリージャズのピアノ演奏としては、セシル・テイラーの対極とも言うべきスタイルを確立してしまった。パーカッシブな演奏は「バラージ」（ESP）に名残を留めるが、バートン・グリーンの方向にも行かなかった。私がこの65年の名作「タッチング」を聞き直して思ったのはむしろモンクの影響である。断片の連なりのような、探り当てるような数少ない音、それでいて確信に満ちた、風通しの良い、そしてほの暗いサウンド。ケント・カーター（b）とバリー・アルトシュル（dr）とのバランスは抜群である。こんなに叙情的なフリージャズが他にあろうか。またフリーという形容詞を外しても、これはジャズピアノトリオの、いや20世紀の小編成アンサンブル音楽の名作であると断言したい。（金野）

30. Gunter Hampel : Heartplants (SABA/1965年)

これは、ギュンター・ハンペル（ヴァイブラフォン、フルート）が率いたグループの、ファースト・アルバムにして、その後呼ばれることになる「ヨーロッパ・フリー」の最初の萌芽と言えるアルバム。ハンペルの他は、マンフレート・ショーフ(tp, fh)、アレキサンダー・フォン・シュリッペンバッハ伯爵（p、オリジナルLPでのジャケットに掲載されたライナーノートの中では、伯爵を付けて呼ばれている。）、ブシ・ニーベルガル(b)、ピエール・クールボア(ds)と言う、後ヨーロッパを主導して行った者達だ。「ヨーロッパ・フリーの萌芽」と書いたが、まだまだ芽が吹いた程度で、あのヨーロッパ・フリーと聞いて思い浮かべる破壊的、暴力的なフリーは、例えばブロッツマン、ヴァン・ホフ＆ベニンクのような、まだまだここでは刀の鞘に押し込められている。鞘から出したり戻したりといった具合だろうか。ここではスウィングする事に躊躇はない。無調の中でいかにスウィングするか。「全部壊してしまえ！」の号令はまだかけられてはいない。シュリッペンバッハ作の1曲目「ハートプランツ」は、複雑な曲だがスピーディーに流れる印象的な曲。同じく彼の曲「アイアン・パーセプション」は、図形楽譜を用いた曲。だが、聴感上はまぎれもないフリー・インプロヴィゼイションにほかならない。同じ楽譜を用いて、クラシック（現代音楽）のミュージシャンが演奏すると、「ゲンダイオンガク」の音になることだろう。「ノ・アローズ」はニーベルガルの曲。テンポは一定に保たれる。テーマ部分は12音で書かれている。ピアノが活躍する。「アワ・チャント」はショーフの、フリギア旋法を用いた5/4拍子の曲。最後のハンペル作のバラード「ウィズアウト・ミー」は、MJQをもっとクールにした感じの演奏。ジャズから黒人の体臭を消し去って、欧州人ならではのジャズに地平に降り立った瞬間の記録。その後は、もっともっと前進する。（末冨）

31. Lowell Davidson Trio (ESP/1965年)

たったの一枚しかアルバムを残さずにシーンから消え去って行ったミュージシャンは数多い。アルバムが無いだけで、ライヴの現場ではバリバリ活躍しているというミュージシャンも、これまた多い。Lowell Davidson/ロウェル・デヴィッドソンも、このアルバムだけでシーンから消えて行ったミュージシャンの一人。彼は、１９４１年ボストン生まれのピアニストで、教会でオルガンを弾いたり、聖歌隊の指揮をしていたこともある。NYに進出後は、オーネット・コールマンと何度も共演をしていたようだ。このESPへの録音は、オーネットからの推薦によるものだった。アフリカン・アメリカンのピアニストだが、セシル・テイラーの系譜に属さず、どちらかと言えばポール・ブレイに近い。パワー・プレイに身を置いていない、硬質でクールな演奏だ。共演者がベースがゲイリー・ピーコック、ドラムがミルフォード・グレイヴスと言う凄い布陣だ。と言っても、現代の目で見ての話。いくら凄腕でも、知名度の点ではまだまだの時期だ。だが、鋭い演奏はこのアルバムの価値を上げている。このアルバムの知名度も知る人ぞ知るレベルだろう。だが、このアルバムの演奏を今現代にそのまま持って来ても、十分通用するどころか、人気が出るのではなかろうか。キース・ジャレットは、彼に影響を受けてるのではなかろうかと一瞬思ったりもするくらいだ。ニューヨーク・アート・カルテットのドラマーは、グレイヴスだが、彼の前任者が、何とデヴィッドソンだったこともあったそうだ。そんな彼も、結局演奏する場を確保出来ず、ボストンに戻り、奨学金をもらってハーバード大学で生物化学を学び、生物化学研究所で学者として働いていた。（これはこれで凄い人だ。）仕事の合間をぬって、ボストンやその周辺で時折演奏もしていたらしい。だが、実験中の事故が原因で、惜しくも９０年に亡くなっている。これを知らずに聴かないでいると損をしますよ。（末冨）

32. Marion Brown Quartet (ESP/1965年)

Marion Brown/マリオン・ブラウンは、１９３５年ジョージア州アトランタ生まれのアルト・サックス奏者。高校生の時、サックス、クラリネット、オーボエを習った。大学を出て軍楽隊に入った。アトランタ時代の５７年に、憧れのジョニー・ホッジスとの共演を経験。その後、オーネット・コールマンに触発されたブラウンは、６２年にNY進出。それから後は、フリー・ジャズの道を進んだ。コルトレーン、シェップらとの交友から多く得て、彼らのアルバムにも参加している。彼は６０年代を代表するフリー・ジャズ・ミュージシャンでもあったが、また逆に異質な存在でもあった。時代は「破壊せよ！」と声高らかに叫んでいた。確かにブラウンもその真っ中にいた。ジョン・コルトレーンの問題作と言われた「アセンション」（６５年録音）にも参加している。これと同年に録音された彼の初リーダー作がこれだ。ブラウンの他、Alan Shorter(tp), Ronnie Boykins(b), Reggie Johnson(b), Rashied Ali(ds)そして一曲だけだが Benny Maupin(ts)も参加している。トランペットのアラン・ショーターは、ウェイン・ショーターの兄。弟よりも先鋭的な道を歩んだ。１曲目の「カプリコーン・ムーン」が軽快なカリプソ風ナンバーで人気があるが（曲の中頃に現れる２人のベースの絡み合いもいい。）、その後も彼は「ラ・プラシータ」のような人気曲を作っている。１曲目とはうって変わって、後の２曲は、フリー・ジャズそのものと言ったスピーディーでホットな演奏だ。ブラウンもフリーキーな熱いソロを取るが、イマジネイションがどんどん膨らんで行く様を見て取れる。いくら激しい演奏になろうとも、彼のサックスからは野放図な音は出て来ない。所謂「猫の喧嘩」と揶揄される手合いとは一線を画す。２ベースとアリのドラムによる安定したパルスの放射による土台がしっかりしているので、その上でブラウンとショーターが自由に飛び回れるのだ。ウェインの兄ということを抜きにしても、アランの演奏は素晴らしい。（末冨）

33. Patty Waters : Sings （ESP/1965年）

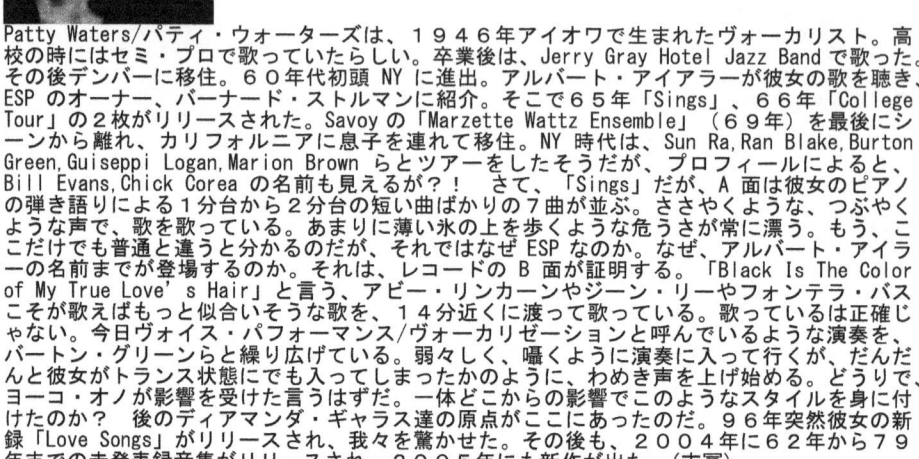

Patty Waters/パティ・ウォーターズは、１９４６年アイオワで生まれたヴォーカリスト。高校の時にはセミ・プロで歌っていたらしい。卒業後は、Jerry Gray Hotel Jazz Band で歌った。その後デンバーに移住。６０年代初頭 NY に進出。アルバート・アイラーが彼女の歌を聴き、ESP のオーナー、バーナード・ストルマンに紹介。そこで６５年「Sings」、６６年「College Tour」の２枚がリリースされた。Savoy の「Marzette Wattz Ensemble」（６９年）を最後にシーンから離れ、カリフォルニアに息子を連れて移住。NY 時代は、Sun Ra,Ran Blake,Burton Green,Guiseppi Logan,Marion Brown らとツアーをしたそうだが、プロフィールによると、Bill Evans,Chick Corea の名前までも見えるが？！ さて、「Sings」だが、A 面は彼女のピアノの弾き語りによる１分台から２分台の短い曲ばかりの７曲が並ぶ。ささやくような、つぶやくような声で、歌を歌っている。あまりに薄い氷の上を歩くような危うさが常に漂う。もう、ここだけでも普通と違うと分かるのだが、それではなぜ ESP なのか。なぜ、アルバート・アイラーの名前までが登場するのか。それは、レコードの B 面が証明する。「Black Is The Color of My True Love's Hair」と言う、アビー・リンカーンやジーン・リーやフォンテラ・バスこそが歌えばもっと似合いそうな歌を、１４分近くに渡って歌っている。歌っているは正確じゃない。今日ヴォイス・パフォーマンス/ヴォーカリゼーションと呼んでいるような演奏を、バートン・グリーンらと繰り広げている。弱々しく、囁くように演奏に入って行くが、だんだんと彼女がトランス状態にでも入ってしまったかのように、わめき声を上げ始める。どうりで、ヨーコ・オノが影響を受けた言うはずだ。一体どこからの影響でこのようなスタイルを身に付けたのか？ 後のディアマンダ・ギャラス達の原点がここにあったのだ。９６年突然彼女の新録「Love Songs」がリリースされ、我々を驚かせた。その後も、２００４年に６２年から７９年までの未発表録音集がリリースされ、２００５年にも新作が出た。（末冨）

34. Ran Blake : Plays Solo Piano （ESP/1965年）

Ran Blake/ラン・ブレイクは、１９３５年マサチューセッツ州スプリングフィールド生まれのピアニスト。４歳でピアノを始める。ほぼ独学で習得した。バード大学で最初のジャズを専攻した学生だった。また、レノックス・ジャズ学院（ジョン・ルイスとガンサー・シュラーが設立）でも学んだ。卒業後、ジーン・リーとのデュオでデヴュー。６３年のヨーロッパ・ツアーでは高く評価された。６７年からは、ボストンのニューイングランド音楽院で講師を務めた。７３年には、サード・ストリーム・ミュージック部門の責任者になった。６５年録音の本作は、彼のソロ・ピアノ・アルバム。オリジナルに混ざって、ジョージ・ラッセルの「Stratusphunk」、オーネット・コールマンの「Lonely Woman」が目を引く。「Good Mornin' Heartache」や「On Green Dolphin Street」等のスタンダード・ナンバーも演奏している。彼は、クリス・コナーと共演もしているし、ジーン・リーとはビートルズ・ナンバーも歌っているくらいだから、驚くことは無いのだが、このアルバムのリリースが ESP だと考えると、意外な選曲と思えてしまう。彼の音楽には、クラシック（特にドビュシー、ラヴェル等のフランス印象派）、子供の頃慣れ親しんだゴスペル、セロニアス・モンクの影響が大きいと言われる。それ以上に、彼が好むフィルム・ノワールの特徴である、モノクロームで影やコントラストを強調した表現が、正にこれらの演奏から感じ取れる特徴のひとつなのだ。取り上げられた曲の幅広さと同様に、曲毎に様々な要素が現れる。左手でベースラインを弾く乗りの良い演奏から（それでも右手のメロディーラインは一筋縄ではいかないが）、原曲のメロディーをつかみにくい程に解体した演奏。硬質な響きで抽象性の高い演奏まで、彼の多面的な要素を凝縮した一枚だ。７０年代以降はコンスタントに OWL,HatHut,SoulNote 等からたくさんのアルバムをリリースしている。（末冨）

35. Sonny Murray : Sonny's Time Now (JIHAD/1965年)

サニー・マレイ(SONNYからSUNNY Murrayに表記が変わった)は、1936年オクラホマ州アイダベル生まれのドラマー。ただのドラマーではない、正に革命的ドラマー。ドラマーは基本的には定形ビートを刻むものだが、彼はパルス・ビートと言おうか、細かい連続したパルスをうねるように送り出す。60年代初頭のセシル・テイラーの音楽形成には欠かすことの出来ない存在だった。セシルと出会ったことで、彼の独特なドラミングは開発されて行ったのは間違いないだろう。そんな彼もプロとしての最初の仕事は、ウィリー・ザ・ライオン・スミスやヘンリー・レッド・アレンといったトラディショナルなジャズメンとの共演だったというから、何だか嬉しくなる。あんなドラムが突然地から湧いて出たワケじゃないのだ。このアルバムは、なんともフロントの二人が凄い。アルバート・アイラーとドン・チェリー。この時代これ以上の組み合わせがあっただろうか？ これは今から目線の反応なんだが・・。ベースは、ルイス・ウォーレルとヘンリー・グライムス。強力なフロント陣にマレイのパルス・ビートのうねりが襲いかかる。アイラーもチェリーも激しいブロウをかまし続ける。さらに嬉しいのが、リロイ・ジョーンズによる「ブラック・アート」と題する詩の朗読が聞けるのだ。熱い時代の熱いJAZZ！ それはそれはオソロシイ録音なれど、最初は「ジハッド・プロダクション」というマイナー・レーベルから自費出版の形で少量リリースされたようだ。今も昔も最先端はそんなものだ。この翌年、マレイはESPから「Sunny Murray」をリリース。こちらは、マレイ(ds)、ジャック・クルシル(tp)、ジャック・グラハム(as)、バイヤード・ランカスター(as)、アラン・シルヴァ(b)。(末冨)

36. Bernd Alois Zimmermann : Die Befristeten, Improvisationen, Uber Die Oper"Die Soldaten", Tratto (Wergo/1965年)

ベルント・アロイス・ツィマーマンは、1918年ケルン郊外のビースハイム生まれの作曲家。最初は新古典的な作風だったが50年代に入ってからは、他様式主義と呼ばれるようなバロック、ロマン、民俗音楽、ジャズを引用した演奏のはなはだ困難な曲を作って行った。このアルバムは、「Die Soldaten」、「Tratto」等を収録したアルバム。ジャケットに何の解説文も掲載されておらず、誰が演奏しているのかすら書かれていない。作曲家の名前を知っているというだけで買ったものだった。聴いてビックリ。ジャズ、それもかなりフリー寄りのジャズが演奏されていた。「Tratto」は、電子音楽作品だった。買って得をした感十分といったところだった。後に調べて分かったことなんだが、何と演奏していたのはAlexander Von Schlippenbach(p)、Buschi Niebergall(b)、Manfred Schoof(cor)、Jaki Liebezeit(ds)、Gerd Dudek(ts、ss、cl)！ この時知ったのだったが、シュリッペンバハさんは、ケルン大学でツィマーマンの生徒だったのだった。ツィマーマンの多様式主義を受け継いでいて、同時に違う要素が進行するような演奏を好まれるのはここから来ているのだった。どうも、この「Die Soldaten」という曲は、元々オペラらしく、オペラ以外にもこうしたジャズ・ヴァージョンとかあるみたいだ。どうも情報不足で間違いもあるかもしれない。「Tratto」は、わりと控えめな電子音響となっている。ツィマーマンは、私生活の疲れや、自分の音楽が理解されないとの理由で自殺してしまったそうだ。(末冨)

37. Attila Zoller Quartet : The Horizon Beyond (Emarcy/1965年)

アッティラ・ゾラーは、１９２７年ハンガリーのヴィゼランド生まれのギタリスト。ハイスクール時代まではトランペットを吹いていており、プロになるべくブダペストに出たが、トランペットでは仕事が無くて、やむなくギターに転向した。その後、ウィーンに出てギターの腕を上達させ、西ドイツに移る。そこで、ユタ・ヒップ、ハンス・コラーのグループに参加。５９年に渡米し、ドン・フリードマンと出会う。６５年録音の本作は、そのフリードマンとのコラボレーション。バール・フィリップス（この頃は、ジョージ・ラッセル、ジミー・ジュフリーと共演をしていた）、ダニエル・ユメールとのコレクティヴ・インプロヴィゼイションによる、テンションの高い演奏が聴ける傑作。勿論完全即興ではなく（時代はまだそこまで行っていない）、ゾラーのオリジナル曲が並ぶ。テンポ・リズムが交差したり、転々と変化したりと凝った作りにもなっている。そのワクの中でスリリングな即興演奏を繰り広げている。なお、「ICTUS」のクレジットがゾラーになっているが、これはカーラ・ブレイの曲。この時代、ゾラーは最も先鋭的なギタリストの一人だった。ヨーロッパでは、ジャンゴ・ラインハルトを別格と考えても、たくさんの優れたギタリストを排出して来た。ジョン・マクラフリン、フィリップ・カテリーン、テリエ・リプダル、ガボール・ザボ、パコ・デ・ルシアと言う怪物もいる。そんな彼らの先輩格にあたるのがアッティラ・ゾラーだ。世代が一回りもふた回りも上なのに、この先鋭性には感心するしかない。佐藤允彦とは２枚のアルバム「Duolougue」（東芝エクスプレス／７０年）と「A Path Through Haze」（MPS／７１年）を作っている。（末冨）

38. Burton Greene Quartet (ESP/1965年)

バートン・グリーンは、１９３７年シカゴ生まれのピアニスト。最初はヴェーヴェルン、ケージらの現代音楽を探求し、ルーカス・フォスが結成したフリー・フォーム・インプロヴィゼイショナル・アンサンブルに参加した。６２年 NY 進出。翌年、アラン・シルヴァ（b）とフリー・フォーム・インプロヴィゼイション・アンサンブルを結成。このグループは、世界最初に（ただしジャズのフィールドで）完全即興を行ったグループとされている。６４年の「ジャズ１０月革命」に参加した。６９年以降はヨーロッパに移り住んでいる。本作は、６５年ニューヨークでの録音。グリーン（p, perc）の他、マリオン・ブラウン（as）、ヘンリー・グライムス（b）、デイヴ・グラント（ds, 1&3）、フランク・スミス（ts）、トム・プライス（ds, 2&4）のカルテットとクインテットによる演奏。バートンは、現代音楽から始めた者らしく、ピアノの内部奏法も披露しつつ、現代音楽では聴く事が出来ないフリー・ジャズ特有の疾走感を伴った破壊的なピアノの演奏を披露する。共演者ではやはりマリオン・ブラウンが群を抜く。爆発的な演奏も、スローな演奏も共に一音で彼の世界に全体を塗り替える。バートン自身は、渡欧後大きく音楽が変わり、この時代を「暗黒時代」と呼んで否定している。かと思えば、この録音には最も愛着の深いものとも思っているようだ。本人の思いとは別に、この時代の音楽を大きく変革させた張本人には違いない。（末冨）

39. John Coltrane:Live In Japan (Impulse/1966年)

ジョン・コルトレーンのグループは、１９６６年７月 待望の初来日を果たした。二週間くらいの間に連日各地でコンサートをこなして行った。現在と違い移動に時間を取られるツアーは大変だっただろう。すでに体は癌に侵されていたようだ。そんな疲れも感じさせないいやそれどころかとんでもなく強靭で壮絶な演奏がこのアルバムから聞けて来るのだ。CDにして全４枚（インタビューも含めると計５枚）。おまけに一曲の演奏時間も長い。短くても２５分で、６０分近いのも。レコード化を意識せずに演奏していた事で、このような形で今我々は演奏が聴けるのだ。コルトレーンの演奏は、この前年録音された「アセンション」が６６年に入ってリリースされているところから分かるように、日本公演にやって来た客は、突然前衛化したコルトレーンの姿を見せつけられたことになった。当然のごとく賛否両論巻き起こったそうだ。ツアー中、コルトレーンとサンダースに、ヤマハからアルト・サックスのプレゼントがあったのだが、７月２２日の公演で二人共このアルト・サックスを演奏している。「マイ・フェイヴァリット・シングス」はソプラノ・サックスでの演奏がトレード・マークなのだが、ここではアルト・サックスを演奏しているのだ。コルトレーンのみならず全フリー・ジャズ・アルバムの中でも超ド級の質量を誇るアルバムがこれなのだ。（末冨）

40. Cecil Taylor : Unit Structure (Blue Note/1966年)

デビューから十年、それまで不遇をかこっていたテイラーだが、ようやく機が熟した。名門ブルーノートに、完全オリジナル曲で、しかも２サックス、１トランペット、２ベース、１ドラムスという編成で録音を残す事になった。しかしこれを以てフリージャズが市民権を得たなどと言う事は出来ない。否、フリージャズはそれを得るための戦いであるとさえ言える。戦いの相手は、まさにメジャーな音楽産業であり（ブルーノートはリバティの傘下だった）、ジャズを食い物にする連中であり、テイラーが継続して来たのは、アフロアメリカンという矛盾と誇りに充ちた存在の文化闘争だった。それは決して、声を枯らして叫ぶ事でもなく、精神的、神秘的次元の統合でもなかった。テイラーは、いかにして西欧音楽の構造的発展と行き詰まりを、自分流のジャズとして結実させるかを意識して来た。だから彼は、その流儀の先達としてのエリントンに敬意を払うのであり、即興をあくまで素材として構成したアンサンブルを作曲する意味では AV シュリッペンバッハの先達となった。それが結実したのがこの"Unit Structures"である。とくに A 面２曲目"enter evening"は、全くビート感がなく、ドラムは完全に後退して、テイラーもベルを鳴らしたりしている。全体としては、トランペット、アルト、そしてオーボエの管楽器アンサンブルにより織りなされ、即興的要素が制限された、まさに「作品」だ。しかし決してサードストリーム風の換骨奪胎と去勢の産物、既存のイディオムに依る娯楽性や口当たりの良さなどを排して、どこまでも冷徹な「構成物」を現前させる事、あくまでその方途としての「レコード」であり、戦略的にメジャーへの接近を図ったはずだ。ふと気がつけば「京都賞」などとっていることになってもいいのだが。数あるテイラーの録音の中でも一つの頂点を示す作品であることは疑いない。（金野）

Disk Guide of Open Music 23

41. Cecil Taylor : Conquistador! (Blue Note/1966年)

どうしても、もう一枚のブルーノート盤、"Unit Structures"と比較したい欲望を抑えられない。"Unit Structures"は編成があたかもダブルトリオとして機能するようなダイナミズムが面白い。それに比べれば『征服者』はシンプルな編成であり、両面、各一曲という構成で、「曲」としての意識が増加している。ソロは、全員が割に落ち着いている。そして後にトリオとして充実するメンバー、ジミー・ライオンズのサックス、アンドリュー・シリルの完成されたフリージャズドラミングは気合い十分。またヘンリー・グライムスのベースの上手さと、一風変わったアラン・シルヴァの弓弾きも好対照。しかしビル・ディクソンのソロは、実に弱々しい。そんな意味で、かつては『征服者』を低く見ていた。しかし、今回レビューの要請を受けて、聞き直した所、急にこのアルバムの意味がわかった気がする。ブルーノートへの録音、そしてリリースというチャンスに、それ迄のキャリアとは全く異なる「作曲された作品」を残そうというテイラーの強い意思は、"Unit Structures"を「動」とすれば、こちらが「静」というべき一対として現れたのだ。激しさだけが強さではない。各奏者のアドリブに依存せず、テイラーの作曲理念が熟しているとい意味で、A面『征服者』、B面『ウィズ／出口』各一曲だけを聴かせることに集中しているといえよう。もし許されるなら2枚組で一緒に聴いてほしいと思ったのではないか。それだけ対照的な二枚だ。(金野)

42. Noah Howard:At Judson Hall(ESP/1966年)

ノア・ハワードは1943年ニューオリンズ生まれのアルト・サックス奏者。最初はサンフランシスコで活動し、バイロン・アレン (as) やソニー・シモンズ (as) らと共演を重ねていた。64年のジャズ十月革命には間に合わなかったが、その翌年にニューヨークに進出した。サン・ラ、アルバート・アイラーと言ったフリー・ジャズの先頭を走る者達と共演していた。このアルバムは、ESPでの第二弾となるジャドソン・ホールでのライヴ録音。前作から引き続きトランペットのリック・コルベックが参加した。ピアノにはデイヴ・バレル。他、キャスリン・ノリス (cello)、ノリス・ジョーンズ (後のシローン) (b)、ロバート・カップ (ds) のセクステット。ベースにチェロを加えた事でアンサンブルに厚みが加わった。一作でも演奏が光っていたリック・コルベックはここでも活躍する。ハワードのサックス共々燃焼・爆発する。ハワードは、作曲能力も高く、単にパワフルに吹奏するだけではない。即興演奏であっても、そのユニークなメロディー感覚は感じ取れる。バレルのピアノはさすがの存在感を見せる。ESPのみならず、60年代を代表するフリー・ジャズ・アルバムの一枚ではないだろうか。
(末冨)

43. Alexander von Schlippenbach:Globe Unity/Sun (SABA/1966年)

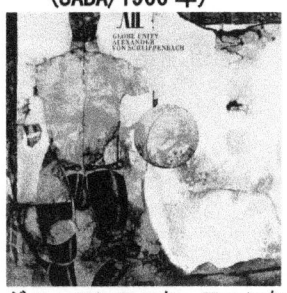

ジャーマンロック・ファンなら知らぬ人のない二大ドラマー、M・ノイマイアーとJ・リーベツァイトの共演が嬉しい、ヨーロピアン・フリージャズ・ビッグバンドの傑作。このアルバムを契機に、世界の強者達が集う「グローブ・ユニティ・オーケストラ」が生まれた（M・ショーフの「ヨーロピアン・エコーズ」を忘れた訳ではないが）。まだこの時点では、それは曲名だった。そしておそらくこれは「スピリチュアル・ユニティ」に呼応しているのではないか。精神に対しての世界、すなわち天界と地上、霊と人間、といった対応も考えられよう。シュリッペンバッハのドイツ的思考は、当時まさに冷戦のさなかにあって人間存在こそをテーマにした。どの演奏家も素晴らしい。即興演奏そのものを素材にしたアンサンブル構成という意味で実に西欧的である。それは何度も登場するグリッサンドに現れる。クセナキスが初期作品にこれを多用したのは、音響の建築のアナロジーともいえる。シュリッペンバッハもまた恣意的なメロディやモチーフではなく音響構築のパターンとしてそこに行き着いたのか。そしてまた随所に鳴らされる鐘が引き締めている。（金野）

44. Sonny Simmons:Staying On The Watch(ESP/1966年)

ソニー・シモンズは、１９３３年ルイジアナ州の小さな島、シシリー島に生まれる。幼少の頃は、島の自然が奏でる音が彼にとってのシンフォニーだった。西海岸に移住し、１６歳でプロのミュージシャンになった。５０年代半ばオーネット・コールマンと出会うことによって大きな影響を受ける。その後プリンス・ラシャと双頭グループを結成し活動を続けた。このグループは１９６２年 Contemporary に「The Cry!」を吹き込んだ。グループの活動とは別に１９６６年に ESP の為にニューヨークで録音したのが本作だ。彼の夫人バーバラ・ドナルド（tp）や現在も活躍するピアニスト、ジョン・ヒックスを含むクインテットで、正に６０年代のフリー・ジャズの典型とも言える熱い演奏が聴ける。バーバラのトランペットの演奏が聴きものだ。バリバリと勢いよく吹き鳴らす。もちろんソニー・シモンズもスピーディーで攻撃的な演奏を繰り広げているのだが、力まかせの野放図な演奏では断じてない。中身の無いブロウは微塵も存在しない。伝統をしっかりと踏まえた上でのフリーなのだ。ニューヨークの摩天楼を背にしてすくっと立った彼の姿には、これから立ち向かう音楽への険しい道のりを越えて行こうとする決意が感じられる。いい写真だ。（末冨）

45. Henry Grimes : The Call (ESP/1966年)

　Henry Grimes/ヘンリー・グライムスは、１９３９年ペンシルヴェニア州フィラデルフィア生まれのベース奏者。最初ヴァイオリンとチューバとイングリッシュ・ホルンを演奏していた。最終的にベースを選択し、５３年ジュリアード音楽院に入学。５０年代は、アーネット・コブ(ts)、ウィリス・ジャクソン(ts)、アニタ・オデイ(voc)、トニー・スコット(cl)、ジェリー・マリガン(bs)、ソニー・ロリンズ(ts)、セロニアス・モンク(p)、ベニー・グッドマン(cl)らと共演や録音がある。ミンガスは、彼のバンドのセカンド・ベースでグライムスを雇ったこともあった。大変注目されていたジャズ・ベーシストだったのだ。だが、そこに安住せず、６２年からは、当時「ニュー・シング」、「ニュー・ジャズ」と呼ばれていた前衛派達と交流を深めて行った。６５年のニューポート・ジャズ・フェスティヴァルに、セシル・テイラーのグループで出演した。アルバート・アイラー、ファラオ・サンダース、アーチー・シェップ、ドン・チェリーら主要なミュージシャンと共演を重ねて行った。自身のグループをペリー・ロビンソン(cl)とトム・プライス(ds)と結成し、６５年１２月８日、ESP の為に吹き込まれたのがこのアルバム「ザ・コール」だ。ロビンソンは、ビー・バップ以降は今も昔も少ないクラリネット専門のプレーヤーのひとり。高音の甲高い響きが時に耳に痛いくらいの演奏をする。リーダーのグライムスは、５０年代から引くてあまただけあった技量とアイデアが、ここからでも伺える。力強さと的確さ。雄弁に語り、演奏を屋台骨から引っ張って行く。こんな彼が７０年に入ってぷっつりと消息を立つ。死亡説も流れたくらいだった。それが、２００２年貧困の中にあった彼が"発見"されたのだった。感激したウィリアム・パーカーがグライムスにベースを寄贈した。その後は、全盛期以上の忙しさで、アルバムもリリースされている。いい話ではないか。（末冨）

46. Jazz Realities (Fontana/1966年)

　「ジャズ・リアリティー」は１９６５年に結成された Carla Bley(p)、Mike Mantler(tp)、Steve Lacy(ss)、Kent Carter(b)、Aldo Romano(ds)のクインテット。JCOA の二人にスティーヴ・レイシー・トリオが合体した形。６５年８月、カーラ・ブレイとマイク・マントラーのふたりが、ハンブルクの北ドイツ放送の招待を受けて渡欧し、「ハンブルク・ジャズ・ワークショップ」に出演。１２月にふたりはローマに移動し、スティーヴ・レイシー・トリオの３人と合流し、「ジャズ・リアリティー」が結成された。第二期のメンバーは、スティヴ・レイシーがペーター・ブロッツマンに、ケント・カーターがペーター・コヴァルトに変わり、アルド・ロマーノは残った。一体このメンバーの中でブロッマンがどんな演奏をしたのだろう。残念ながらこの録音は残っていないようだ。非常に聴いてみたい！　本作は６６年１月オランダで録音された。カーラ・ブレイはピアニストであること以前に、作曲家としての才能を認められた。ここでも、後年何度も繰り返し演奏される曲が含まれている。このアルバムは「フリー・ジャズ・ピアニスト」カーラ・ブレイの演奏を聴くことの出来る数少ない（ひょっとして唯一の？）アルバムではなかろうか。全員が「自己表現の鬼」となった妥協のない演奏は、正にこの時代の鏡のような演奏だ。カーラもひたすら鍵盤を激しく叩き続ける。こんなカーラの演奏は他で聴くことは出来ないだろう。ある日、演奏後血まみれになった自分の指を見て、「こんな演奏はやめよう。」と思ったそうだ。以降彼女は作曲家、バンド・リーダー（カーラ・ブレイ・バンド）として大活躍をする。ゲイリー・バートンの「葬送」、チャーリー・ヘイデンの「リベレーション・ミュージック・オーケストラ」の諸作もカーラ・ブレイの作曲、編曲したものだ。（末冨）

47.Marzette Watts : Marzette And Company (ESP/1966年)

マーゼット・ワッツ、１９３８年アラバマ州モントゴメリー生まれ。テナー＆ソプラノ・サックス、バス・クラリネット奏者にして、画家、詩人でもある。劇団も持っていたようだ。総合格闘家ならぬ総合芸術家というところか。６０年にNYに出て、ビル・ディクソンに師事した。様々なセッションに顔を出しては名を上げて行き、６０年代のフリージャズ・ムーブメントの真っ只中で活躍をした。６６年録音のこのアルバムは、ワッツの音楽部門の発表といったところであろうか。B・ランカスター(as,fl,b-cl)、S・シャーロック（g）、C・ソーントン(tb.cor)、K・ベルガー（vib）、J・ブース（b）、H・グライムス（b）、J・C・モーゼス(ds)といった豪華な（今の目で見ると。当時はみんな若かった。）そして、一見バラバラなメンバーによる集団即興演奏。２ベースによる迫力のある演奏だ。単にソロを回すだけに終わらず、かと言ってただ混沌としたものに陥ってはいない。ワッツのリーダーとしての力量が伺えるし、参加メンバーの力量の凄さも伺える。プレイ自体は、ワッツ以外のサイドメン達に目が（耳が）行ってしまうのは、このメンツなら仕方がないか。特にギターのS・シャーロックが凄い。どう言う意図で、そして誰がこれらのメンバーをここに集結させたのか、また出来たのか？ ESPのプロデューサーのバーナード・ストゥルーマンの力か、ワッツの広い人脈からか。謎も多いセッションだ。ワッツには、もう一枚 Savoy New Jazz Series に「The Marzette Watts Ensemble」があるだけだ。ヴォイス２人（ひとりは、Paty Waters）に、Bill Dixon(p)やヴァイオリン奏者も含む１３人編成のラージ・アンサンブル。（末冨）

48.Milford Graves&Don Pullen;Nommo(S.R.P./1966年)

ミルフォード・グレイヴス（ds）と、Don Pullen/ドン・プーレン（p,以前は「ピューレン」と名乗っていた。）は、１９６６年エール大学でのコンサートの録音を二枚のLPに分けてリリースした。これは「NOMMO」とタイトルされたVol.2の方で、おそらくセカンド・プレスではないだろうか。デザインがオリジナルと違っている。実は、Vol.1を持っていないので、こっちのVol.2しか紹介出来ない。Vol.1は、PG-1.2の片面１曲ずつ。Vol.2は、side.1がPG-3.4で、sibe.2がPG-5となっている。晩年のドン・プーレンは、毎年のようにジョージ・アダムスとのグループで来日し、夏のジャズ・フェスティヴァルを大いに盛り上げてくれていた。このアルバムの録音当時はセシル・テイラーばりのパーカッシヴで激しいフリー・プレイを行っていた。グレイヴス相手にパワー・プレイを仕掛けている。しかし、このグレイヴスこそはハン・ベニンク共々東西両横綱と呼んでもいい程のドラマーなのである。（と、私は思っている。）グレイヴスの演奏は、とても一人で演奏しているとは思えない程だ。何度か来日し、TV（特番まで作られた。）にも出演していたが、その映像からは六人分の演奏を一人でやっているかのごとく聴こえたものだった。一打一打が力強く、リズミカルかつメロディアスでもある。このあたり、アフリカの太鼓が信号の伝達であり、生活の手段だったことへのアメリカからの返礼か。他には聴けない、どこを探してもいないタイプの、彼自身が一つのジャンルと言ってもよいくらいの独特さなのだ。プーレンは、このミルフォードに伍して渡り合う。どちらかの演奏の聴こえるチャンネルを消して聴いてみても、十分ソロ演奏として聴ける程の「デュオ」演奏。おそらく二枚のLPを一枚のCDにギリギリ収めることが可能なのではなかろうか？ CD化を強く望む！（末冨）

49. Roscoe Mitchell Sextet : Sound (Delmark/1966年)

AACMの創設者のひとりでもあり、AACMの看板のようなグループ、アート・アンサンブル・オブ・シカゴのメンバー、Roscoe Mitchell/ロスコー・ミッチェルが、1966年シカゴで録音した彼のファースト・リーダー・アルバムがこの「Sound」だ。「サウンド」、そう「音」である。「俺の音楽を聴け」というよりも「俺の音を聴け」と言うことか。「音楽」というよりも、この「音」であることが彼の場合重要な意味を持って来る。ブッっと、たった一音鳴らしてしばらく何も音を出さず、また一音ブッと鳴らすだけを続けるような演奏をするロスコーは、「この一音に魂を込める。」と言うよりも、音/Soundそのものに興味があり、そこに過剰な精神性を込めない、持ち込まない姿勢なのかもしれない。これはAACMの盟友アンソニー・ブラクストンと相通じるのではないか。同じAECのリード奏者のジョセフ・ジャーマンとは対照的だ。AECでは、ジャーマンはアフリカを意識した衣装に顔面ペインティングの出で立ちだが、ロスコーだけは特別何かを意識したような衣装を着るわけではない。ここら辺でも、AECの中での彼の立ち位置が分かると言うものだ。このアルバムでは「ロスコー・ミッチェル・セクステット」となっているが、L・ボウイ、J・ジャーマン、M・フェイヴァースとはすでに「アート・アンサンブル」を名乗っていたようだ。ここでは、J・ジャーマンが抜けLester Lashley(tb、cello)、Maurice McIntyre(ts)、Alvin Fielder(perc)、Lester Bowie(tp)、Malachi Favors(b)が参加している。同年の他のフリー・ジャズと呼ばれていた演奏の録音と比較して見よ。いかに彼等の音楽が一歩先を行っていたか。すでに「フリー・ジャズ」からもステップ・アップを図っていたのだった。自らと他者との距離を広く取り、見た目の速度より内なる速度を大切にしている。(末冨)

50. Roswell Rudd : Everywhere (Impulse/1966年)

ラズウェル・ラッドは、1935年コネチカット州シャロン生まれのトロンボーン奏者。子供の頃はフレンチホルンを吹いていた。50年代は、エリス・チューズン・シックスと言うトラディショナル・ジャズのバンドに参加していた。同時にワイルド・ビル・デイヴィソン、エドモンド・ホール、バド・フリーマンらとも共演をしている。60年代に入ると前衛ジャズに傾斜して行き、63年には同じく50年代はトラディショナル・ジャズを演奏していたスティーヴ・レイシーとグループを組み、ヘンリー・グライムス(b)とデニス・チャールズ(ds)とアルバム「スクール・デイズ」を録音した。66年録音の本作は、前年America30からリリースされたオランダでの録音に次ぐ彼のセカンド・アルバム。メンバーは、ラッド(tb)、G・ローガン(fl,b-cl)、R・ケニヤッタ(as)、L・ウォレル(b)、C・ヘイデン(b)、B・ハリス(ds)と言う豪華なもので、特にジュゼッピ・ローガンの参加が目を引く。ベースもウォレルとヘイデンの2ベースで、ビーバー・ハリスと三人による自在に絡み合う複雑なリズムが素晴らしい。その上で、ラッド、ローガン、ケニヤッタと言う共に個性の強いフロント陣が音を重ねて行く。ラッドは、73年にJCOAとの共演で優れたオーケストラ作品も作っている。79年イタリアのHOROには、一人でtb,p,b,ds,voiceを駆使して作り上げたソロ作もある。現在も健在で活躍中。(末冨)

51. Bill Dixon : Intents And Purposes (RCA/1966.67年)

ビル・ディクソンは、知名度、重要度の割にはアルバムが極端に少ない。特に一番肝心な60年代の彼の姿を捉えた録音が、あまりにも少なすぎるのが、フリー:ジャズ界の謎のひとつ。と、勝手に言ってしまったが、本当の事だ。その数少ないアルバムの中でも、重要な一作がこの66年と67年に The Bill Dixon Orchestra によって録音された「Intens And Purposes」だ。オーケストラと言っても10人編成のラージ・アンサンブルといったところか。だが、ディクソンのペンが冴え渡っており、人数以上の分厚いアンサンブルとなって聞こえて来る。メンバーは、ビル・ディクソン(tp,fh)、ジミー・チーザム(b-tb)、バイヤード・ランカスター(as,b-cl)、ロビン・ケニヤッタ(as)、ジョージ・マージ(English horn,fl)、キャサリーン・ノリス(cello)、ジミー・ギャリスン(b)、レジー・ワークマン(b)、ロバート・フランク・ポザー(ds)、マーク・レヴィン(perc)。もう全く旧来のジャズのビッグ・バンドの音はここでは聞こえない。チェロも含めた弦の響きやバスクラリネットの低音がドローンとなってオーケストラの底辺を蠢き、その上をビル・ディクソンのトランペットがゆったりと舞っている。全員の集団即興もあるが、全く演奏が破綻をきすことはない。混沌としているようでいて、ゆるくだがまとまっており、ピシっと締まった演奏だ。リーダーの統率力もあろうが、参加ミュージシャンの耳のよさ、瞬時の判断力の速さと的確さに大きく負っている。これは録音の時代性を考えれば、相当に斬新な響きなのは間違いない。これ、最近作と言われても疑いはしない。Side.1 の2曲目と、Side.2 の2曲目の「Nightfall Pieces I & II」は、ジョージ・マージ(fl)とディクソンの二人による多重録音で、これまた、最近の録音と言われても誰も疑いはしないだろう。ビル・ディクソンのトランペットの演奏は、厚みのある温度感のある音色で、むやみやたらとバリバリと吹き倒すような真似はしない。これは今も昔も変わらない。(末冨)

52. Archie Shepp : The Magic Of Ju-Ju (Impulse/1967年)

Archie Shepp/アーチー・シェップは、1937年フロリダ州フォートローダーデイル生まれのテナー、ソプラノ・サックス奏者。7歳の時、フィラデルフィアに移住。地元の R&B のバンドで演奏活動が始まった。リー・モーガンやジョン・コルトレーンらと出会う。57年 NY に出る。ゴダード・カレッジで劇文学を学んだ。60年セシル・テイラーのグループに参加し、本格的な演奏活動に入る。当時の録音は、「ザ・ワールド・オブ・セシル・テイラー」、「New York City R&B」等で聴ける。62年ビル・ディクソンとカルテットを結成。63年ジョン・チカイ、ドン・チェリーらと「ニューヨーク・コンテンポラリー・ファイヴ」結成。64年ジャズ十月革命に参加。リロイ・ジョーンズ/アミリ・バラカ(詩人、評論家、作家)との交流も影響し、この頃から彼は黒人問題に対し、真っ向勝負に出始めた。「フリー・ジャズの闘将」と称される程になる。コルトレーンが亡くなる3ヶ月前に録音された本作は、彼の数あるインパルス盤の中でも代表的なアルバム。色描かれた髑髏のジャケットが強烈なインパクトをまず与える。そして、中身も。つまり演奏だが、当時のアフリカン・アメリカンしか表現し得ない過激な内容で、彼らの民族色が濃厚に表出されたもの。シェップの語った言葉に「私の音楽はフォーク・ミュージックだ。」と言うのがある。アフリカン・アメリカンの民族性を示す必要性に目覚め、そして彼が選んだ音楽が「ジャズ」だから。そんな彼の言葉がそのまま音楽になったような演奏がこれだ。特に18分を超える1曲目、レジー・ワークマン(b)と、二人のトランペット以外はドラムがビーヴァー・ハリスとニーマン・コナーズ。そして、パーカッションが3人。エド・ブラックウェル、デニス・チャールズ、フランク・チャールズ。怒涛の打楽器のリズムに乗って、シェップは汗みどろで、ひたすらテナー・サックスの咆哮を繰り返す。(末冨)

53.Muhal Richard Abrams : Levels And Degrees Of Light (Delmark/1967年)

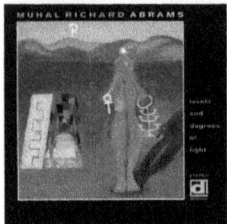

ムハール・リチャード・エイブラムスはAACM(Association for The Advancement of Creative Musicians)の創立者である。AACMは音楽家の集団である事は言うまでもないが、その活動内容においては、シカゴの芸術家達のコミューン的存在であった。セッションには、詩人・画家・ダンサー・フィルムメーカーなどが常に出入りし、お互いの目標に向かって共同作業を続けていたのである。現在オフィスはシカゴとニューヨークに分かれているが、創立時の指針は変わる事無く、今も個性的なプロジェクトを世に送り続けている。「レベルズ アンド ディグリーズ オブ ライト」は AACM の活動に一目置いたデルマークのロスコー・ミッチェル「サウンド」、ジョセフ・ジャーマン「ソング・フォー」に続くリリースである。アルバム・タイトルの一曲目は、バイブラフォーン、ドラムにペネロープ・テイラーの突き抜ける様なボイスが、幻想的な雰囲気をかもし出している。後半ボイスのパートが人の声にも聞こえる心憎い作品である。「私の想いは私の未来、今もこれからも・・・・」という詩で始まる二曲目ではエイブラムスのピアノの呪術的エネルギーを後のソリスト(テナー、ドラムス、ベース)が持続させながら終盤にもつれ込むという、熱のこもった演奏が展開される。ベースソロの後、津波の様に導入されるアンサンブル、そして波が引くごとくボイスが表れ、バイブラフォーンに引き渡されるあたりの、作品としての構造はさすがである。B面「The Bird Song」での予兆を詠む様に朗読される詩がいい。６０年代のアフリカン・アメリカンの間では、リロイ・ジョーンズ(現アミリ・バラカ)に代表される、感情を自制せずシャウトをリズムに乗せて詩を読むのがはやりであったが、ここではよりクリエイティブに音楽作品として溶け込んでいる。混沌の中心から響き出す鳥の声にリロイ・ジェンキンスのバイオリンが冴え渡り、異なった次元に聴く者を連れて行く。そしてドラムを合図に光は徐々に見えなくなり、私達は我に返るのである。
　音楽としてクリエイティブなだけでなく、音楽がイマジネーションを超えて、新しい経験を生む様な作品は誰にでも作れる物ではないだろう。そして何より祖先から受け継がれた自分達の想いが、若い世代に繋がり未来へと続く事を祈っている。(牧野)

54.Willem Breuker&Han Bennink:New Swing Acoustic Duo (ICP/1967年)

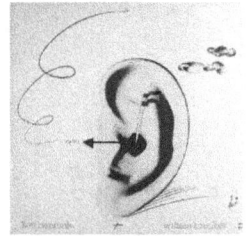

ウィレム・ブロイカーは、１９４４年生まれのオランダのサックス、クラリネット、作曲家。この６７年録音のアルバムは、同じくオランダのドラマー、ハン・ベニンクとのデュオ演奏が収録されている。ウィレム・ブロイカー、ハン・ベニンク、ミシャ・メンゲルベルクによって設立された「インスタント・コンポーザーズ・プール」（ICP）の第一弾としてリリースされた。ブロイカーはその後 ICP を離れ、自身のレーベル「BVHAAST」を設立した。ブロイカーは、ソプラノ、アルト、テナー・サックスとクラリネット、バスクラリネットを吹く。ベニンクはドラムの他タブラも含めた打楽器も叩く。と言うか、ぶっ叩く！ この二人のパワーは半端じゃない。しかし、ただのエレルギー・ミュージックではない。ある一点を目指して猪突猛進に突っ走る類いの演奏とは違うのだ。怒涛のフリー・ジャズは意識的に回避しているようだ。演奏の流れが、瞬時に別の方向に向かったり、はたまた止まったりと、演奏がより多面的に展開している。明らかにフリー・ジャズの次のステップに駆け上がったのが見て取れる。「ニュー・アコースティック・スウィング」の言葉が暗示をしているではないか。同年録音されたコルトレーンとラシード・アリとのデュオと比べてみよう。こちらも凄い演奏だが、ブロイカーとハンとの演奏の方が、一歩先に歩みを進めているのでは？(末冨)

55. Archie Shepp:Life At The Donaueschingen Music Festival(MPS/1967年)

ドナウ川の源流に面したドイツの地方都市ドナウエッシンゲンには、1921年に始まった音楽祭がある。「新しい音楽」が聴けることで著名な音楽祭なのだ。バルトーク、ヒンデミット、シェーンベルク、ヴェーヴェルン、シュトックハウゼン、ブーレーズ、ノーノ、ヘンツェ等々ここで初演された作品も多い。60年代に入ってジャズも調性の制約から解き放たれる事になって（以前にも少しはジャズも取り上げられた事もあったが）、この音楽祭にもジャズがステージに乗る事が出来た。67年にはシュリッペンバッハの「グローブ・ユニティ」、マンフレッド・ショーフやイレーネ・シュヴァイツァーがインドのミュージシャンと共演した「ジャズ・ミーツ・インディア」、そしてアーチー・シェップのグループが登場したのだった。その時の録音がこれで、シェップの他、R・ラッド（tb）、G・モンカーⅢ（tb）、J・ギャリソン（b）、B・ハリス（ds）の2トロンボーンを要した変速的な編成のグループだった。演奏された曲は、「ワン・フォー・ザ・トレーン」。コルトレーンが亡くなって三ヶ月後の演奏は、シェップから師への追悼演奏だった。とは言え演奏は40分を越える激烈なもの。だが、その中ではニューオリンズ・ジャズを思わせる所も有り、彼らの"前衛"は、深く伝統に根ざしているのが聞き取れる。後半、突如「いそしぎ」のメロディーが出てくるが、大時化の最中に一瞬波がおさまり、海上を鳥が飛ぶが如し。（末冨）

56. John Coltrane : Stellar Regions （Impulse/1967年)

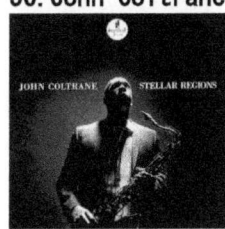

John Coltrane は、1967年7月17日午前4時にこの世を去った。遺作となったのは「Expression」で、同年の2月と3月に録音されている。1995年になって、2月15日録音分が日の目を見ることになった。アリス・コルトレーンが保管してる録音から収録された。「Expression」にも収録されている「Offering」以外は全て未発表だ。後期コルトレーンにはいつも共演していたファラオ・サンダースの姿はここにはない。この録音の前年の日本公演で聴けるような激烈な演奏はここでは全体の中ではほんの一部になっている。明らかに次の表現へと足を進めている。サンダースはいないが、他のメンバーは、アリス・コルトレーン、ジミー・ギャリスン、ラシッド・アリといつものレギュラー陣だ。激しさ一辺倒ではなく、どこか静謐な空気が流れている。もちろんフリーな演奏なのだが、怒りを外に向けただけの音楽ではなくて、もっと精神の高みを目指したものだ。交流があったとされるラヴィ・シャンカールからの哲学的、宗教的な影響もあるのだろう。もっと生きていたら、この後どう音楽が発展して行っただろうか。それとも、ここまでたどり着けば良しと天が決めたのか。人間あまり早くから上り詰めない方がいいのかも知れない。ジャイアント・ステップスからは、まだたったの8年しか経っていないのだから。彼だけではなくて、60年代は時代の進む速度がべらぼうに早かった。コルトレーンだけではない。マイルス・デイヴィス然り。ザ・ビートルズ然り。今、8年前を眺めてみたって、「何か変わったか？」と首をひねることになる。いや、変化は後から振り返らないと見えないのか？ だが、コルトレーン達の変化のスピードは、はっきりと誰の目にも分かるほどの変化だった。ところで、コルトレーンは、「フリー」な演奏していなかったとの証言を聞いた。アリとのデュオを楽譜に起こしてみたら理論で説明がつき、フリーではなかったそうなのだ！（末冨）

57. Marion Brown:Porto Novo (Polydor/1967年)

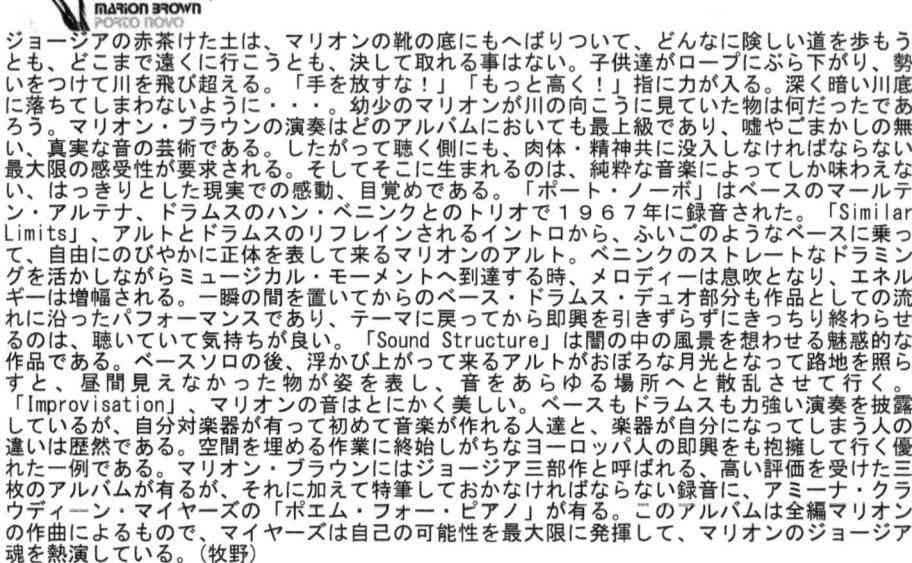

ジョージアの赤茶けた土は、マリオンの靴の底にもへばりついて、どんなに険しい道を歩もうとも、どこまで遠くに行こうとも、決して取れる事はない。子供達がロープにぶら下がり、勢いをつけて川を飛び超える。「手を放すな！」「もっと高く！」指に力が入る。深く暗い川底に落ちてしまわないように・・・。幼少のマリオンが川の向こうに見ていた物は何だったのであろう。マリオン・ブラウンの演奏はどのアルバムにおいても最上級であり、嘘やごまかしの無い、真実な音の芸術である。したがって聴く側にも、肉体・精神共に没入しなければならない最大限の感受性が要求される。そしてそこに生まれるのは、純粋な音楽によってしか味わえない、はっきりとした現実での感動、目覚めである。「ポート・ノーボ」はベースのマールテン・アルテナ、ドラムスのハン・ベニンクとのトリオで１９６７年に録音された。「Similar Limits」、アルトとドラムスのリフレインされるイントロから、ふいごのようなベースに乗って、自由にのびやかに正体を表して来るマリオンのアルト。ベニンクのストレートなドラミングを活かしながらミュージカル・モーメントへ到達する時、メロディーは息吹となり、エネルギーは増幅される。一瞬の間を置いてからのベース・ドラムス・デュオ部分も作品としての流れに沿ったパフォーマンスであり、テーマに戻ってから即興を引きずらずにきっちり終わらせるのは、聴いていて気持ちが良い。「Sound Structure」は闇の中の風景を想わせる魅惑的な作品である。ベースソロの後、浮かび上がって来るアルトがおぼろな月光となって路地を照らすと、昼間見えなかった物が姿を表し、音をあらゆる場所へと散乱させて行く。「Improvisation」、マリオンの音はとにかく美しい。ベースもドラムスも力強い演奏を披露しているが、自分対楽器が有って初めて音楽が作れる人達と、楽器が自分になってしまう人の違いは歴然である。空間を埋める作業に終始しがちなヨーロッパ人の即興をも抱擁して行く優れた一例である。マリオン・ブラウンにはジョージア三部作と呼ばれる、高い評価を受けた三枚のアルバムが有るが、それに加えて特筆しておかなければならない録音に、アミーナ・クラウディーン・マイヤーズの「ポエム・フォー・ピアノ」が有る。このアルバムは全編マリオンの作曲によるもので、マイヤーズは自己の可能性を最大限に発揮して、マリオンのジョージア魂を熱演している。（牧野）

58. Gato Barbieri : In Search Of The Mystery (ESP/1967年)

Gato Barbieri/ガトー・バルビエリ（本名は Leandro J Barbieri。ガトーも本当はガートに近く、猫の意味）は、１９３４年アルゼンチンのロサリオ（チェ・ゲバラの生誕地でもある）生まれのテナー・サックス奏者。ブエノスアイレスに移住後の５０年代後半にはアルゼンチンでは結構知られた存在になっていたようだ。６２年出国し、ブラジルに一旦滞在し、イタリアに移り住んだ。軍事政権を嫌ってのことも出国の理由の一つではなかったか？　ローマでドン・チェリーに出会い行動を共にし、アルバムも出した。「Togetherness」、「Complete Communion」、「Symphony For Improvisers」　このどれもが、今日フリー・ジャズの歴史に刻印を刻むアルバム達だ。その後 NYC に進出し、６７年に録音されたのがこのアルバム。Norris Jones(b), Bobby Kapp(ds)に Caro Scott のチェロを加えたカルテットなのだが、全編ガトー・バルビエリの火を噴くようなテナー・サックスの咆哮に包まれる。正にこれぞフリー・ジャズ、エレルギー・ミュージックといった感じだ。とてもこれが「ラスト・タンゴ・イン・パリ」で情緒連綿とした曲作りと演奏をしたミュージシャンと同じ人の仕事とは思えないほどこの二つは乖離している。この録音の後、「何かが間違っている。」と感じたそうで、彼にとってはこの怒涛のフリー・ジャズは、この時期だけの「間違った」演奏だったのかもしれない。しかし、こうして記録され残された音源は、本人の意識からも離れ、我々リスナーを感動させてくれているのだから本人にとっての「間違い」も時と場合によっては歓迎すべきことだ。（末冨）

59. Karel Velebney : SHQ (ESP/1967年)

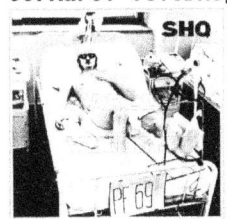

Karel Velebney/カレル・ヴェルブニーは、1931年当時のチェコスロヴァキア（現在はチェコ側）、プラハ生まれのテナー・サックス、ヴァイブラフォン奏者、ピアニスト、作曲家。チェコのモダン・ジャズのパイオニアのひとり。これは、ジャケットだけ見ると、いかにもアンダーグラウンドだし、一体どんな音楽をやっているんだか分からないようなデザインだ。ちょっと店頭で手に取るのは気が引けるか、はたまた変わったモノが好きな人は思わず手に取るか？　どうやらこのジャケット写真は、交通事故に会って入院中のヴェルブニーの写真らしい。プラハの春の前年の67年の録音。チェコが東側とは言え、ソ連よりは自由な表現活動が可能だった時だ。翌年ソ連が戦車でプラハを蹂躙したのだった。彼のグループ「SHQ」はその後もメンバー・チェンジを行いながら継続した彼のグループだ。このアルバム収録時点では、Karel Velebney(ts, b-cl, vib)、Jiri Stivin(as, fl, recorder)、Ludek Svabensky(p)、Karel Vejvoda(b)、Josef Vejvoda(ds)の5人。アメリカに渡る前のジョージ（イジー）・ムラツも、64年から翌年まで在籍していたことがある。当時チェコで人気のあった人形劇場で音楽を担当していたそうだ。人形劇中では、ウエスト・コースト・ジャズ風の室内楽といった感じのジャズを演奏していたようだ。現代音楽の影響も受けていた時期もあったが、最終的にフリー・ジャズにたどり着いた。ここで聴ける演奏は、単にフリーキーなソロを取ったり、回したりの単純なものではない。多様な音楽がドサッと詰め込まれている。劇伴がプラスに作用している。リズムは、フリー・リズムというよりは、定形ビートも存在する。その安定した土台の上でふたりのサックス奏者が自由に泳ぐ。イジー・スティヴィンは、ジャズ・ミュージシャンの他に、古楽のリコーダーの名手としてもよく知られている。これは、60年代のチェコのミュージシャンの録音を世に残したESPの快挙だ。（末冨）

60. Rolf+Joachim Kuhn Quintet:Transfiguration(SABA/1967年)

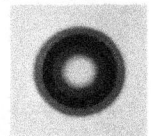

ロルフ・キューンは、1929年ドイツ、ケルン生まれのクラリネット奏者。38年ライプツィヒでピアノを学んだ後41年からクラリネットを学ぶ。50年のカルテットを率いて8年間ジャズを演奏する。56年西ドイツに移る。ピアニスト、アントン・ボールの楽団に参加し初録音を体験。自己選ばれた。56年アメリカへ移住するが、62年帰国。弟のヨアヒムと共演を始める。ヨアヒムは、44年ライプツィヒ生まれのピアニストでアルト・サックスも吹く。ヨーロピアン・ジャズ・ムーブメントらしい影響を受けフリー・ジャズを演奏し始める。63年兄ロルフと再会する頃、急にセシル・テイラーらの影響を受けフリー・ジャズを演奏し始める。68年にはドン・チェリーとの共演も果たした。66年から69年にかけて兄弟でグループを組み、活躍した。本作は、67年ハンブルクでのスタジオ録音。ロルフ（cl, b-cl）、ヨアヒム（p）兄弟の他、カールハンス・ベルガー（vib）、ベブ・ゲリン（b）、アルド・ロマーノ（b）が参加。演奏は、1曲目の兄弟での作曲の他は全てヨアヒムの曲。きっちりと構成された曲なれど演奏は熱い。3曲目はベブ・ゲリンのベース・ソロもフィーチャーされた各人のソロをメインに構成された曲。4曲目は、タイトル通りのフォーク調のテーマなれど、演奏は過激。ここではベルガーは不参加。全編キューン兄弟の演奏は熱い。96年ヨアヒムは生地ライプツィヒでオーネット・コールマンとデュオで共演し、CDがリリースされた。（末冨）

Disk Guide of Open Music 33

61. Manfred Schoof Sextet (Wergo/1967年)

マンフレート・ショーフは、１９３６年ドイツ、Magdeburg 生まれのトランペット奏者。ケルンで作曲家、Bernd Alois Zimmermann に師事。その頃、アレクサンダー・フォン・シュリッペンバッハと出会った。二人共ギュンター・ハンペルのグループに参加し、これがドイツ最初のフリー・ジャズ・グループとなった。66年初リーダー・アルバム「Voices」を録音。67年、現代音楽のレーベル、Wergo へ吹き込んだこのアルバムは、ドイツのフリー・ジャズ黎明期の傑作。ショーフのトランペットの演奏は、音の粒子の密度が高く、細かな音の粒が高速ですっ飛んで行く感覚だ。激しいと言うよりも、まずはそのスピード感が爽快だ。Gerd Dudek(ts,ss,cl,perc)、Jacky Liebezeit(fl,perc)、Alexander Von Schlippenbach (p,perc)、Buschi Niebergall(b)、Sven-Ake Johansson (perc)と言った後年も共演を続けることになる盟友達との熱く激しい演奏が聴ける。後年の暴力的と言っても良いパワー・ファイトぶりはまだまだ遠くて、カチッと構築された曲の中から大きくはみ出すものではない。知的にコントロールされた演奏。最後の「Glokenbar」と言う曲は、各自が色んな打楽器（小物ばかり）を持ってのクールな演奏。これが面白い。AACM のミュージシャンが集まって演奏してもこうはならないだろうというもので、アフリカン・アメリカンとの血と文化の違いがこんな所でも感じられる。ちょっと乱暴な例えになるかもしれないが、ヨーロッパの音楽と、アフリカの音楽が、アメリカ大陸で衝突・合体したのがジャズだとすると、そのジャズに当時のヨーロッパ最先端の現代音楽が衝突・合体したのが、ヨーロッパ・フリーと言えよう。１００年近くかかって地球を一周して生まれた音楽なのだ。実際はそう単純な話ではないが、音楽・芸術・文化は、丸い地球を移動しながら離合集散を繰り返しながら変化して行くものだ。「これが本物。」とか、「どこそこ固有の文化・芸術」と言う言い方は、危険が伴う。（末冨）

62. Valdo Williams : New Advanced Jazz (SAVOY/1967年)

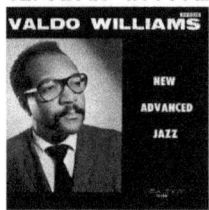

ジャズの名門レーベル、サヴォイは活動の晩年に当たる66年、67年に「サヴォイ・ニュー・ジャズ・シリーズ」として、このヴァルド・ウィリアムスの他、ロバート・F・ポザー、マーク・レヴィン、マーゼット・ワッツ・アンサンブル、ジョセフ・シャンニ＆デヴィッド・アイゼンソンのアルバムをリリースしている。どれも今ではお目にかかることのない大変珍しいしいものばかり。私がこのアルバムを入手出来たのは以前国内盤が出たからだ。彼のピアノに、Reggie Johnson(b)、Stu Martin(ds)というサイドメンの方が有名なピアノ・トリオ。アルバム・タイトルが「New Advanced Jazz」と威勢のいいことこの上ない。しかし録音されたのが67年と考えると、いささかハード・バップを引き摺りすぎか。果敢にフリーに挑戦する姿は敢闘賞もの。しかし幕内上位は少し厳しいか。と、いうような聴いての感想なんだが、彼の経歴を見るとこれが面白い。１９２８年生まれ。５３年モントリールで、チャーリー・パーカーのグループで TV 出演しているのだった。パーカー抜きでも演奏している姿が映っていた。（はず。もう映像は残っていないが、音源だけは CD 化されているようだ！）ジャッキー・マクリーンの証言によれば、４０年代後半には、彼は後年のセシル・テイラーのような演奏を当時から行っていたことで、みんなから一目置かれていたそうなのだ。スタンダードを演奏しても、アドリブ部分は違うコード進行に変えたりと実験的だったらしい。６０年代には、デヴィッド・エイブラム、ジョン・オー、アーメド・アブドゥル・マリクといったベーシストや、デニス・チャールズ、バリー・アルトシュルらとトリオを組んでいた。セーラー・カフェにも出演していたし、なんとアルバート・アイラー、アラン・シルヴァ、ジェラルド・スプリッツィ・マッキーヴァー(ds)と演奏もしていたようだ。それなのに、このピアノの演奏はちょっと、古めかしいような。（末冨）

63. George Russell:Othello Ballet Suite～Electronic Organ Sonata No. 1 (Flying Dutchman 1967, 68年)

全部で3曲。「Othello ballet Suite Part1」「同Part2」は60年代後半スウェーデンで活動していたジョージ・ラッセルが地元のTV局のために制作した「バレエ音楽」。ArneDomnerus(as) Jon Christensen(dr), Bernt Rosengren(ts), Jan Garbarek(ts), Rolf Eriksson(tp) にスウェーデンのラジオシンフォニックオーケストラが共演している。「Part1」は打楽器の重層的な演奏から始まりやがてサックスのソロを中心に4ビートへ、その後徐々にフリーとなり全体はカオス状態へ、その後はまた4ビートと、様々な要素が交差しながら、多層的な音が生起する。「Part2」は8ビートの軽快なリズムで始まりやがてフリーな演奏へと突入。全体としてドラマチックで幻想的な雰囲気が漂う曲。「Electronic Organ Sonata No.1」はラッセルのソロによるオルガン曲。すさまじい演奏だ。フレーズやリズムの差違や反復をある程度聴取できるものの、有機的とか重層的などと言う言葉はここでは陳腐な表現になってしまうだろう。なにしろ冒頭から強度を共なう不均衡なサウンドが激しく共鳴＝反響し、ポテンシャルなエネルギーを現動化させて行くのである。従って音群的音楽というほどではないにしても音を分割して聴取することはこの演奏ではあまり意味をもたない。フリー・インプロビゼーションなのか、事前にある程度、エクリチュール化されたものか定かではないが、このオルガン曲に匹敵する作品があるとすれば松下真一の「Konzentration」くらいか。いずれにしろラッセルの音楽的土壌の広さを感じるすぐれたアルバムであることに間違いはないだろう。(河合)

64. Steve Lacy : The Sun (EMANEM/1967, 68&73年)

これは最近の EMANEM お得意の CD 収録時間をいっぱいに使って、あっちこっちの録音を寄せ集めたアルバム。未発表録音がたくさん含まれていて有難い。収録されているのは68年 SteveLacy(ss)と Enrico Rava(tp)、Karl Berger(vib)、Aldo Romano(ds)、Irene Aebi(voice) のハンブルク録音。同じく68年ローマでの S・Lacy、I・Aebi(voice)、Richard Teitelbaum(synth)というエレクトロ・アコースティックの演奏。67年 NYC 録音もこの3人の演奏。すでに「フリー・ジャズ」の世界から大きく飛び出した現在でも十分通用する先進性だ。演奏された年を考えると、すでにレイシーは、ポスト・フリーに足を踏み入れていると言えるだろう。周りを見渡せば、まだまだフリー・ジャズの沸点が維持されていた時期だ。そんな時に、レイシーはすでに次の扉を開けていた。同時期66年ブエノスアイレスで収録された「The Forest And The Zoo」も必聴。73年チューリッヒ録音の組曲「The Woe」は、彼の長いキャリアの中でも、最重要作だろう。S・Lacy、Steve Potts(as)、I・Aebi(voice, cello)、Kent Carter(b)、Oliver Johnson(ds)による反戦をテーマにした激しく、厳しい演奏を聴く事が出来る。戦場の銃声、弾丸の飛び交う音、戦闘機の爆音等々の轟音が演奏に被さる。その戦場の轟音に立ち向かうようなレイシー達の演奏は、この時代の空気を一気に我々に呼び覚ます。だが、レイシー自身も、このように具体的なテーマを、具体音（現代では、サンプリングか？）までを導入して作ったのは、これ以外に無いのではないだろうか。そこまで、世界の状況が逼迫し緊張を強いられていたとも言える。音楽は、世相の鏡と言うが、レイシーは世相を反映どころか、強く主張し音でもって攻撃を加えたとも言えよう。こんな厳しい表現をした音楽はそうそう無い。(末冨)

65. Don Cherry:Eternal Rhythm (MPS/1968年)

「エターナル・リズム」は音楽史上記念すべき傑作である。ジャズにもクラシックにも、東洋音楽との結び付きが感じられる作品はたくさんあるだろうが、このアルバムが録音された１９６８年において、東洋音楽の精神性（意識を無に引き込むうねりと言ってもいいだろう）を表現出来ている演奏はこれを他にない。ドン・チェリーの音楽の素晴らしい所は、無常なる音の流れに聴く者を巻き込みながらも、作品としてのメインテーマを常に失わず、偽りのない明らかなる物を世に提供出来る部分にある。光の様なチェリーの音は、共演ミュージシャン達の可能性を高め、生命共同体として新たな未来へ前進し、その業はどのチェリーの作品においても、信ずるべきクリエイター達への賛美と、地球上にある全魂への肯定である。「エターナル・リズム」第一部は、チェリー特有のフルート演奏で幕が開けられ、ガムラン、ベル、ゴングといった民族楽器に守られながら、ミュージシャン達（テナー、トロンボーン、ギター、ベース、ドラム、ピアノ、バイビラフォーン）のアイデアがリズムユニットとして交差し合い、チェリーのコルネットに導かれて行く様は、見事としか言い様のない素晴らしい演奏である。終わりはチェリーのフルート・ソロで締め括られるが、青空に向かって歌う音が消えて行く時、それを聴いていた私達の中にも、一つの燈が灯された事を知らずにはいられない。第二部は、所謂フリーの演奏形式を取っている部分も有るが、チェリーがテーマを吹き出す毎に変化して行く、アンサンブルの方向性が作品のもう一つの特徴となっている。中盤から始まるガムランの後ろで展開されるアフリカン・スピリチュアリズム、そしてテーマ曲が導入されフィナーレに到達するまでの間が正に永遠のリズムであり、祝福が最後に提示されて演奏は終わる。（牧野）

66. Joseph Jarman:As If It Were The Seasons (Delmark/1968年)

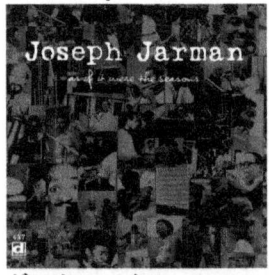

ジョセフ・ジャーマン、１９７３年アーカンサス州パイン・ブラフ生まれ。御存知「アート・アンサンブル・オブ・シカゴ」のメンバーの一人。68年録音の本作は、AEC参加直前のアルバム。実際は「アート・アンサンブル」を名乗っていたのだから、すでにAECも同然なのだが。演奏の方も、AECに繋がるもので、抽象的なパーカッションの連打や、空間を広く使った音の処理は、ここでも聴かれる。１曲目は、トリオ・プラス、スコットのヴォイスの演奏。全編女性ヴォイスが空中を浮遊する。２曲目は、ムハールら６人が加わり、２０分余り集団即興を繰り広げる。彼は浄土真宗の僧侶でもあり、来日する機会も多かった。晩年は、豊住芳三郎とのデュオで日本を回る事もあったで、生で聴かれた人も多いだろう。（末冨）

67. AMM:The Crypt （Matchless/1968年）

2010年発表されたAMMの「アンカヴァード・コレスポンダンス」は、ジョン・ティルバリーとエディ・プレヴォーの全くアンプリファイしないデュオ。実に静かなのだ。かつて私は随所に「彼らは＜沈黙＞を演奏できる唯一の即興演奏集団だ」と書いた。それはR・マルファッティも杉本拓も達し得ない境地である。さて「ザ・クリプト」は二枚組ライブとして1968年に発表された。一聴、「アンカヴァード・・・」とは対極のささくれだった電子ノイズの連続である。とはいえ、ジャパノイズ風のそれでもない。極めてアナログ的、不安定な、まさに60年代のデヴィッド・チュードアやデヴィッド・バーマン流の、そしてMEVのタイトルバウムやゼフスキーにも通じる発信音そのものに近い。演奏者同士が丁丁発止の技を披露しあうこともなく、タジマハール旅行団のような溶け合うサウンドもなく、禅的沈黙もない。即物的印象だ。確かにAMMは変った。現在までのオリジナルメンバーはプレヴォー一人である。しかしフリージャズコンボを、唯一無二の即興演奏集団に変貌させたコーネリアス・カーデューの遺志は引き継がれている。（金野）

68. Anthony Braxton:For Alto(DELMARK/1968年)

世界初の無伴奏アルトサクソフォン独奏の二枚組ＬＰとして有名。それまでＢＹＧなどにレオ・スミス、リロイ・ジェンキンスらと極めて独自な、即物的、構成主義的、コラージュ的な演奏を展開してきたブラクストンは、ついに一頭地をぬきんでた存在となった。アルトの無伴奏ソロはそれまでにも例があったが、この作品集は単にそれを拡張したものではない。いわばジャズ・サックスの文脈を断ち切ろうとした演奏。竹田賢一は「ジャズからの旅立ち」と評し、清水俊彦は「彼は叫びのとなりに沈黙を置く」と表現した。トラック毎に、曲名なのか、演奏のダイアグラム、構成のメモなのか、図形、線、矢印、記号、数字がならぶ。演奏スタイルはまさに変幻自在、ヒステリックなフリーキートーンと、クール派のような静謐さ。恐るべき速度とクラシック的な歌い上げ。執拗な繰り返し、そして沈黙。欠けているのは「ソウル」だろうか。彼がいかにバードを巧みに演奏しても決してバップにはならない。「イン・ザ・トラディション」の成功は事故のようなものか。しかし「フォー・アルト」は、さらなるサックス演奏の可能性と即興の黙示録を示したジョン・ゾーンを生み出した。（金野）

Disk Guide of Open Music

69. Peter Brötzmann Octet:Machine Gun(FMP/1968年)

68年という時代はまだ分かりやすかったといえるのかもしれない。＜フリー・ジャズ＞がアメリカに固有の状況から生まれた闘争の音楽であるとするなら、＜フリー・ミュージック＞は、欧州人の自己批判～自己言及性に立脚した思想/運動となるべきものだった。ゴルディアスの結び目を断ち切る「サックスのヘラクレス」ペーター・ブレッツマンは破壊的サウンドを提示した。サックス3本の一斉射撃に始まり、散開しながら全力で疾走する冒頭には戦慄が走る。このオクテットをオーネットのダブルカルテットによる「フリージャズ」と比較してみよう。ブレッツマン・オクテットは、3サックス、2ベース、2ドラムス、1ピアノという非対称な構成である。これは音楽の欧州共同体だった。カルテットの対置というのではなく、複数ユニットが共同戦線を組む形で形成された。これは複雑な歴史の重層化を反映していまいか。「集団即興」は、ジャズのアドリブという概念に対置された。それが生まれたのは黒人達に立ちはだかる人種の壁の傍らではなく、西ベルリンへの脱走者を乱射するマシンガンの弾痕が生々しいベルリンの壁のすぐ近くだったのである。
（金野）

70. Fred van Hove:Requiem For Che Guevara…& Wolfgang Dauner :Psalmus Spei(MPS/1968年)

これは、1968年ベルリン・ジャズ・フェスティヴァルで行われたヴォルフガング・ダウナーとフレッド・ヴァン・ホフの二人による意欲作を二曲収録したアルバム。ジャケットは、この演奏が行われた前年にボリビアでの革命闘争中に射殺されたチェ・ゲバラの顔が大きくデザインされているので、いかにもヴァン・ホフのアルバムのようだが、A面はW・ダウナー、M・ショーフ、G・デュデク、E・ウェーバー、J・カルグ、F・ブレイスフルにクワイヤーを加えたグループの演奏。クワイヤーが激しいフリー・ジャズを演奏をするグループの添え物には終わっていなくて、対等に混ざり合い音楽を形成して行っている。B面は、ヴァン・ホフによるゲバラ、キング牧師、ケネディー、マルコムXに捧げられた曲だ。P・コヴァルト、H・ベニンクのヨーロッパ最強のリズム陣に煽られ、W・ブロイカーやヴァン・ホフが強力なソロを取る。特に、ヴァン・ホフによるオルガンのソロは数あるフリー・ジャズのアルバムで聴ける演奏の内でも特筆すべきものだ。正に燃えるような60年代を象徴する熱い演奏は、正に「フリー・ジャズ！」。逆に言えばフリー・ジャズはこの時代に沸点に到達してしまったとも言えよう。
（末冨）

71. Anthony Braxton : 3 Compositions Of New Jazz (Delmark/1968年)

アンソニー・ブラクストンは、1945年イリノイ州シカゴ生まれのマルチ・リード奏者。59年から64年シカゴ音楽院で和声と作曲法を学ぶ。一方ルーズベルト大学では哲学を専攻した。64年から66年は軍隊でバンドを率いていた。彼の一番の主要楽器はアルト・サックス。2枚組のアルト・サックス・ソロ・アルバム「For Alto」（68年）は重要。彼のステージにはコントラバス・クラリネットやコントラバス・サックスと言った大きな楽器から、小さなソプラニーノまで、ズラっと並ぶ。彼は66年にAACMに参加し、69年までAACMの学校で和声を教えていた。69年渡仏。本作は、渡仏前に録音された。メンバーは、アンソニー・ブラクストン (as, sn, cl, fl, musette, bells, snare ds, Mixer, etc)、リロイ・ジェンキンス (vln, viola, bass-ds, cymbals, recorder, slide whistle, etc)、レオ・スミス (tp, melophone, xylophone, bottles, kazoo, etc)、ムーハー・リチャード・エイブラムス (p, cello, a-cl)。初めて聴いた時は、驚いたのなんの。ベースやドラムもいないにしても、それまで聴いて来たジャズ、フリー・ジャズでさえもここまでの抽象的な演奏は聴いた事が無かった。特に1曲目。アルバム冒頭、いきなりとても上手いとは言い難い3人の「ララララ」から始まる。次第に口笛が混ざる。やっと鈴や打楽器の小物がカシャカシャと加わる。しばらくして、ブラクストンのソプラニーノが鳴り出し、ラララーと口笛とソプラニーノが続く。ハーモニカが入る。やっとレオ・スミスのトランペットが鳴り出す。これも尋常じゃない音を出している。そしてヴァイオリンも加わる。こんな感じで、各人楽器を取っ替え引っ替え、一箇所には留まる事はない。2、3曲目はムーハーのピアノが入る。2曲目は、ジャズ的な勢いのある演奏だ。だが、レオのトランペットは濁音いっぱい。そして、ジェンキンスのヴァイオリンも同じく濁音いっぱい。そしてブラクストンの上下運動の激しい、一音一音がはっきりとした高速の音の連続運動に唖然とする。3曲目は「静寂」と、こんな演奏です。（末冨）

72. Barney Wilen : Auto Jazz (SABA/MPS/1968年)

バルネ・ウィランは、1937年南フランスのニースで、フランス人の母とアメリカ人の父の下で生まれた。叔父からアルト・サックスを贈られて独学で習得。親族で結成されたアンサンブル「Cousins Orchestra」に入りニース近郊で活躍した。40年アメリカに移住。戦後46年には帰国している。50年代中期パリに移住。54年ロイ・ヘインズとの初録音を経験。56年19歳でジョン・ルイス&サッシャ・ディスティルと録音し、翌年初リーダー作もリリースした。50年代のバド・パウエルと共演。57年マイルス・デイヴィスと共演した「死刑台のエレベーター」や「彼奴を殺せ」、「危険な関係」といったサウンド・トラックへの参加。70年代はジャズ界から身を引いていたが、80年代半ば突如復帰し「La Note Blieu」（IDA/86年）をリリースしてからは、完全復帰。その後は日本のレコード会社とも契約し、猛烈な勢いでアルバムをリリースして行った。日本のジャズ・ファンにとっては、このあたりの円熟したテナー・サウンドがバルネ・ウィランといったところだろう。しかし、彼はピグミーの音楽を求めて幾度となくアフリカに赴いたり、またはパンク・ロックへの接近といった姿も見せるミュージシャンなのでもあった。その多彩な一面の中にフリー・ジャズも含まれていた。Francois Tusques/フランソワ・テュスク、67年録音「Le Nouveau Jazz」に参加している。さて、本作は67年のモナコ・グランプリの実況録音に、フリーな演奏を重ねたもの。カー・レースのファンなら、この時ロレンツォ・バンディーニの車がクラッシュし、命を落としたレースとして有名。演奏の録音は翌68年。元々はドキュメンタリー・フィルム用の録音だったようだ。演奏は、バルネの他は、Francois Tusques (p, org)、Beb Guerin (b)、Eddy Gaumont (ds)。テュスクのピアノが凄い。主人公のバルネを食っていると言ってもいいほどだ。実況音と演奏が交錯し、静寂な瞬間の緊張感と、爆音入り乱れた時の高揚感がたまらない。（末冨）

73. Pierre Favre Trio : Santana (PIP/1968年)

これは１９６８年スイス、チューリッヒで録音されたスイス人ドラマーの Pierre Favre/ピエール・ファーブル率いるトリオの傑作。ピアノは Irene Schweizer/イレーネ・シュヴァイツァー、ベースは Peter Kowald/ペーター・コヴァルト。三者一丸となった疾風怒濤のパワープレイがこれでもかと続く。そんな中に挟まれるスローな演奏は現代のインプロヴァイズド・ミュージックに直結するようなクールな表情を見せる。そこで直ぐ様思い出されるのがセシル・テイラーだろう。この６８年当時のC・テイラーの録音自体が甚だ少ない。ソロが残されているのみ。当時のC・テイラーのグループのドラマーはアンドリュー・シリル。ベースは、そのスピードについて行ける者がいなかった為かレギュラー・メンバーは置かなかった。さて、P・ファーブル・トリオとの違いは？ ピアノのI・シュヴァイツァーの正に女傑と言ってもいい力技と速度を有するピアノは、驚きに値する。内部奏法も見せるので、現代音楽からの影響も隠そうとはしていない。P・コヴァルトのベースは、こんなスピーディーでパワフルな演奏に付いて行くどころか、ガンガン押しまくり、変幻自在ぶりを示す。こんなベースは当時他に何人いただろうか。P・ファーブルのドラムは、強烈なスピード＆パワーを有するが、A・シリル、ドン・モイエ等のアフリカン・アメリカンのドラマーのような粘っこいバネが見られない。だからこそ彼等との違いを表現しやすいのだ。どこかの国の一昔前のドラマーのような「本場アメリカ」への追従、模倣とは違う方向に早くから舵を切ることで、オリジナリティーを獲得することにもなる。P・ファーブルは、その後ドラマーというよりも打楽器奏者と言った方が似合うようになって行った。ここに掲載したジャケットは FMP から再発されたもの。アルバム・タイトルの SANTANA とは、勿論あのサンタナとな縁もゆかりも無い。インドの言葉で（多分）継続・持続の意味らしい。（末冨）

74. Karin Krog : Joy (Sonet/1968年)

カーリン・クローグは、１９３７年ノルウェー、オスロ生まれのヴォーカリスト。２０歳でプロ入りし、オスロやストックホルムで活動した。６４年ファースト・アルバム「By My Self」をリリース。６６年に「Jazz Moments」。６７年ドン・エリスのオーケストラに参加。そして、６８年に「Joy」をリリース。メンバーは、クローグの他、Jan Garbarek(ts),Terje Bjonrklund(p),Arild Andersen(b),Sven Christiansen(ds),Espen Rud(perc)。１曲目は、アーネット・ピーコック作曲の「Mr.Joy」。何と、ポール・ブレイも同じ６８年に、ゲイリー・ピーコック（アーネットの夫）と、「Mr.Joy」というアルバムを録音しているとは！ 静かにおどろおどろしく歌が展開して行く。続く２曲目は、なんとヴォイスにエフェクトをかけ、変調させた声を披露している。この時代こんなことをしていたヴォーカリストがいたか？ まさに先駆的な驚異のパフォーマンス。アーリル・アンダーシェンのベースも、この声に絡みつくように鳴っており、ガルバレクのテナーも咆哮する。３曲目は、モンクの「Round About Midnight」。この曲だけは、The Kongsberg Jazz Festival からのライヴ録音。ここでは、Palle Danielsson(b)も加わったツイン・ベースの演奏しなっている。２本のベースを背中に受けて、これまた独特の歌唱になった。真夜中に聴かない方が賢明かも。最後は、ハンコックの名曲「Maiden Voyage~Lazy Afternoon」のメドレー。ところどころエフェクトをかけながらのスキャット（と言うよりも、ヴォイス・パフォーマンスか）で処女航海を終え、Lazy Afternoon に移る。このアルバムで使われたヴォーカルのエフェクトのアイデアは、ドン・エリスとの共演で彼から教えられたそうだ。クローグこそ、ウルスラ・デュジャク、ディアマンダ・ギャラス、フローラ・プリム、タミア、メレディス・モンクらの先駆だったのだ。近年夫のジョン・サーマンと演奏した、「G線上のアリア」が日本のTV・CMで使われた。（末冨）

75. Free Music Quintet : Free Music 1 And 2 （ESP/1968年）

Free Music Quintetと言うグループ名といい、「Free Music 1&2」と言うアルバム・タイトルと言い、何だかこのディスクガイドの前に出版した本「Free Music 1960~1980」にぴったりのグループみたいだが、掲載はこっちのディスクガイドに回ってしまった。ようするに、内容がと言うよりも世間での認知度の問題からだ。メンバーは、Pierre Courbois/ピエール・クールボア（perc）、Peter van der Locht/ペーター・ファン・デル・ロヒト？（ss, Ts, piccolo, fl, perc）、Boy Raaymakers/ボイ・レイメイカース（tp, bugle, perc）、Erwin Somer/アーウィン・ソマー（vln, vib, perc）、Fredy Rikkers/フェルディ・リッカース？（b, perc）のカルテット。全員オランダ人ミュージシャン。彼らについての情報は、クールボア以外は非常に少ない。レイメイカースとソマーのふたりは70年代まではリーダー・アルバムが認められる。だが、ピエール・クールボアはヨーロッパのジャズ界では最重要なミュージシャンの一人。彼は、1940年アーヘンの生まれで、芸術学院で打楽器を学んだ後パリへ移住。そこでは、ケニー・ドリュー、エリック・ドルフィー、ベン・ウェブスター、ジョニー・グリフィンらそうそうたるミュージシャン達と共演をしていた。だが、彼はそこには安住しなかった。61年「Free Jazz Quintet」結成。彼はヨーロッパで、最も早い時期にフリー・ジャズを始めたのだった。そして、65年には、「Free Music Quintet」を結成。すでに「Free Music」と言う言葉を使っている。ESPが彼らを認め、このアルバムの制作になった。両面1曲ずつの18分の演奏。おそらくスケッチ程度の楽譜は存在するようだ。最初の出だしはどちらもこれから始まる演奏の雰囲気を提示して行く。そこからだんだんと秩序の崩壊とは言わないまでも、構造破壊は進んで行く。当時のヨーロッパ・フリーらしいマッシブな演奏になったもする。一応曲としての枠組みや雰囲気は各自理解した中での自由な演奏が様々に展開していく。アメリカのフリー・ジャズとはどこか違う雰囲気を醸し出す。（末冨）

76. The Jazz Composer's Orchestra （JCOA/1968年）

1964年、NYCのセーラー・カフェを舞台に「ジャズ十月革命」と題されたコンサートやシンポジウムが開催された。首謀者はビル・ディクソン。レコード会社やクラブに頼らず、ミュージシャン自ら運営し活動することを目標に「ジャズ・コンポーザーズ・ギルド」を設立。マイケル・マントラーとカーラ・ブレイはギルドのメンバーでオーケストラを編成し、ジャズ・オーケストラの新たな響きを追究し、定期的にコンサートを催した。その後ギルドは崩壊するも、66年に「ジャズ・コンポーザーズ・オーケストラ・アソシエイション」を設立。68年、マントラー作の「コミュニケイション」シリーズの中から4曲と「プレヴュー」を録音しリリースした。それぞれの曲にはD・チェリー、G・バルビエリ、P・サンダース、R・ラッド、S・レイシー、L・コリエル、C・テイラーがソリストとして選ばれている。どの曲も選ばれたソリストを念頭において書かれたと思われる程、適材適所に配置されている。エリントンの作曲法と一緒だ。特に、C・テイラーの演奏が圧巻！正に怒涛の迫力。彼生涯の最高の演奏の一つではなかろうか。（末冨）

77. Barre Phillips:Unaccompanied Barre (Music Man/1968年)

ベースソロの金字塔とも言えるアルバム。68年、ロンドンの教会で録音。いまだにその評価は変わっていない。フリージャズ、そして即興演奏の展開は各種楽器のソロを多様に産んだ。ジャズにおいてはどうしてもサイドメン的だったベース。しかし彼のソロは、ベース独奏でここまで幅広い表現が可能だという主張と自信が溢れており、それ以上に深く、即興ソロの精神性に触れているのが素晴らしい。同時期、吉沢元治もベースソロを吹き込んでいる。日本のベース界も多くの名演奏家を輩出しているのは周知の事実だ。バールは非常に多作であるが、J. サーマン、S. マーチンとのハードな演奏を聴かせる"The Trio"も是非聴いてほしい。 (金野)

78. The Spontaneous Music Ensemble: Karyobin (Island/1968年)

ジョン・スティーヴンスは、1940年イギリス、ブレントフォード生まれのドラマー。コルネットも吹く。15歳からドラムを始めた。軍隊で駐留していたケルンで、トレヴァー・ワッツ、ポール・ラザフォードと出会う。彼らとは66年に、「スポンテニアス・ミュージック・アンサンブル」(SME) を結成。除隊後、64年から2年間はロニー・スコッツ・クラブのハウス・ドラマーを務めた。68年には、トレヴァー・ワッツが結成した「アマルガム」に参加。SMEには、イギリスのインプロヴァイザーのほとんどが参加したり、何がしかの関係を持つことになる。メンバーは時期によって様々に変わり、オーケストラも組織された。ジョン・スティーヴンスは、イギリスの即興音楽シーンの正に中心人物だった。「カリョービン」は、68年2月18日スタジオで収録された。この時のSMEのメンバーは、ケニー・ホィーラー(tp, fh)、エヴァン・パーカー(ss)、デレク・ベイリー(el-g)、デイヴ・ホランド(b)、ジョン・スティーヴンス(ds)のカルテット。その後全員が一家を成した凄いメンバーが揃っている。とは、言うものの、まだまだ手探りで、何か新しいものを作り出すべく試行錯誤していた頃だ。だが、68年と言う時代と照らし合わせて見ると、他では見当たらない、斬新な響きをすでに聴くことが出来る。後年、我々がイギリスのフリー・インプロヴィゼイションと聞くとイメージする音楽にほぼ一致する演奏が行われている。スティーヴンスのせわしなく叩き続けられるドラムの音は、すでに独特なものだ。エヴァン・パーカーは、ここではテナー・サックスは演奏していない。テナー・サックスは、楽器の持つ特性からか、どうしてもジャズの香りがつきまとう。それを避けるべくソプラノ・サックスに専念しているのだろう。こうしたアンサンブでデレク・ベイリーのギターが聴けるのは、この時期あたりまでだろう。貴重な記録だ。(末冨)

79. Carla Bley & Paul Haines : Escalator Over The Hill
(JCOA/1968, 70, 71年)

Carla Bley/カーラ・ブレイは、１９３６年生まれのジャズ界きっての才女、いや女傑。教会音楽家だった父親に手ほどきは受けたが、基本的には音楽は独学。１７歳でジャズに開眼し、NYに出た後も作曲は続ける。だが、まったく目は出なかった。最初の旦那のポール・ブレイと一緒になった後から、彼女の個性的な曲が注目を受け始める。アート・ファーマー「Sing Me Softly Of The Blues」、ゲイリー・バートン「葬送」、チャーリー・ヘイデン「Liberation Music Orchestra」等のジャズ史に残る傑作が多い。ポール・ブレイは、亡くなるまで、カーラの曲を演奏し続けた。これは、カーラ・ブレイ、一世一代の超大作！　詩人Paul Haines/ポール・ハインズの書いたテキストに音楽を付けた「ジャズ・オペラ」。６８年に録音を開始するも、最終的には７１年までかかっている。録音が可能になった度ごとに録りためて行ったのだった。そうまでしなければならなかったほどの巨大プロジェクトだった。何しろLP３枚組だし、演奏は、ジャズ・コンポーザーズ・オーケストラ、そしてジョン・マクラフリン、カーラ・ブレイ、ジャック・ブルース、ポール・モティアンのバンド「ジャックズ・トラヴェリング・バンド」、そしてリンダ・ロンシュタットも。まだまだその他大勢が参加。ジャズ・オペラというくらいだか「歌」が本命。元クリームのベーシスト、ジャック・ブルースが大活躍する。その後ろで、J・マクラフリンがロック・テイストのハードなギターを弾きまくる。ソロで目立つのは、ここでもドン・チェリーだ。最後はLPの第６面がエンドレスにカッティングされている。現在のCDでは、さすがに２０分近い持続音のみ。私の耳では、何を歌ってるのかまでは翻訳不可能。ジャズでは、他に類例の無い大作。全部通して聴くと結構疲れます。（末冨）

80. Acting Trio(BYG/1969年)

フランスのミュージシャン、Philippe Mate(ts), Andre Maurice(cello), Jean-Pierre Sabar(p)の三人によって結成されたActing Trioの１９６９年録音。アフリカン・アメリカンによるフリー・ジャズが主体のフランスのレーベル・BYGでは数少ない地元フランスのミュージシャンのアルバム。フリー・ジャズにもお国柄があって、国によって傾向が違ってくるものだ。フランスのフリー・ジャズは、クラシックでも感じられるドイツあたりとは違う柔らかさが、ここでも感じられることが多い。だが、このトリオ演奏は、相当に過激なところがある。ピアノも内部奏法も含めて荒々しく弾きまくり、サックスも激しく吹きまくる。チェロもギシギシと負けてはいない。だが、BYGの他で聴けるアフリカン・アメリカンによる演奏とは、色合いが違うのだ。ブラック・ナショナリズムを前面に打ち出したアーチー・シェップ、サニー・マレイらと違っていて当たり前なのだが、激しさでは引けを取らない演奏だ。だが、何かが薄い。これは良い悪いで言っているのではない。それが個性。大雑把に言えばフリージャズと現代音楽をブレンドした感触がある。ピアノのSabarだが、オルガンで、ポップスのカヴァーをやったり、エキゾチックな音楽を演奏しているJean-Pierre Sabarと同一人物なのだろうか？　あまりにやっていることが違いすぎるのだが。マテは、７９年にF・ジャノー、J・ディドナート、J-R・ショータンとサキソフォン・カルテットを結成し活躍した。（末冨）

81. Claude Delcloo & Arthur Jones : Africanasia (BYG/1969年)

クロード・デルクローはフランスのドラマー。このアルバムをリリースした BYG Records のプロデューサーとしても何枚もアルバムを制作している。アーチー・シェップ、ジャック・クルシル、バートン・グリーン、クリフォード・ソーントンらのアルバムにはドラマーとして参加しておりその数も多い。Arthur Jones/アーサー・ジョーンズは、1940年クリーヴランド生まれのアルト・サックス奏者。R&B のバンドにいた頃エリック・ドルフィーとオーネット・コールマンを聴いて衝撃を受け、方向転換をした。サニー・マレイ、バートン・グリーン、アーチー・シェップらのアルバムでも演奏が聴ける。69年録音の本作は、二人の他、Kenneth Terroade(fl)、Roscoe Mitchell(fl)、Joseph Jarman(fl)、Clifford Thornton(conga)、Malachi Favors(log-ds)、Earl Freeman(gong、bells、perc)というアート・アンサンブル・オブ・シカゴのメンバーも参加した豪華な布陣。アルバム・タイトルが表しているように、アフリカのリズムにアジアのメロディーを掛け和せたような演奏になっている。ジャーマン、ロスコー達もサックスではなくてフルートだけを吹いている。そこがジャズから引き離されて遠くアフリカやアジアを連想されるに十分な役割を果たしている。フルートは、どこかの木や竹で出来た横笛として機能している。本来ベーシストの二人もゴングやログドラムで参加。アフリカへの憧憬を誘う。その上に乗っかってアーサー・ジョーンズが熱いソロを繰り返す。彼等のようなミュージシャンがたくさん滞在し活躍した当時のパリに行ってみたいものだ。
(末冨)

82. Peter Brötzmann : Nipples (Calig/1969年)

THE PETER BRÖTZMANN SEXTET / QUARTET

1969年4月18日と24日、後年 ECM のオーナー/プロデューサーとして、レーベルを巨大な存在にまでに育て上げたマンフレート・アイヒャーをスーパーヴァイザーに置いた録音が行われた。リーダーは、ドイツのサックスのヘラクレスと異名を馳せたペーター・ブロッツマン。集められたメンバーは、イギリスからエヴァン・パーカー(ts)とデレク・ベイリー(g)、ベルギーからフレッド・ヴァン・ホフ(p)、オランダからはハン・ベニンク(ds)、そしてドイツからはブシ・ニーベルガル(b)。名前だけ見ると、ヨーロッパ・フリーのそうそうたる猛者どもが集結といった感じだが、国籍を眺めれば、今のユーロの統合を思わせるようなヨーロッパ各地からの集結になっている。ミュージシャンは、とっくの昔から「ユーロ」を体現していたのだ。振り返って、日本では、この当時、せめて東アジア周辺から集結して、このようなクリエイティヴでアヴァンギャルドな音楽を作り得たであろうか。「体制が違う？」ヨーロッパでは東ドイツもポーランドもハンガリーもチェコスロヴァキアのミュージシャンも、西側のミュージシャンとの交流は存在したし、フェスティヴァルで同じステージに立ったりもしていた。アジアでは、最近になってやっとミュージシャンどおしの交流や、コンサートが出来始めたところだ。もう音楽も、どこのジャンルに持っていけばいいのか分からないほどになっている。話を本作に戻そう。Side.A は2テナーを要したセクステットの激烈な集団即興。まさに「ヨーロッパ・フリー、ここにあり！」の演奏。ベイリーのギターは、最強のハード・ロック・ギターと言っても文句はあるまい。といった様相だ。この中に入ってはこうする他ない気もするが、Side.B は、ブロッツマン、ヴァン・ホフ、ニーベルガル、ベニンクのカルテットで、もっとすっきりと見渡せる演奏になっている。近年 Atavistic より CD で再発されている。(末冨)

83. Charlie Haden : Liberation Music Orchestra (Impuls/1969年)

チャーリー・ヘイデンは、１９５７年ポール・ブレイと出会い、共にオーネット・コールマンのグループに参加した。アトランティックの諸作で彼の演奏が聴ける。だが６２年麻薬使用のかどで収監され、シナノンで綺麗な体に戻され、６４年に娑婆に帰って来た。帰って来たらそこでは、ジャズ十月革命が起こり、ジャズ・コンポーザーズ・ギルドが設立された。今度はJCOA が。ヘイデンも参加し、ジャズ・コンポーザーズ・オーケストラで演奏した。そして６９年今度は自身のオーケストラ「リベレーション・ミュージック・オーケストラ」を結成。４月２７日〜２９日にかけて録音。カーラ・ブレイが編曲を担当した。集まったメンバーは、ジャズ・コンポーザーズ・オーケストラでも一緒に演奏したマイケル・マントラー (tp)、ドン・チェリー (cor, fl)、ハワード・ジョンソン (tuba)、ガトー・バルビエリ (ts)、アンドリュー・シリル (ds)、ボブ・ノーザン (fre)、ラズウェル・ラッド (tb) に加え、ペリー・ロビンソン (cl)、デューイ・レッドマン (ts)、ポール・モチアン (perc)、サム・ブラウン (g) と豪華な面々。演奏はと言うと、「仲間を集めて楽しく演奏しました。」とは対極にある、メッセージを強く込められたとても政治性の高い作品。スペイン市民戦争に触発されてと言われる作品だが、内ジャケット（CDには無い）にあるヘイデンの言葉が物語っている。ここで演奏されている音楽は、もっと広く世界に向けて、反戦、人種差別、貧困等の不条理を訴えるもの。かと言って、人種闘争に立ち向かうアフリカン・アメリカンのパワフルなフリー・ジャズとも違う表現をするものだ。ラテン音楽も混ざり合った、聴き易さも戦略のひとつなのか。その後度々演奏される「Song For Che」も耳に残るメロディーだ。音楽に政治を持ち込むなという声がいまだに多い。音楽そのものが元々政治性を帯びているものなのに。（末冨）

84. Amalgam : Prayer For Peace (Transatlantic/1969 年)

アマルガムは、１９３９年イギリスのヨーク生まれのアルト＆ソプラノ・サックス奏者、Trevor Watts/トレヴァー・ワッツが１９６７年に結成したグループ。初めは、ベース奏者のBarry Guy/バリー・ガイとのデュオだった。その後は、John Stevens/ジョン・スティーヴンス (ds)、Kent Carter/ケント・カーター (b)、Keith Tippett/キース・ティペット (p)、Jeff Clyne/ジェフ・クライン (b)、Keith Rowe/キース・ロウ (g)、Lindsay Cooper/リンゼイ・クーパー (b) 等々が参加した。８０年代もグループは続き、フリー・ジャズを基調に、ロックやフォークをも取り込んだユニークなグループに大きく変化して行った。アルバムは１０作以上リリースされたのではないだろうか。１９６９年録音の本作は、まだワッツ、クライン、スティーヴンスのトリオによるストレートなフリー・ジャズ演奏が聴ける一枚。夫人に捧げた曲"Judy's Smile"を三度も繰り返して演奏し、トラック 2,3,4 と並べて収録している。同じ曲でどこまでインプロヴィゼイションを変化、展開出来るかに挑戦したものだ。これは聴いてのお楽しみ。ワッツのサックスの音色は艶のある豊かな響きを持っている。ここでの彼はフリーキーでノイジーな演奏は行わない。スピーディーでパワフルなフリー・ジャズなのだが、フレーズが一瞬たりとも淀むことなくどんどん展開して行く様はオーネット・コールマンを思わせる。尚最後の曲だけ、ベースはバリー・ガイに変わっている。ワッツは、66 年にジョン・スティーヴンスと Spontaneous Music Ensemble を結成している。即興音楽のアンサンブルとして最重要な存在だが、スティーヴンスといい、ワッツといい、その枠だけに自分を閉じ込めることなく、様々な音楽を展開していったのだった。それも同時進行に。ワッツは、後年アフリカのミュージシャンをたくさん集めた「トレヴァー・ワッツ・モアレ・ミュージック・ドラム・オーケストラ」を率いている。ジャンルの枠を飛び越えたクリエイティヴな音楽だ。（末冨）

85.Alexander von Schlippenbach : The Living Music (Quasar/FMP/1969 年)

これは FMP 初期の名盤と言うイメージがあるが、実は１９６９年にシュリッペンバッハ自身のレーベル「Quasar」からリリースしたアルバムで、後に FMP から再発したものだ。現在は Atavistic から CD が出ている。Free Music Production は、元々がブロッツマン、コヴァルト、シュリッペンバッハ、ゲバースらが設立したレーベルでありプロダクションなので、発足当初は、ブロッツマンのレーベル Brotzmann からリリースした２枚「For Adolphe Sax」、「Machine Gun」と同様に、シュリッペンバッハの自主制作アルバムである本作も FMP から再発することになったのも自然の成り行きだった。ドイツ、イギリス、オランダの三カ国のミュージシャンからなるアンサンブルで、アレキサンダー・フォン・シュリッペンバッハ(p,perc)、ペーター・ブロッツマン(ts,bs)、ミヒェル・ピルツ(b-cl,bs)、マンフレート・ショーフ(cor,fluegelhorn)、ポール・ラザフォード(tb)、ブシ・ニーベルガル(b,b-tb)、ハン・ベニンク(ds,perc)と言ったそうそうたるメンツで構成されている。もう少し加えればそのまんまグローブ・ユニティだ。正に７０年前後の怒濤のヨーロッパ・フリーを絵に描いたような、我々リスナーにとっては、これが基本であり、基準であると言いたくなる演奏だ。目の覚めるような演奏とは正にこのこと。曲は、シュリッペンバハ、ショーフ、ブロッツマンが持ち寄ったものだが、６９年という時代だからか、今の耳で聴くとしっかり JAZZ の香りが立ち込めているのが面白い。それにしても、１９６９年と言う年は興味深い年だ。ジャズにせよ、ロックにせよ、後の世から振り返ると、エポックメイキングなアルバムが目白押しの年なのだ。これが時代の変わり目、節目と言うものなのだろう。このアルバムも、正にその一枚だ。（末冨）

86.吉沢元治＆高木元輝：深海 （P.S.F RECORDS/1969 年）

五海裕治氏の素晴らしい写真をカヴァーに使った、J・Ｉコレクションという CD シリーズから驚きの発掘音源がリリースされた。なんと１９６９年１０月９日、新宿にあった「汀」での吉沢元治と高木元輝のデュオ・ライヴだ。６９年といえば、フリー・ジャズにとっては重要な年だった。富樫雅彦「WE Now Create」、佐藤允彦「Palladium」、高柳昌行「Independence」、山下洋輔「Dancing 古事記」等が、海外では BYG で数多くのアメリカのフリー・ジャズ・ミュージシャン達の録音、FMP第１弾 Manfred Schoof の「European Echoes」、AEC の「People in Sorrow」等。JAZZ 関係の本では１９６７年のコルトレーンの死後はフリー・ジャズは失速して行ったなどと一体どこを見てるのやらといった記述が多い。特に日本では６９年は重要で、メジャーレコード会社がフリーものレコードを発売し出した年でもある。その最初が「We Now Create」だった。山下を除く他の面々は各バンドに分散している形で顔を出しているのも特徴だ。吉沢元治しかり、高木元輝しかり。この「汀」での演奏は、まさに当時の普段のライヴの雰囲気を切り取っていて興味深い。後年聴けなくなった高木の激しい雄叫びが随所で聴くことが出来る。吉沢は深く沈み込むような音が特に印象的だ。吉沢の曲「深海」では特にそれを感じる。当時はまだ「ロンリー・ウーマン」等の曲が演奏されていた。このアルバムで唯一残念なのは、全編エアコンのブーンという音が演奏に被さるように鳴っていること。私のような筋金入りのファンにとっては、こんなものガマン出来るのだが・・。吉沢さんとも、このエアコンの話が及んだことがあった。吉沢さん曰く「今どこで何をしているのか分からない高木が、これを聴くことで奮起してまた演奏を始めてくれるのを期待して、この録音の悪さでも OK したんだ。」と。当時死亡説まで流れていたくらいだった。その後、高木さんは活発に演奏活動を始められた。（末冨）

87. Art Ensemble Of Chicago:People In Sorrow (PATHE/1969 年)

"People In Sorrrow" を初めて聞いた時の感動は、一生忘れられない物として私個人の中に有る。芸術の一部分をなしている音楽という物が、これほど人間を理解出来得るという事を、私はこれを聞くまで知らなかったからである。
アート・アンサンブル・オブ・シカゴは AACM 創立以来、世界中にそのスーパーグループ振りを示して来た。ライブ盤「マンデルホール」「バプティズム」「カバラバ」などのエキサイティングな演奏の基本となっているのは、正にアフリカン・アメリカンとしてのスピリチュアリズムであり、彼ら四人（モイエが入って五人）の音楽を通して発揮される才能のなせる技である。私がこのアルバムを選んだ理由は、"People In Sorrow" はあなたたちのために作られたアルバムだからである。人間一人一人、生まれたからには生きなければならない。金持ちだって、白人だって、泣くのである（時には）。頭脳がある一つの事を理解し得る時、つまり刺激された神経系から電流が流れ、一つの官能系と繋がれるその時、人はある事を理解したと感じる。ヘレン・ケラーの「ウォーター」しかり。人が一つ何かを理解するというのは、発見そのものというだけではなく、未来へ向かうべき進歩である。たとえそれが悲しみであっても・・・・。ある事が分かるという現象は、人それぞれ異なっているのは言うまでもない事だが、フィーリングが有るからこそ、芸術は開かれた高みに登ると言えるのではないだろうか？アート・アンサンブル・オブ・シカゴはたくさんの優れた作品を残している。AEC のライブを見た人が感じる彼らの世界の様な物は、漠然としながらも常に私達個人にも在る世界（アフリカではないけれど）であり、その世界の中で何が出来るのか、どの方向を選んで行くのか、選択の責任と夢との混沌の中で、もがく人間としての最低限の在り方の様な物を定める必要性にかられるのは、辛い事ではあるが避けられない事なのである。なぜ音楽ごときに・・・・、と時には思ってしまうが、AEC がそれだけスーパーであったのは、たくさんの人を今を生きる人間として目覚めさせたからであろうと私は思う。（牧野）

88. Musica Elettronica Viva :The Sound Pool (BYG/1969 年)

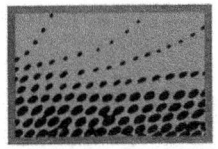

ローマで結成された、その名の通り「ライブで電子音楽」をやる集団。F. ジェフスキー、A. キュラン、R. タイテルバウム、A. ブライアント、R. ケイン、S. レイシーなど錚々たるメンバーが参加している。同じイタリアの GINC に比して、演奏家寄りの性格があり、さらに不特定多数の聴集を巻き込んだ集団即興を試みた。その結果がこのアルバムである。しかしスクラッチオーケストラとは異なり、この録音に聴く限りはデモ隊の街頭のシュプレヒコールよりも統制がなく、叫びと打楽器のマッスとなっている。いわば中世の民衆強訴、集団制裁としてのノイズ・デモ＝シャリバリ（あるいはカッツェンムジーク＝猫の音楽）に近い。（金野）

89. Manfred Schoof: European Echoes (FMP／1969年)

1969年西ドイツで、P・ブロッツマン、P・コヴァルト、シュリッペンバッハ、J・ゲバースの四人によって「フリー・ミュージック・プロダクション（FMP）」が設立された。ミュージシャン自身による自主運営の組織で、レコードの制作、販売。コンサートやワークショップの開催した。そのFMP・0010として第一弾に出されたアルバムが、シュリッペンバッハの盟友マンフレッド・ショーフのオーケストラ作「ヨーロピアン・エコーズ」だ。FMP設立と同じ69年の録音。ヨーロッパ6ヶ国から集まった現代から見ると正にオールスター・オーケストラだ。集まった16人中ホーン奏者は7人で、あとはギターが1人。ピアノが3人。ベースが3人。ドラムが2人というユニークな編成。各ホーン奏者の強烈な演奏も凄いが、前半終わり頃に出て来るピアノ3人による演奏、後半最初のドラマー2人による演奏、これに続くベース3人による熱く激しい演奏が特に印象に残る。FMPはその後大量のレコードのリリースや定期的に行われるコンサート、ワークショップで、マイナー界の大メジャー？となって行った。このアルバムはその大きな第一歩だった。（末冨）

90. Pharoah Sanders: Karma (IMPULSE／1969年)

ジョン・コルトレーン最晩年のグループに参加し、ノイズ・マシーンと化したサックスから轟音を撒き散らしていたファラオ・サンダースが、コルトレーンの死後2年経って録音したアルバム。30分を越える「ザ・クリエイター・ハズ・ア・マスター・プラン」と、5分半の「カラーズ」の2曲を収録。ファラオは、トレード・マークの熱く激しい吹奏を聴かせるが、彼を取り巻く音達はこれまでとは様相を異にする。鈴やタンバリン等のパーカッション類が常に鳴り続け、J・ワトキンスの柔らかなフレンチホルンとJ・スポールディングの軽やかなフルートが、牧歌的とも称される音の風景を形作る。レオン・トーマスの個性的なヨーデル唱法がこれに輪をかける。が、ここには牧草を食む牛の姿は出て来ない。ジャケットに見られる瞑想中のファラオが示すように、これは彼の考える精神世界の描写なのだろう。60年代のブラック・アート・ムーヴメントと東洋思想をファラオなりに咀嚼した結果生み出されたスピリチュアル・ジャズ（と、現代は呼ばれるようになった）。（末冨）

91. Karlheinz Stockhausen : Aus den sieben Tagen (harmonia mundi/1969年)

作曲家シュトックハウゼンの「直観音楽」のシリーズ。即興は直観に依存する。しかし直観音楽は、短い詩のようなテクストを意識し続けることが重要である。こうしたテクスト指示形式の作曲は60年代には多くの作曲家が試みた。それは多くが集団即興のためのものだった。その結果は多くの場合、どれも似たような結果を産んだ。そこで「名演」として残ったのは、作曲家の意図とは離れ、優れた演奏家達による録音となってしまった。M. ポルタル、J.P. ドゥルエ、H. ボージェ、J.F. ジェニークラークなどジャズ界でも活躍した演奏者が静謐なプレイを聴かせている。仏音楽界の重鎮、P. ブーレーズがプロデュース。（金野）

92. Alan Silva:Luna Surface (BYG/1969年)

この録音に「節操もない」、「誰だって出来る」という印象をもつのは無理もない。最初から延々と管、弦、打楽器、そしてピアノが、ひたすら音を出しつづける。それ自体が目的であるように。しかし、よく聴けば前半はR・ジェンキンスのバイオリンが強く主張しているし、後半A・シェップ、K・ターロード、A・ブラクストン、G・モンカーⅢ世らホーンが主体となる。さらに一旦小休止して二本のベースが競いあう。しかし、これをライブでやるとしたら難しい。誰もが自分の位置を全体（アンサンブル）の中で把握できない。これは、シルヴァの構想したサウンドのコンセプトによる「録音のための集団演奏」であろうか。両面ともかっちり同じ収録時間ではあり、さらに長い演奏から編集されたのだろう。ところで、無闇にやるといっても、必ず何かパターンが生じて、それにひきずられたりする。それが一切ない点こそがシルヴァの意図したところ。絶対にパターンを生み出してはいけないという禁欲さ。逆に中途半端にパターンが形成されて来るとき、レトリックだけのソロや、でかい音の奴が目立ち、一斉に終結へ。まさに「戦争突入」直前の民主主義社会。それに抗するシルヴァのアナーキズムがここにある。（金野）

93. John Tchicai And Cadentia Nova Danica :Afrodisiaca (MPS/1969年)

ジョン・チカイは、１９３６年コペンハーゲン生まれのサックス奏者。母がデンマーク人、父はコンゴ人。６２年にアーチー・シェップやビル・ディクソンの勧めで渡米し、ニューヨーク・コンテンポラリー・5やニューヨーク・アート・カルテットと言う、フリー・ジャズ史上重要なグループのメンバーとなった。彼をアメリカ人と思っていた人も多かったが、ニューヨークにいたのは５年ほど滞在していただけだ。６６年にはヨーロッパに戻り、カデンツァ・ノヴァ・ダーニカを結成する。６９年録音の本作は、カデンツァ・ノヴァ・ダーニカの第二作目。総勢２６名からなるオーケストラ作品。打楽器だけでも６人。チカイとは付き合いの長いギターリストのPierre Doergeやウィレム・ブロイカーの名前も見える。ヒュー・スタインメッツのトランペットから放たれた音が、山頂から大空へ向かって高らかに鳴り響いた。と、思ったら、次は突如山麓のジャングルの喧騒の中に入って行った。この様な情景が浮かぶオーケストラによる壮大な音絵巻が、聴く者を包み込む。アフロ色濃厚で大迫力のサウンドが押し寄せて来るのだが、ヨーロッパと言う土地柄なのか、どこかクールな感触がこの音楽には有る。アフリカン・アメリカンだけで同じスコアを使って演奏したらもっとホットな演奏になるだろう。と、考えるのはステレオ・タイプか？（末冨）

94. Sunny Murray:Big Chief(EMIPathe/1969年)

サニー・マレイは、１９６９年アルジェで行なわれた「パン・アフリカン・フェスティヴァル」に出演し、その後数ヶ月間パリに滞在した。その間ＢＹＧに３枚、そしてこの「ビッグ・チーフ」を録音している。ＢＹＧ盤は、マレイ同様フランス滞在中のアメリカ人ミュージシャンとの共演だが、このアルバムは、テュスク、ヴィテらフランス人ミュージシャンも参加している。Ａ面は、マレイの煽動的ドラムに煽られ、全員が燃えるような激しい演奏をしている。一転してＢ面は、スローな曲に始まり、次の曲は力強い詩の朗読が加わる。恥ずかしながら、詩の意味は分からないが、感動してしまう曲だ。最後は美しいメロディーの曲で締め括る。このアルバムこそ、彼の最高傑作なのだ。豊住芳三郎の招きで来日したこともある。（末冨）

95. 富樫雅彦/Togashi Masahiko&高木元輝/Takagi Mototeru:Isolation
（日本コロムビア/1969年）

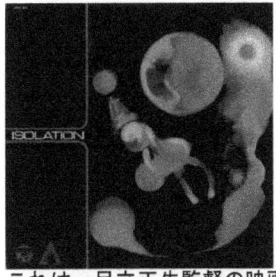

　これは、足立正生監督の映画「連続射殺魔」のサウンド・トラック・アルバム。映画そのものが実験的な作品で、連続射殺魔永山則夫に関するもの。ドキュメンタリーの概念に当てはまらないものだというので、付ける音楽もこのように所謂サウンド・トラックとは程遠いものになった。依頼されたのが富樫雅彦。高木元輝とのデュオで、全くのフリー・インプロヴィゼイションを3テイク行った。録音テープを聴いている内にレコード化したいと思うようになり、後でLP用に2曲に編集され、「アイソレーション」とタイトルされてリリースされた。映画では、3テイク目から断片的に使われただけのようだ。富樫雅彦が下半身不随になる前の、ドラマー富樫雅彦が聴ける貴重な録音でもある。パーカッショニスト富樫雅彦を先取りするようにドラムの他、マリンバ、ヴァイブラフォン、ティンパニ、チューブ・ベル、ゴング、トライアングルも使った演奏をしている。高木元輝はテナー・サックス、バス・クラリネット、コーン・パイプを吹く。サウンドトラックと言いながら、フィルムを見ながらとか、脚本を読んだりせずに永山則夫のイメージだけを頭に描きながら演奏したのだった。映画云々抜きの演奏だけでも、これは凄いと思わせる。二人の音楽の速度とキレが半端じゃなく、二人の真剣による立ち会いを見ているようだ。正に真剣勝負。これがサウンド・トラックであることなど、どこかへ吹っ飛んでしまう。逆に言えばこんな音楽を付けてしまえる映画も見たいのだが、これは未だに見る機会が無いでいる。ライナーノートには、「自分が心身遊離の状態にならないといけない。」と富樫は言っている。「即興演奏の極限、ぎりぎりの限界に挑戦した。」とも。聴く側も、これを聴くには、それ相当の気合を持って望む覚悟が必要。正に音に対峙するのだ。（末冨）

96. Brigitte Fontaine:Comme A La Radio(Saravah/1969年)

　「これは全くラジオのようなもの、音楽以外の何ものでもない」タイトル曲の冒頭が何をか語らん。唄うというよりは呟くように繰り出されるコトバの背後で、フラジャイルで繊細な感性が震えている。異色の歌い手ブリジット・フォンテーヌとまさに前衛そのものだった時期のアート・アンサンブル・オブ・シカゴ。60年代も終わろうとする頃のパリ、その時代でなければあり得なかった出会いが、類い希な作品を残した。抒情的でありながらも過激さを秘めている音。密やかな甘い罠がどこかに仕掛けられているのか、これを聴いた者を虜にする。この時期のフォンテーヌには、オトナと少女の間を彷徨う摩訶不思議なオーラがある。ふとパリにはブルトンが出会ったようなオンナがどこかにいるような気がした。（横井）

Disk Guide of Open Music　51

97. Gunter Hampel:The 8th of July 1969 (Birth/1969年)

ギュンター・ハンペル（vib,p,b-cl,fl）は、１９３７年ドイツ・ゲッチンゲン生まれ。６３年にドイツで最初の前衛ジャズ・グループを結成。A・von・シュリッペンバッハ（p）、M・ショーフ（tp）、B・ニーベルガル（b）、P・クールボア（ds）が参加した。６５年に録音された「ハートプランツ」は、それまでジャズと言えばアメリカの物真似でしかなかった事から一歩進んだ記念すべきアルバムなのだった。６９年ハンペルは自己のレーベル・Birthを立ち上げる。以降多くのアルバムを世に送り出した。本作は、Birthの第一弾としてリリースされたオランダでの録音。ハンペルはヴァイヴラフォン、バスクラリネット、ピアノを演奏する。フルートが聴けないのは残念。彼はフルートの独自の個性を持っているのだ。夫人のジーン・リー（voice）、A・ブラクストン（as,contra-bcl,sopranino sax）、W・ブロイカー（as,ts,bcl,ss）、A・ゴルター（b）、S・マッコール（ds）の独米欄三カ国の混成グループでの演奏。いかにもヨーロッパ・フリーと言った感じの全者一丸となって突進する演奏から、各人のユニークなソロも間に挟み込み緩急起伏のある構成が光る演奏も聴ける。
多楽器主義者が揃ったアンサンブルは多彩なカラーが目まぐるしく展開し、聴く者を飽きさせない。混沌とした音響の渦からジーン・リーの天界からのヴォイスが一際浮かび上がる。
（末冨）

98. 佐藤允彦：Palladium・パラジウム（Toshiba Express/1969年）

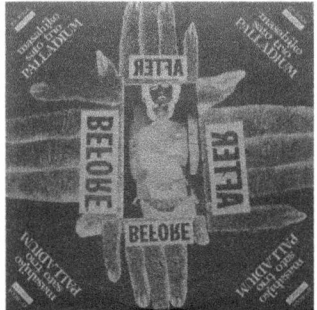

１９６９年は時代の変わり目にふさわしく、次に続く７０年代を見据えた名作がたくさん作られた年だ。「富樫雅彦：ウィ・ナウ・クリエイト」、「高柳昌行：インディペンデンス」、「山下洋輔：コンサート・イン・ニュー・ジャズ」を筆頭にその後日本のクリエイティヴなジャズ・シーンを牽引して行く者達のアルバムが何枚もリリースされる。翌年７０年は名作目白押しだ。佐藤允彦のパラジウム（ベースが荒川康男、ドラムスが富樫雅彦）も、日本のオリジナルなジャズの正に第一歩を強烈に記した重要なアルバムだ。オープニングは２２秒の短い演奏なのだが、これがこれまでにない切れ味鋭い斬新な音で、新しい時代の幕開けを示唆しているかのようだ。佐藤といい富樫といい日本を飛び越えて一気に世界の最前線に躍り出た感のある演奏だ。音の強度と速度と鮮度において右に出る者はそうはいない。二曲目はビートルズの「ミッシェル」が取り上げられている。「ミッシェル」のカヴァー数あれど未だにこれを凌ぐ演奏は耳にした事はない。このトリオのアルバムは、６９年だけで「トランスフォーメイション 69/71」、「ディフォーメイション」と三枚も作られている。特に「ディフォーメイション」は、テープとトリオの実験的な演奏で、要注目！（末冨）

99. Jacques Coursil Unit : Way Ahead (BYG/1969年)

ジャック・クルシルは、１９３８年パリでマルチニック移民の子として生まれたトランペッター。育ったのはデンマークのコペンハーゲン。１６歳の時コルネットを始める。５９年から３年間（２年間の兵役も含む）セネガルに滞在。６５年 NYC に進出。最初はロック・バンドで演奏していた。ジャッキー・バイアード、ノエル・ダコスタに師事。「サニー・マレイ」（ESP/1966）でレコーディング・デビュー。サン・ラ、フランク・ライト、ラシッド・アリ、ヘンリー・グライムス、マリオン・ブラウン、サム・リヴァース、アンソニー・ブラクストンらと共演。６９年以降パリを中心に活躍。６９年録音の本作は、オリジナル曲２曲とビル・ディクソンの曲１曲を収録した彼のファースト・リーダー・アルバム。J・Coursil の他 Arthur Jones(as)、Beb Guerin(b)、Claude Delcloo(ds)が参加。全者一丸となった熱く激しいフリー演奏、所謂エネルギー・ミュージックではなく、４人が少し距離を取ってインタープレイを繰り広げた素晴らしい演奏だ。BYG にはもう一枚、この４人にアンソニー・ブラクストン、バートン・グリーンが加わった「Black Suite」もある。その理知的な音楽に期待されるも、その後彼は、大学で一般言語学、数理論理学の博士号を取得。教育と研究の為演奏活動から離れる。マルチニックに戻り、まったく音楽の世界から離れたに見えたが、２００４年突如 TZADIK より復帰作をリリースし、我々を驚かせた。その後は、コンスタントに CD のリリースが続いている。（末冨）

100. Derek Bailey & Han Bennink (ICP-004/1969年)

デレク・ベイリーとハン・ベニンクの DUO アルバム。１９６９年の録音。ICP－００４という番号が書いてあるだけでアルバムのタイトルとかは無い。逆にジャケット・デザインはいつものハン・ベニンクの手書きの文字やらイラストやら写真の切り貼りやらで、もうこれだけでアート作品。瞬間見ただけでハン・ベニンクの作だと分かる。以前彼の分厚い手帳を見せてもらったが、「美術館に直行！」のシロモノだった。さて、中身だ。ベイリーはエレクトリックギターで結構激しくノイジーに弾きまくる。殺気すら感じさせる鋭い音の放射が凄い。対するベニンクの演奏は。激しくも面白いこと！　せわしなくドラムを叩いていると思ったら、「一体これは何？」といった音に突然変わる。だいたい楽器のクレジットが drum は分かるが、oeoe って何？　gachi って何？　私がこのＬＰを入手したのが１９７９年だったが、それ以来何回聴いて来たことやら。即興のアルバムを繰り返し聴くのは結構意識的に避けているのだけれど、これだけは別。いくら聴いても、その度興奮させられる。３０年前だったら、このアルバムの紹介に「破壊的」だの「状況がどうの・・」なんて書いただろうが、今やノイズは当たり前の時代だ。だが、１９６９年という録音された年代を考えれば、やっぱりこれは凄いとしかいいようがない。いや、今でも凄い演奏だ。じゃないと、３７年間もこれだけ繰り返し聴いてはいない。これが、この演奏の持つ強度なのだろう。時代の最先端を突き抜けて行ったサウンドの持つ力だ。二人のデュオは、７０年代には、この他にも「Derek Bailey&Han Bennink」（INCUS/1972)、「Company 3」（INCUS/1976)がリリースされている。（末冨）

101. Jimmy Lyons : Other Afternoons (BYG/1969年)

ジミー・ライオンズは、1932年ニュージャージー州ジャージーシティー生まれ。祖父からアルト・サックスを贈られ、その後もほぼ独学でマスターした。言わずと知れた Cecil Taylor/セシル・テイラー・ユニットのアルト・サックス奏者。60年にC・テイラーと出会い、以来ずっと行動を共にして来た。86年に亡くなった。69年録音のこのアルバムは、おそらく彼の「遅すぎた初リーダー作」ではないだろうか。共演の Alan Silva/アラン・シルヴァ(b)、と Andrew Cyrille/アンドリュー・シリル(ds)は、C・テイラーのグループで度々共演して来た仲。そこに Art Ensemble Of Chicago/アート・アンサンブル・オブ・シカゴの Lester Bowie/レスター・ボウイ(tp)が加わる。演奏は、基本的にジミー・ライオンズの親分セシル・テイラーのユニットの方向性と変わらない。きっちりと構成された中でのスピーディーでホットな演奏だ。セシル・テイラーのピアノは、現代音楽からの影響からか、爆音を発しながら疾走して行ってるわりには、どこかクールに覚めていて、時々非常に美しい響きも現れる。ジャズでもあり現代音楽でもあるような演奏も多々聴ける。相方のライオンズのアルト・サックスは、もっと肉声的で身体的だ。この対比がセシル・テイラー・ユニットの面白さでもある。この自身のリーダーでは、御大のいない部分をレスター・ボウイが受け持つ。彼のトランペットの演奏は、前方一直線に吹き放つタイプではなく、どこかシニカルでユーモアもたたえた熱くもあり、クールでもあるという演奏だ。そんなレスターもいつになくバリバリとトランペットを鳴らしている。70年代以降は、バスーン奏者の奥さん、Karen Borca/カレン・ボルカを加えた自己のグループで活躍した。CD・BOXも出ている。それよりも、これをCD化して欲しい。(末冨)

102. Joachim Kuhn : Sound Of Feelings (BYG/1969年)

ヨアヒム・キューンは、1944年ライプツィッヒ生まれのヨーロッパ屈指のピアニスト。クラリネットのロルフは兄。クラシック・ピアノを学び、コンサートも開いていた。50年代後半にはポツダムでバップを演奏していた。61年に西ドイツに移住した。翌年には自己のトリオを率いて演奏していた。63年に兄と再会し、兄弟でグループを組んだ。その頃セシル・テイラーを聴いて大いに影響を受けることになった。69年から71年にかけてパリに移住した。本作は、その間の69年1月に録音されたアルバム。ピアノの他、アルト・サックス、シャナイ、フルート、タンバリン、ベルも演奏している。ベースは Jean-Francois.Jenny-Clark、ドラムは Aldo Romano。彼のピアノは強靭かつ美しい。華麗、流麗とも言える演奏は、クラシックの素養の深さによるのであろうか。アルト・サックスの演奏は打って変わって肉声そのままで叫ぶような激しさがある。ピアノでは表現しきれないもどかしさを、サックスの演奏にぶつけているかのようだ。7曲中6曲は彼のオリジナルだが、最後はコルトレーンの「Wellcome」で締めくくる。BYGにはもう一枚彼のアルバムが有る。「Pris Is Wonderful」で、このトリオに加えて、Georges Locatelli(g)と Jacques Thollot(ds)が入った2ドラムスのクインテットの演奏。特に70年代の彼は、様々に音楽のスタイルを変えて行った。75年の「Hip Elegy」は、ジョン・リー(b)、アルフォンソ・ムゾン(ds)、フィリップ・キャサリーン(g)、ナナ・ヴァスコンセロス(perc)、日野皓正(tp)で、クロスオーヴァー(まだフュージョンとは呼ばなかった)をやり、78年にはヤン・アッカーマンらとよりロック・テイストな演奏も行っていた。80年代に入り、ダニエル・ユメール(ds)、ジェニー・クラーク(b)と組んだトリオは評判となり、数多くのアルバムをリリースしている。96年には、オーネット・コールマンとのデュオ・コンサートを行い「Colors」としてリリースされた。(末冨)

103. John Surman : How Many Clouds Can You See? (DERAM/1969年)

ジョン・サーマンは、1944年生まれのイギリスを代表するバリトン・サックス奏者。14歳からクラリネットを始めた。高校時代にバリトン・サックスを始め、マイク・ウェストブルックのワークショップに参加。大学で学ぶ間もウェストブルックの下で活動を続けていた。その後は、ピーター・レマー、グラハム・コリアー、デイヴ・ホランド、ジョン・マクラフリンらと交流を深めた。68年のモントルー・ジャズ・フェスティヴァルでは、最優秀ソロイスト賞を受賞した。同年、ファースト・リーダー・アルバム「John Surman」を録音。イギリスどころか、ジャズ史上屈指のバリトン・サックス奏者と言ってもいいだろう。バリトン・サックスの他ソプラノ・サックス、バス・クラリネット、シンセサイザーも同等に達者だ。バリトン・サックス一本で、重低音から超高音まで楽々と自在に吹き放つ。69年録音の本作は、初期の傑作。小編成から12名のラージ・アンサンブルまでの曲が並び、一枚を通して聴くと一つの組曲のようにも聴こえる。美しいジョン・テイラーのピアノをバックに、ソプラノ・サックスでバラードを吹いたり、ラージ・アンサンブルの轟音をバックにバリトン・サックス一本で、ゴイゴリ、バリバリと豪快なソロを取ったりと、聴く者を一瞬たりと飽きさせはしない。The Trio 名義のアルバム「Conflaguration」も同様に必聴。（末冨）

104. Kenneth Terroade : Love Rejoyce (BYG/1969年)

K・ターロード（ts, fl）は、サニー・マレイと一緒に渡仏し、アラン・シルヴァらと活動した。ジャマイカ生まれで、ロンドンに移住、デイヴ・ホランド、ジョン・サーマンらとセッションしてきた。もう一人のサックス、R・ビアーは南アフリカ出身でやはりロンドンに住んでいた。その意味では他の BYG のフリージャズとは異なり、北米黒人ジャズの流れというよりは欧州的なセンスかもしれない。実際、密度の高いサウンドテクスチュアは、FMP あたりの初期作品に近いものを感じさせる。各面の曲ともターロードの作品となっているが、サックス、フルートとも殆ど二人が均等なバランスでプレイしている。フルートも割に力強い印象だ。B 面の後半、F・テュスクのピアノが素晴らしい冴えを見せる。（金野）

Disk Guide of Open Music 55

105. The Mike Westbrook Concert Band : March Vol.1&2 (Deram/1969年)

Mike Westbrook/マイク・ウェストブルックは、1936年イギリス、バッキンガムシャー・ハイ・ウィカム生まれの作・編曲、ピアニスト。プリマス芸術学院を卒業後、ジョン・サーマンらと活動を始める。63年ロンドンに出て、サーマンとセクステットを結成。67年、マイク・ウェストブルック・コンサート・バンドと名付けられたラージ・アンサンブルは最初のアルバム「Celebration」をリリースした。翌年「Release」を。そして69年、3月31日、4月1日と10日の3日間をかけて録音された2枚に渡る大作が、この「マーチング・ソング」だ。曲によっては増減はあるが、当時のイギリスの活きの良い若手が集められ(曲によって増減はあるが、総勢20名に及ぶビッグ・バンドだ)、ウェストブルックのペンによる6曲と11曲の壮大な組曲が演奏されている。主なメンバーは、Kenny Wheeler(tp,flh)、DaveHoldsworth(tp)Paul Rutherford(tb)、JohnSurman(bs,ss)、Malcolm Griffith(tb)、Alan Skidmore(ts,fl)、Harry Miller(b)、Barre,Phillips(b)、Alan,Jackson(ds)、GeorgeSmith(tuba)、NisarAhmedKhan(ts)、BernieLiving(as,fl,piccolo)他。彼らが主にソロを取っている。アメリカでは、2枚組でリリースされ、アルバムの副題が「An Anti-War Jazz Symphony」となっていたように、「反戦、平和」をテーマとした組曲だ。演奏される音楽も、ビッグ・バンド・ジャズを基調にし、マーチ、ワルツ、フォーク、アヴァンギャルドな混沌とした響きまでもが、刻々と展開して行く様は、まるで映画でも見ているようだ。そのアンサンブルの上に乗っかるソロも、ジョン・サーマン、ポール・ラザフォード、アラン・スキッドモア、マイク・オズボーン、バール・フィリップス等々といずれも強者達揃い。特にサーマンは、アグレッシヴなソロから、思わず保守系ジャズ・ファン?も納得のソロまでと、誠に充実した仕事している。同じくオズボーン、スキッドモアも大活躍だ。当時のイギリス・ジャズ界の充実ぶりを見ることが出来る。ウェストブルックは、エリントンを私淑するも、その後のバップの洗礼をあまり受けておらず、それ故オリジナリティーを持つに至った。(末冨)

106. Robin Kenyatta;Beggars And Stealers(MUSE/1969年)

Robin kenyatta/ロビン・ケニヤッタは1942年サウス・カロライナ州モンクス・コーナー生まれ。ソプラノ、アルト、テナー・サックスとフルートを吹く。ジョン・ハンディにサックスを習った。ビル・ディクソンに認められ「ジャズ10月革命」に参加。その後は、Srchie Shepp、Roswell Rudd、Karl Berger、Sunny Murray、Sonny Stitt、Jazz Composers Orchestraと共演。67年に、Karl Berger、Mike Lawrenceとリハーサル・バンドを結成。70年代は、Alan Silva、Andrew Hill、Sam Riversらと共演。Dizzy Gillespie、B.B.King、Dr.John、George Bensonといったミュージシャンとも共演、録音が有る。68年録音の初リーダー作「Until」(ラズウェル・ラッド、マイク・ローレンスが参加)に続く、69年コロンビア大学での録音の本作は、おそらく当時の彼のレギュラー・グループだったのだろう。Larry Willis(p)、Walter Booker(b)、Alphonse Mouzon(ds)が参加。ドラムのアルフォンソ・ムゾーンは、この後ウェザーリポートの初代ドラマーとなったり、マッコイ・タイナーのグループに参加したりとジャズやフュージョンで大活躍することになる。彼が、「ジャズ10月革命」に参加したといっても、彼の場合はアイラー達のようなフリーキーな音を出し、疾走するエネルギー・ミュージックを演奏するタイプではない。どちらかと言えば、オーネット・コールマンの影響が大きいだろう。だが、オーネットほどの先鋭化もなくて、よりアフリカン・アメリカンとしての民族性を強く出すタイプだ。正直、このアルバムが「フリー・ジャズか?」と問われると「?」となる。上記のような共演者から連想されるフリー・ジャズを期待すると肩透かしを食わされるかもしれない。「アフリカン・コンテンポラリー・ミュージック・アンサンブル」という名のグループを作っている事で、彼のスタンスが伺い知れるだろう。自らの血に忠実に振舞った音楽だ。濃厚な味わい。一曲だけMuhal Richard Abrams(p)とのデュオも収録されている。これだけは、75年録音。この他、70年代には意外やECMにリーダー・アルバムがあり、Wolfgang Dauner、Arild Andersen、Fred Bracefulと共演をしている。さすがに、再発する気配無し。(末冨)

56　Free Music 1960〜80

107. Dave Burrell:Echo (BYG/1969年)

デイヴ・バレルは、１９４０年オハイオ州ミドルタウン生まれのピアニスト、コンポーザー。母親が歌手・ピアニストだった。１１歳からピアノを習い始め、ハワイ大学、ボストン音楽院、バークリー音楽院で作編曲を学んだ。本作は１９６９年パリで録音された。メンバーが強力！バレル（p）、C・ソーントン（cor）、G・モンカーⅢ（tb）、A・ジョーンズ（as）、A・シェップ（ts）、A・シルヴァ（b）、S・マレイ（ds）正にオールスター・バンドだ。収録されたのは「Echo」と「Peace」と言う約２０分の２曲のみ。一体どこまで曲として構成されているのかは分からない。怒涛の２０分間だ。「フリー・ジャズ」と言えばこれ。と、反射的に脳裏に浮かぶ程の当時の演奏の最上級であり典型がここに示されている。時代にプロテストする強い意思と、至上の音楽を創造する事への情熱が、パリの地でアフリカン・アメリカンのミュージシャン達によって成し遂げられた瞬間がこのアルバムに刻み込まれている。この時代のあだ花と揶揄する向きもいるが、確かに現代これと同じ演奏をすれば、時代にそぐわないし、古めかしさは否めない。だが、ここに記録された音楽自体は永久に人を感動させ得るし、決してその価値が下がる事は無い。その時代の先端を突っ走る者が創造したものは、いつの時代にも訴えるものが消え失せはしない。バレルは日本製作のアルバムも多く、吉沢元治とのデュオ作もある。（末冨）

108. Gittein' To Know Y'all (MPS/1969年)

１９６９年５月、シカゴから重要なグループが一つ渡欧した。「アート・アンサンブル」だ。渡欧後「どこから来たのか分からないじゃないか？」と言う事で後ろに「オブ・シカゴ」が付いて AEC となった。と、レスター・ボウイが言っている。彼らは渡欧後２年間に１６枚ものアルバムを作っている。その中でも異色で重要な作品がこれだ。AEC を軸にアメリカ、ヨーロッパの精鋭を集めてフリー・ジャズ・オーケストラ作品を作り演奏し、録音すると言うもの。プロデューサーは、ヨアヒム・ベーレント。アルバムはスタジオ録音だが、バーデン・バーデンで開催された「フリー・ジャズ・ミーティング'６９」でも多少メンバーを変え、人数も増やして演奏された。AEC を中核に、ホィーラー、マンゲルスドルフ、デイヴ・バレル、スキッドモア、オクスリー、マッコール、バール・フィリップス、ブロイカー、リプダル等々が集まった多国籍オーケストラが、レスター・ボウイのペンによる曲を演奏した。アメリカで始まった前衛ジャズがヨーロッパで独自の発展を遂げ、その両方が混ざり合った瞬間を切り取った重要作。アルバム後半は、地元ヨーロッパ勢のユニークな演奏を３曲収録。後 ECM を舞台に名ギターリストとして名を馳せるタリエ・リプダル（これが正しい表記）がジャーマン、マッコールらと共演！　北欧の歌姫カーリン・クローグのヴォイスによる四重奏。これは多重録音。ブロイカーとサーマンのデュオ！傑作！（末冨）

109. Sonny Sharrock:Black Woman (Vortex/1969年)

ソニー・シャーロックは、１９４０年 NY オシニング生まれの革命的ギターリスト。２１歳の時バークリー音楽院に入学。最初はビ・バップを演奏していたが、セシル・テイラー、オーネット・コールマンに影響され、前衛ジャズにシフトする。６６年からはサニー・マレイ、ドン・チェリー、ファラオ・サンダースらと共演を重ねた。６７年から７３年までハービー・マンのグループに在籍していた。６９年ウェイン・ショーターのアルバム「スーパー・ノヴァ」、７０年マイルス・デイヴィス「ジャック・ジョンソン」に参加。彼の破天荒なギター・サウンドをハービー・マン他のジャズ・ミュージシャンも自身の音楽を作るのに必要としたのだった。６９年録音の本作は、夫人のリンダ・シャーロックを大きくフィーチャーした、当時のブラック・ナショナリズムの熱気を沸騰させた様な内容。リンダのヴォイスと言うよりは叫び声と言った方がいいような「Voice」が強烈に迫って来る。シャーロックのギターの破壊力は、２曲目「ピーナッツ」で最大限に披露される。３曲目は、カントルーブの「オーベルニュの歌」の中から「バイレロ」が歌われる。リンダは一転して透明感のある歌声を披露する。９０年代、彼女はビリー・ホリデイに捧げた味わい深いアルバムをリリースしている。シャーロックは８０年代、「Last Exit」で、ブロッツマン、シャノン・ジャクソン、ビル・ラズウェルと活躍した。（末冨）

110. Frank Wright Quartet : Uhuru Na Umoja (America 30/1969&70年)

フランク・ライトは、１９３５年ミシシッピ州グレナダ生まれのテナー・サックス、ソプラノ・サックス、ベース・クラリネット奏者。育ったのはオハイオ州クリーブランド。当地でこのアルバムでも演奏しているボビー・フュー（p）と出会ってる。またアルバート・アイラーともクリーブランドで出会った。当時はベースを弾いていて、ローカルの R&B・バンドで演奏をしていた。Ｂ・Ｂ・キングのバックも務めた事もあったようだ。アルバート・アイラーからの影響もあって、ベースからテナー・サックスに転向した。そして、フリー・ジャズ創世記の重要なテナー・サックス奏者へと成長して行った。６９年、７０年にかけてパリで録音された本作は、前述のフューに加え、ノア・ハワード（as）、アート・テイラー（ds）と言うベース・レスのカルテットの演奏を収録。本来バップ・ドラマーのアート・テイラーの参加を疑問に思う人もいるかと思われるが、心配するに非ず。パワフルなフリー・ドラムを披露してくれている。全曲ノア・ハワード作曲。ハワード独特と言ってもよいメロディー（ハワードのバンドのレギュラー・ピアニストだった加古隆は、ハワードの吹くメロディーを元に曲を作っている）が終わるや否や怒涛のフリーで押しまくる。こう言う暑苦しい演奏こそがこの時代の「フリー・ジャズ」の典型。正にこの時代の音なのだが、このエネルギーあってこそ、後世にまでこのサウンドと時代の意思を伝え続けられているのかも知れない。（末冨）

111. FOR EXAMPLE/WORKSHOP FREE MUSIC (FMP/1969〜1978年)

FREE MUSIC PRODUCTION(FMP)は1969年ベーシストのJost Gebers/ヨースト・ゲバース、ペーター・ブロッツマン、ペーター・コヴァルト、マンフレート・ショーフ、アレキサンダー・フォン・シュリッペンバッハによって設立された。ミュージシャン自身の手で録音、出版、流通、コンサートの企画製作を行う先駆けとなった。少し前にはオランダでミシャ・メンゲルベルク、ハン・ベニンク、ヴィレム・ブロイカー（は、すぐに離れてBVHAASTを始めた。）のInstant Composers Poolを設立していた。イギリスでは少し遅れて、デレク・ベイリー、エヴァン・パーカー、トニー・オクスリーがINCUSを始めた。さて、この「For Example」は、1969年から1978年にかけての録音をLP三枚に収録し、豪華なブックレットと共に箱に入れたスグレモノ。LP一枚目は、S・Lacy,P・Rutheford,H・Reichel,T・Honsinger,Van Hove,D・Bailey,A・Mangelsdorff,J・Dyaniの無伴奏ソロ。二枚目は、Schlippenbach Trio,Brotzmann/Van Hove/Bennink+Mangelsdorff,FrankWright Unit,Schweizer-Carl Quartetのグループ。三枚目は、Willem Breuker Orchestra,Globe Unity Orchestra,Vinko Globokar&Brass Group,ICP-Tentetのオーケストラを収録。全て未発表録音。その中でも、ヴィンコ・グロボカールの、トロンボーンだけでも11人+1フレンチホルン、1チューバというグループの演奏がユニーク。豪華なブックレットは、たくさんの写真が掲載されており、見ているだけで楽しい。当時の活気がこっちにも伝わって来る。読み物も豊富（ドイツ語と英語）。ヨーロッパ・フリーの全盛期の興奮を三枚のLPとブックレットで大いに味わおうと言う豪華なセットだ。これをCDのサイズにしたら、味気ないだろうなあ。特にブックレットは。これが、出た当時は、今のようにネットがあるワケでもなくて、日本にいては、LPでもせいぜい東京のレコード店か、仙台のJazz&Nowで取り扱う程度だったし、音楽雑誌に載るようなことすらなかったしで、本当に情報が限られていた。このブックレットに載っている写真ですら見ることは出来なかった。そんな時代だったからこそ、このレコードとブックレットのセットは、ファンにはお宝だったのだ。（末冨）

112. Albert Ayler:Nuites De La Fondation Maeght, (Shandar/1970年)

アルバート・アイラーは、1936年オハイオ州クリーブランド生まれのテナー・サックス奏者。10歳の時地元のアカデミー・オブ・ミュージックで7年間学んだ。58年〜61年の間は軍楽隊にいた。除隊後の62年、ストックホルムのソネットに初録音をした。63年にリリースした「マイ・ネーム・イズ・アルバート・アイラー」は高い評価を受ける。すでに革新的で破壊力抜群の演奏の片鱗をうかがわせている。コペンハーゲンではセシル・テイラーと共演を果たす。63年帰国し、大晦日のフィルハーモニック・ホールでのリサイタルでアメリカ・ジャズ界に衝撃を与えた。翌年、ゲイリー・ピーコック（b）、サニー・マレイ（ds）とトリオを結成。名作「スピリチュアル・ユニティ」をリリース。70年11月25日ニューヨークのイースト・リヴァーで溺死体で発見される4か月前、ニース郊外のマグー近代美術館が主催した前衛音楽祭に出演。ヴォーカルとソプラノ・サックスのメアリー・パークスが活躍するここでの演奏は、アイラーの集大成的レパートリーが並ぶ。まるで4ヶ月後の死を予言しているかのようだ。演奏も音楽の持つ本来の美に昇華している。彼の音楽は西洋音楽体系に常に異議を突きつけた。彼の音楽は今もこれからも永遠の輝きを灯し続けるだろう。（末冨）

113. Chris McGregor's Brotherhood Of Breath (RCA NEON/1970年)

クリス・マクレガーは、１９３６年南アフリカ、サマーセット・ウェストでクリスマス・イヴに生まれた白人のピアニスト。６２年ドゥドゥ・プクワナ（as）、ジョニー・ディアニ（b）らと伝説のグループ「ブルーノーツ」を結成。６４年アンチーヴ・ジャズ祭に出演後帰国せずにヨーロッパに留まった。その後はイギリスやフランスに住んだ。７０年に旧南アフリカ勢とイギリスの精鋭を集め、総勢１３名の「ブラザーフッド・オブ・ブレス」を結成。当時はみんな若かったかもしれないが、現在から見るとそうそうたるメンバーが揃っているスーパー・バンドだ。モホロ（ds）、プクワナ（as）、ミラー（b）、グリフィス（tb）、エヴァンス（tb）、フェザ（pocket-tp）、チャリグ（tp）、ベケット（tp）、ビアー（ts）、スキッドモア（ts）、オズボーン（as,cl）、サーマン（bs,ss）、マクレガー（p,xylophone）と言う豪華な布陣でファースト・アルバムを録音した。メンバーは変わって行くものの、９０年に彼が亡くなるまでグループは続いた。彼やプクワナが作った曲は、彼らの故郷南アフリカを思わせる美しいメロディーに満ち満ちている。迫力のあるアンサンブルに、強力なソロ。演奏はダイナミックに展開して行く。２０分を越える「ナイト・ポエム」は快演！　鳴り響くシロフォンを中心に、音楽は刻々と姿を変える。（末冨）

114. Creative Construction Company (MUSE/1970年)

Creative Construction Company/クリエイティヴ・コンストラクション・カンパニー（略してCCC）の１９７０年NYC、Methodist Church でのコンサート録音。同じ AACM のグループとしては、Art Ensemble Of Chicago に比べ知名度は低いが、これはグループが短命だったこともあるだろう。しかし、今から見ると凄いメンバーが集まっていたものだと驚くことになる。Anthony Braxton(as、ss、cl、fl、contrabass-cl、orchestra-chimes)、Leroy Jenkins(vln、viola、recorder、toy-xylophone、harmonica、bicyclephorn)、Leo Smith(tp、fh、french-horn、seal-horn、perc)、Muhal Richard Abrams(p、cello、cl)、Richard Davis(b)、Steve McCall(ds、perc)といった後全員がリーダー格となった強者ばかりだ。母体はブラクストン、レオ・スミス、ジェンキンスのアンソニー・ブラクストン・トリオで、そこに彼らと同じくAACM のメンバーの R・エイブラムス、S・マッコール、そして AACM ではないが当時すでに巨匠の風格があったベースの巨人、R・デイヴィスが加わった形と言ってよいだろうし、演奏される音楽もブラクストン・トリオの方向性を保っている。演奏は一つの方向に向かうのではなく、空間に広く拡散して行く。しかし、散漫にはならない。一つの大きな宇宙を作っているのだ。このあたりが数多存在するフリージャズ・グループとは一線を画すところだ。ある意味、Art Ensemble Of Chicago よりも先鋭的と言ってよい音楽性を持っていた CCC はグループとしては短命に終わったが、ここから Revolutionary Ensemble と Leo Smith/New Dalta Ahkri という７０年代のロフト・シーンにおける重要な２つのグループに分化していった。アルバムには vol.2 もリリースされたが、現在 vol.1 しか CD で再発されていない。2 in 1 で出せたと思うのだが。（末冨）

115. 2 TO 10/Saxophone Adventure (Philips/1970年)

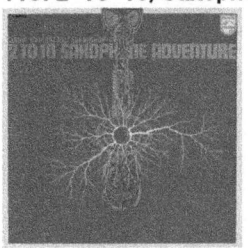

1970年4月15日 東京のヤマハホールで、当時のスイング・ジャーナルが主催した「ジャズ・ワークショップ 4」が開催された。そこで高木元輝と豊住芳三郎のデュオ、菊地雅章・作曲のラージ・アンサンブルの曲も演奏され、この2曲を収録したアルバムがこれだ。「サキソフォン・アドヴェンチャー」のタイトルが付いているが、豊住とのデュオも菊地の作品にも参加している高木は共にサックスではなくてバス・クラリネットを吹いているのが面白い。さて、このデュオ演奏だが、私は高木さん、豊住さん両人に彼らの長い演奏経験の中でも特にお気に入りの演奏だった事を、何度も聞いている。強く再発を望まれているのだが、未だにその気配は無い。高木さんは、この演奏について「あの時は演奏も心もフリーになれた。あれこそフリーだよ。」と何度も言われた。サックス奏者、マツ・グスタフソンは、このデュオはこれまでの数あるデュオの録音の中でも屈指の演奏だと言い、自身のホームページの表紙にこのLPのジャケットを使ったり、ステッカーまでも作っているのだ。片面を占める菊地作曲の演奏にも高木、豊住両人も参加している。菊地自身は指揮に専念し、ピアノは佐藤允彦。この佐藤さんの演奏も凄いのだ。乞う再発！（末冨）

116. Evan Parker, Derek Bailey, Han Bennink:The Topography Of The Lungs (INCUS/psi/1970年)

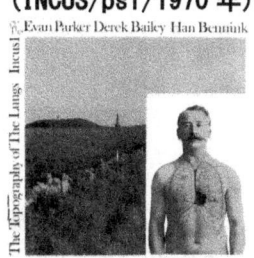

1970年。トニー・オクスレーがデレク・ベイリーに、ミュージシャン自身で運営するレーベルの共同での設立を持ちかけ、そこにエヴァン・パーカーが加わる事になって「インカス」は立ち上がった。その第1弾としてリリースされたのが70年録音の「ザ・トポグラフィー・オブ・ザ・ラングス」だ。エヴァン・パーカー（ss,ts）、デレク・ベイリー（g）、ハン・ベニンク（ds）によるトリオ演奏。トニー・オクスレーが設立したと言うのに、彼のアルバムは8番まで出ていないし、このアルバムも彼ではなくハン・ベニンクが演奏している。オクスレーはその後インカスを離れてしまう。だが、後年デレク・ベイリーと度々共演もしアルバムもリリースされた。私は79年だっただろうか。それ以前に「ミュージック・インプロヴィゼイション・カンパニー」（ECM）を聴いていたにもかかわらず、このアルバムには衝撃を受けた。ベイリーとパーカーの二人と、オランダの怪物ドラマーのベニンクでは相当に異質な対決と思われるが、異質だからこそ火花がスパークし、思いがけない化学反応が起こるものだ。ベニンクによる過剰な音の攻撃にイギリス勢二人も正面から相対する。この緊張感とパワーに興奮せざるを得ない。ジャズから遠く離れたフリー・インプロヴィゼイションの最良の瞬間を記録したこのアルバムは、その後のフリー・インプロヴィゼイションの重要な指針となった。（末冨）

117.Marion Brown：Afternoon Of A Georgia Faun （ECM/1970年）

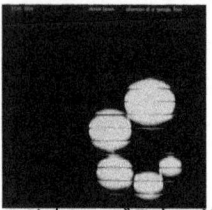

マリオン・ブラウンが、ジョージア州アトランタ出身なのはよく知られている。彼は、ECM と Impulse にまたがって「ジョージア３部作」を作った。まずは、７０年 ECM に「Afternoon Of A Geogia Faun」を録音。マリオン・ブラウンの他、アンソニー・ブラクストン、チック・コリア、ジーン・リー、アンドリュー・シリル、ベニー・モーピン他１１名（内３名はアマチュアだとか。彼らは決められた通りに演奏しているようだ。）が参加。と、書くといかにも騒々しいフリー・ジャズが鳴るのかと思えば、全くの逆で、両面１曲ずつの長尺の演奏なれど、終始静謐な空気がゆったりと流れる。ジョージアの自然を描写したのであろうか。どこかの森の中を散歩していると聞えて来そうな音の群れ達。最初全員がそんな描写を続けるが、途中チック・コリアがピアノの内部奏法も屈指してひとりで表現してしまうところは流石。そこにジーン・リーの深い声が絡んでくるあたりはぞくっと来る。２曲目は、もう少しフリー・ジャズしているが、それでも空間を広く取ったもので、騒々しくはない。こんな音楽を他に誰が作れよう。録音は元教会だったスタジオ。７３年には、Impulse に「Geechee Recollections」をレオ・スミスらと収録。「ジーチー」とは、アトランタ周辺の人々が、ガラ人と呼ばれる、ジョージアのアフリカの文化を色濃く残した住民に対して呼んでいる呼び名。打楽器やナレーションも使って、ジョージアに根付くアフリカ文化を表している。続く７４年の Impulse の「Sweet Earth Flying」は、ピアノとエレクトリック・ピアノに、ムハール・リチャード・エイブラムスとポール・ブレイを揃えたもので、このふたりの演奏が物凄く美しい。演奏自体は、フリー・ジャズと言うよりはフュージョンと言ってもいいくらいだ。これは名作。続く「Vista」は、やはりピアノをアンソニー・デイヴィス、スタンリー・カウエル、曲によってはもうひとり加えたより、フュージョン寄りの演奏。（末冨）

118.Don Ellis at Fillmore(SME/1970 年)

ドン・エリスと言えば６０年代後半から７０年代にかけて彼が引きいたビックバンドでの活躍である。エリスはアジア、アフリカ、東ヨーロッパの民族音楽を研究しその成果を変拍子と言う形で実現させると共に、ベースやドラム奏者をそれぞれ二人ずつ、ストリングスやエレクトロニックサウンドもいち早く導入するなど、既存のビックバンドに大きな変革をもたらした。そうしたエリスのビックバンドはまずモンタレージャズフェスティバルに出演（「ドン・エリス・アット・モンタレー」）して大きな話題となった。その後発表された「Live in 3 2/3 / 4 Time 」「エレクトリック・バス」「ティアーズ・オブ・ジョイ」など、どのアルバムも実験的かつ斬新なものであったが、総体的言えばそれはリズムと音色による「差異から差異へ」の飽くなき探究なのである。そう言う意味でエリスの音楽は十分「フリーミュージック」なのである。しかしこれらのビックバンドのアルバムで「フリー・インプロビゼーション」となるとそれほど顕著なものは見つけにくい。しかし本アルバムの「Hey Jude」」（言わずと知れたビートルズーナンバー）におけるギターのノイズィーで破壊的なサウンド、エリスのエコーを存分に効かせたエレクトリックトランペットは実にフリーでスリリングである。

「Hey Jude」のカバーはいろんなミュージシャンがやっているだろうが、この演奏は絶品。またこのアルバムの他の曲も迫力十分である。ところでドン・エリスは若くして亡くなったが音楽的にはけっして夭折ではなかったと思う。やりたいことはすべて遣り尽くしたような気がする。映画音楽や日本の俳句を題材にした「Haiku」なども好アルバムだった。ただ残念なのは来日公演がなかったことと、８０年以降のエリスがどう変貌するか聞きたかった気もする。ちなみに最近のドン・エリスの話題としては2013年にドイツのトランペット奏者トーマス・ガンシュを中心としたドン・エリスのトリビューライブ（動画サイトで視聴可能）とそのアルバム「Don Ellis Tribute Orchestra feat」が発売されている。またsean P. Fenlon によるドン・エリスについての研究論文「The Exotic Rhythms Of DonEllis」も存在する。ドン・エリスに興味のある方はこちらもぜひご覧になっていただきたい。（河合）

119. Annette Peacock/ Paul Bley : Dual Unity (Freedom/1970年)

アネット・ピーコックは、1941年 NY ブルックリン生まれのヴォーカリスト、ピアノ、作曲家。母親は、フィラデルフィア交響楽団等でヴァイオリンを弾いていた。ポール・ブレイとアネットの出会いは、64年「ジャズ十月革命」の時、ブレイとゲイリー・ピーコックが参加したことから始まる。当時アネットは、ピーコック夫人だった。当時のブレイ夫人と言えばカーラ・ブレイ。カーラは、マイク・マントラー夫人となり、アネットはブレイ夫人となる。別れてもなぜか、カーラ・「ブレイ」と、アネット・「ピーコック」を名乗っている。それに、元旦那同士は、その後も共演を続けると、「一体あんた達は何なんだ？」と聞いてみたくもなる。ブレイは、アネットからの強烈なアプローチに陥落したようである。ふたりは結婚し、「The Paul Bley Synthesizer Show」を結成。ブレイのシンセサイザーとアネットのピアノを中心に、ハン・ベニンクやローレンス・クック、マリオ・パボーンらが加わる。ブレイと言えば、セシル・テイラーの対極に位置するリリシズム溢れる耽美的なフリー・ジャズ・ピアノを聞かせていた。それが、70年から72年にかけてガラリと音楽が変化する。アネット共々シンセサイザーを使いだしたのだった。ノイジーな電子音やエレクトリック・ピアノ、アネットのヴォーカルにハン・ベニンクのド迫力のドラムまで加わった演奏は、それまでどこにも聴かれなかった新しい表現だった。アネットのファンにしてみれば、何ら抵抗なく受け入れられるだろう。ステージで裸になって、ラジカルな歌を歌うくらいの豪快な女傑なのだから。「耽美派」ブレイを求める聴衆にとっては賛否両論起こるは当然。だが、ブレイは72年9月軌道修正を行い、ECM に優れたピアノ・ソロ・アルバム「Open To Love」を録音。だが、Milestone には111月「Paul Bley&Scorpio」を収録。ここではまだシンセサイザーを使っている。まだ未練が残っていたようだ。（末冨）

120. Giorgio Buratti : Don't Bother Me (Durium/1970年)

ジョルジオ・ブラッティは、35年イタリア、ミラノ生まれのベーシスト。63年に「Jazz Forms For Export」を、Sergio Fanni(tp),Gianni Bedori(as,bs),Jimmy Pratt(ds)をリリース。アルバム・タイトルが示す通りに、イタリア発のジャズを輸出するのだという気概に満ちた演奏。イタリアの硬派なハード・バッパーと言うイメージだ。64年、66年、67年の録音の「My Soul In Performance」、68年の「E' Inutile Discutere」に次ぐ70年 Lerici でのライヴ録音「Don't Bother Me」は、ブラッティ（b,cello,vln）の他、Carlo Milano(b),Lino Liguori(perc),Sante Palumbo(p),Sergio Fanni(tp,fh),Eraldo Volonte(ts)のセクステットによる演奏。ライヴならではの熱気がムンムンしているホットでハードな演奏。フリー・ジャズにハード・バップをいくらか混ぜ合わせたような感じか。ヴォロンテのテナー・サックスは、テナーと言えばまだまだコルトレーン一色の時代を反映した演奏だ。熱く激しくブロウする。ファニのトランペットも、ヴォロンテに切り込んで行く。ベースをもうひとり加えて、ブラッティは、ベース以外にも、チェロやヴァイオリンも弾く。パルンボのピアノもゴツゴツと鳴らされる。リグオリのドラムも力強いパルスを放出している。グループ表現のあり方が多分にチャールズ・ミンガスを思わせる硬派なところが良い。70年には、この他2枚のアルバム「A Smooth Day」（ジャッキー・バイアードとダニー・リッチモンドというミンガス・バンドのメンバーが参加!）、「I Feel Sexy/I Shall Be Here To-Morrow Possibly」を残しており、彼の絶頂期だったのだろう。71年の「Explosion/Four Tunes For A Waltz」と、77年の「Homo Sapiens?」になると、電子音やミュージック・コンクレートをジャズに混ぜ合わせたような音楽を作っている。特に、「Homo Sapiens?」は、より徹底してサウンド・エフェクトを使い、相当にユニークな音楽に仕上っている。なんとも面白いミュージシャンだ。（末冨）

121. Sun Ra And His Intergalactic Reseach Arkestra: It's After The End Of The World Live At The Donaueschingen And Berlin Festivals (MPS/1970年)

Sun Ra/サン・ラーは、1914年（定かではない）アラバマ州バーミンガムで生まれた。（ということにしておこう。これも定かではない。アーケストラ・メンバーは、サン・ラーは、本当に土星人だと信じ、彼は死んだのではなくて、土星に帰ったのだと、本当に信じていると言われている。）本名は、ハーマン・ソニー・ブロウン。長らくシカゴで活動し、コールマン・ホーキンスやスタッフ・スミスと共演し録音も残している。40年代中期にはフレッチャー・ヘンダーソン楽団に参加。彼はチャーリー・パーカーらよりも年上なのだ。ビ・バップ以前の住人だったのだ。だからこそ、ビッグ・バンド（アーケストラ）を演奏の基礎に置き、そこにベイシーのリフとスウィング、エリントンの他に例えようのないサウンドの上に、アメリカに上陸前のアフリカ各地の音楽、アメリカ上陸後の黒人達の音楽、ブルース、ニグロ・スピリチュアル。現代のアフリカや、中南米の音楽に歌やダンス。そこに強力なフリー・ジャズのみならず電子音楽までも混ぜ込んだ唯一無比のサン・ラーの音楽。おまけに、コミューンでの生活（酒も薬も御法度）。世間の理解をはるかに超えた言動と合わせて、この無理解と心酔の両極を生み出すエネルギーは、例を見ない。さて、この録音だが、70年10月ついにサン・ラーがフル・メンバーを従えてヨーロッパの血を踏んだ時の貴重な記録なのだ。アーケストラの名前だけでも凄い。「インターギャラクティック・リサーチ・アーケストラ」だ。彼の世界観、音楽観、宇宙観そのままではないか。メンバーは総勢22名。これには、ダンサーだけではなく、照明＆サウンド・コーディネーションの者も含まれる。メンバーは、長年アーケストラの屋台骨を支えて来た者達ばかり。ドナウエッシンゲンとペルリンの両ステージ、合計5時間ものパフォーマンスから選曲された。（末冨）

122. The Music Improvisation Company (ECM/1970年)

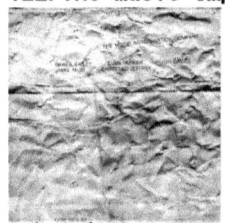

これはデレク・ベイリー、エヴァン・パーカー達を代表とする音楽表現の一つ、「ノンイデオマティック・インプロヴィゼイション」による集団即興演奏の最初期のイベントを記録したアルバムとして貴重。そして ECM の初期を飾る重要作。メンバーは両巨頭の二人の他、後仏教研究の為に音楽から身を離した Jamie Muir/ジェイミー・ミューア(perc、キング・クリムゾンへの参加でロック・ファンの方が知名度が高い。)、シュトックハウゼンのテクニカル・アシスタントも勤めたエレクトロニクスの Hugh Davies/ヒュー・デイヴィーズ、全曲ではないがヴォイスの Christine Jeffrey も参加している。時にジャズ的な熱狂も伴う瞬間もあるが、全体的には点描写的音の連続である。かと言って所謂現代音楽の響きとは一線を画す。現代の視点からすると、今多様されるライヴ・エレクトロニクスを演奏するヒュー・デイヴィーズだろうか。当時は、演奏者は自らエレクトロニクスを組み上げなければならず、逆に言えば、各自個性豊かだった。だが、まだまだライヴでコントロールするには苦労がいったことだろう。ここでのH・デイヴィーズの出す音は、かなりの部分 D・ベイリーのギターと被ることになってしまっているようだ。「ノンイデオマティック」な演奏を求めてエレクトロニクスを加えたら、逆にエレクトロニクスの方が「イデオマティック」な音を出すのだった、との D・ベイリーの証言もある。これは、エレクトロニクス云々と言うよりも、H・デイヴィーズ自身の方向性の違いと言える。即興も同じメンバーで続けると、予定調和の罠にハマる危険性をいつも孕んでいる。どうりで、このグループは解散せざる得なくなったが、この教訓からか D・ベイリーは、ミュージシャンを集めては、一回こっきりの出会いから生まれる輝きを追い求めカンパニーを始めることになる。その後ついに恒常的グループを組織しなかった。（末冨）

123. John McLaughlin, John Surman, Karl Berger, Stu Martin&Dave Holland: Where Fortune Smiles (Dawn/1970年)

ジョン・マクラフリンは、1942年イギリス、ヨークシャー生まれのギターリスト。9歳でピアノ、11歳でギターを始める。ブルースを弾いていたが、ジャンゴ・ラインハルトやタル・ファーロウを聞いてジャズに惹かれていく。60年代初頭ロンドンへ出て、グレアム・ボンド、アレクシス・コナー、エリック・クラプトン、ジンジャー・ベイカーらと共演。ボンドの影響で、東洋哲学、宗教に興味を持った。ラヴィ・シャンカールを聞いてインド音楽を研究。67年トニー・オクスリーらと共演。68年ドイツでギュンター・ハンペル・グループに参加しフリー・ジャズを半年間演奏した。69年NYに移住。トニー・ウィリアムスのライフ・タイムに参加。そこでの活躍がマイルス・デイヴィスの目にとまり、名作「ビッチズ・ブルー」、「ジャック・ジョンソン」等に参加する。71年、マハビシュヌ・オーケストラを結成。「Where Fortune Smiles」は、そんな時期にロンドンで演奏、録音されたアルバム。メンバーは、ジョン・マクラフリン(g)、ジョン・サーマン(bs,ss,b-cl)、カール・ベルガー(vib)、スチュ・マーチン(ds)、デイヴ・ホランド(b)のクインテット。2曲目のサーマンとのデュオと、3曲目のベルガーとのデュオは、静謐な雰囲気の穏やかな演奏だが、あとの3曲は全員参加のハードでスリリングな演奏ばかり。短いリフだけをきっかけに、あとは自由に展開して行く。マクラフリンのギターが、この前年に録音されたウェイン・ショーターのアルバム「スーパー・ノヴァ」で共演した同じギターの相手だったソニー・シャーロックばりな演奏になる時もある。サーマン、マーチンは、バール・フィリップスとの「ザ・トリオ」の時期。デイヴ・ホランドと、マクラフリンは前年「ビッチズ・ブルー」のセッションに共に参加している。ベルガーとホランドも、前年アルバムを作った間柄。良いアルバムの作れる条件は整っていた。（末冨）

124. 日野皓正: Journey To Air (Canyon/1970年)

日野皓正は1942年東京生まれのトランペット奏者。父もトランペット奏者＆タップダンサーだった。幼い頃からその父に教えられタップダンスを習い、9歳からトランペットを始め、13歳の頃には米軍キャンプのダンスバンドで演奏をしていたようだ。60年代にはすでに人気の頂点を極めていた。マスコミやTVCMにも度々登場する正にスターだった。特に、69年録音のアルバム「ハイノロジー」は大ヒットを記録した。だが、国内の人気に安住せず、1975年に渡米し移住し、今日まで続く。このアルバムは、それ以前の70年に渡米した折り、日野自身のプロデュースによって制作されたニューヨークでのスタジオ録音。日野の数あるアルバムの中でも一際異色なもので、何とフリー・ジャズ、それも12名のラージ・アンサンブルでの演奏なのだ。アメリカ在住の長いベーシスト中村照夫が当時のニューヨークの若手を集めたのだった。3ベースに2ドラム。1ピアノ。2トランペット、リードが4人と言う編成。Olu Dara(tp), Steve Grossman(ts,as,fl), Dave Liebman(ts,as), Dave Holland(b), Bobby Moses(ds), 日野元彦(ds)の若い頃の活き活きとした演奏が聴ける。まるでジョン・コルトレーンの「アセンション」を聴いているかのような錯覚に陥る所がある。特に1曲目は、ハードなコレクティヴ・インプロヴィゼイションが続く。一体どういう心境に至りこれが演奏されたのだろうか。当時のジャズの雑誌で読むことの出来る海外のミュージシャンによる日野皓正に対する評価は「何故彼はマイルス・デイヴィスの物まねをするのか？」と結構辛辣な意見が多く目に付くのだった。一度思い切って遠くに行ってみたかったのだろうか。だが、特に70年代中頃の「ライヴ！」「車石」「寿歌」等は、演奏の迫力、独創性、創造性が溢れたものだった。彼の中には、大ヒットした「シティ・コネクション」のようなポップな演奏からフリージャズまで、広く大きな振幅を含んでいるのだ。（末冨）

125. The Trio (Dawn/1970年)

The Trio は、69年に結成されたジョン・サーマン(bs,ss,b-cl)、バール・フィリップス(b)、スチュ・マーティン(ds)のトリオ。その名も「ザ・トリオ」だ。もうバンド名がその自信を物語ってるではないか。「ヨーロッパ・ジャズの金字塔」としての評価の高い2枚組だが、ジョン・サーマン一人がイギリス人。つまりヨーロピアンで、他のふたり、バール・フィリップスとスチュ・マーティンはアメリカ人だ。これをして、「ヨーロッパのジャズは、まだこの頃はアメリカ人ミュージシャンの助けがないといい演奏が出来なかった。」などと、このアルバムのレヴューを書いていたわけ者がいた。誰の文章だったかまでは定かではないが、呆れたのでいまだに覚えている。先に「ヨーロッパ・ジャズの金字塔」と書いた。「ヨーロッパ・フリーの金字塔」ではないのか？ たしかにここではフリー・ジャズが演奏されている。「真似出来るものならやってみろ。」的な自身満々の演奏だ。パワー、スピード、テクニック、アイデアの豊富さ、どれをとっても第一級の素晴らしさ。それが2枚に渡って繰り広げられる彼らの力量には目を見張らざるを得ない。「ジャズの金字塔」としたのは、ヨーロッパのジャズ・アルバム数あれど、その中でもトップ・クラスの質量を備えたジャズ・アルバムと言いたかったのと、もう一つは、この時代すでに FMP や INCUS で聴かれるようなジャズから大きく離れていった即興演奏も存在しているので、このトリオの演奏は、質の高さは認めるも、「ジャズ」の世界に浸っているから、敢えてもっと広く「ヨーロッパ・ジャズ」と書いた。「ヨーロッパ・フリー」と書くと、そのイメージは、ここでの演奏よりももっと過激にならざるをえないから。そんな御託を忘れて聴けば、こんな凄い演奏はそうそう聴けやしない。この3人に、チック・コリアも含む12名を加えた「Confragration」や10名加えた「Tales Of Algonquin」も必聴！（末冨）

126. 海童道：鹿の遠音〜道曲吹定・海童道祖
（日本フォノグラム/1970年）

海童道（Watazumido）とは「自己の素晴らしさを見出し、宇宙即ち自然の大生命の躍動を自己の中に獲得していく自己練磨の道とされる。」（LPの解説による）杖術や書による修練の他、竹管を修行に用いる「吹定（Suijo）」がある。吸定とは技倆と精神の有形無形が一になる状態をいう。吸定を行う為の道具は「定具（Jogu）」と呼ばれる大小の竹管で、中は節を打ち抜いているだけで、尺八のようには磨いてはいない。これを尺八のように用い、古来伝承された旋律を用いて即興するもの。このアルバムは、1970年録音の海童道の開祖・海童道祖による吸定の記録。「鹿の遠音」、「降り葉」、「春佐」、「息観」、「鶴の巣籠」、「山越」、「三谷」、「鉢返」を演奏、いや吹定している。所謂尺八音楽とは一線を画す。いや一般的に考えられている音楽とも一線を画すと言ってもいいだろう。音楽は他者に聴かれる事を期待するし、されもする。が、ここでは己の修練の為、修行の一つとして竹管に息を吹き込む。その動作の練達と静観による「自然法」の実践なのである。とは言え我々はこれを聴く時は、一般的な「音楽」として「聴く」ことになる。なぜなら我々は修行している身ではないから。だが、やはり海童道祖の「定具」の「吹定」は、その他の尺八の演奏を聴くのとは聴く時の姿勢が違って来るのも確か。一本の竹からこんな多彩な音が出るものかと、まず驚くことになる。繊細な音、力強い音。深遠なる音の流れにこの身を伏す。エヴァン・パーカーやスティーヴ・レイシーといった達人も尊敬の念を抱いた。豊住芳三郎は海童道祖の弟子で、杖術を習っていた。前半が豊住と道祖夫人の舞踏のデュオ。後半が道祖の吹定と講演というステージは何度か行われた。豊住と道祖のデュオも計画されリハも豊住宅で行われるも道祖の死去により実現しなかった。（末冨）

127. Michael Snow : Musics For Piano, Whistling, Microphone And Tape Recorder (Chatham Square/1970～72年)

マイケル・スノウは、１９２９年トロント生まれの総合格闘家ならぬ総合芸術家と呼んでもいいような傑物。ジャズ・ミュージシャン（CCMC というアンサンブルを率いる）、実験映画（「Wavelength」やサウンド・トラックにアルバート・アイラーを起用した「New York Eye And Ear Cotorol」等々）、彫刻、絵画、写真等々芸術全般何でもござれのスーパーマン。面白いのは、これだけ何でも創作してしまうのに、これらを統合したような作品作りをしていないのだ。これだけやってマルチメディア方向には向かなかったのは不思議。いや、私が知らないだけか。多分、そうだろう。さて、１９７０年から７２年にかけて制作された録音を収録した本作は、CCMC で演奏しているようなインプロヴィゼイションではない。１曲目は、ピアノで単純な音型を延々と繰り返す。わざと音質を落としているようだ。どこかの安酒場に片隅にでも置いてあるようなピアノの音がする。おまけに音が歪んでいる。２、３曲目はテープ音楽だろう。電子音（具体音をテープ操作で加工して電子音のように作っているのかもしれない。）を重ねて作られたシンプルな作品。４曲目もテープ音楽。ピアノの音を録音したテープを速度を変えて再生したり様々に加工して編集したもの。短い色んなパターンがバラバラにされて並べられている。音楽家としてはジャズ・ミュージシャンとして捉えていたが、まだまだ幅広い人だった。CCMC で来日公演も経験している。（末冨）

128. Iskra 1903 : Chapter One （INCUS/EMANEM/1970&72年)

レーニンが英国亡命中に出していた新聞が「イスクラ」（ロシア語で「電光」の意）。彼の英国最後の年が1903年だった。左翼的であることを隠さないトロンボニスト、P.ラザフォードの組織するバンドがこれである。D.ベイリー(g)とB.ガイ(b)のトリオで出発したが、後に大きな編成になったり、P.ワックスマン(vln)がベイリーに代わるなどしながら現在に至っている。フリーミュージック、非イディオマティック即興演奏が世に認められはじめた時代の息吹を感じる力強さに溢れている。特にベイリーはボリュームペダルの多用でギターサウンドが代わりつつあったし、ガイの増幅されたコントラバスはラザフォードのトロンボーンと強烈に拮抗している。M. デヴィッドソンから聴いた話：1903とは1900年代の3人の演奏の意だという。だから後に1921なども出た（金野）

129. Byard Lancaster:Live At The Macalester College (Dogtown/Porter/1970, 71, 73年)

バイヤード・ランカスターは、１９４２年ペンシルバニア州フィラデルフィア生まれのアルト、テナー、ソプラノ・サックス、フルート奏者。１４歳の時クラブで演奏を始めたが、バークリー音楽院、ボストン音楽院等で音楽を学んだ。その間ニュー・ジャズに傾斜して行った。ファースト・アルバムは、６８年録音の「It's Not Up To Us」(Vortex)で、ソニー・シャーロックの参加が目を引く。７２年 Dogtown Records からリリースされた本作は、７０年ボストンでのランカスターの他 J・R・ミッチェル（perc）、カルヴィン・ヒル（b）、ポール・モリソン（el-b）、レスター・ラムリー（conga,perc）と言うアコースティックとエレクトリック両方のベースとドラムの他コンガも従えた演奏。ランカスターの激しいサックスの演奏に、二人の異なるベースの音色と音の動きが絡み合って独特なものとなっている。続く３曲はシド・シモンズ（p）、ジェローム・ハンター（b）、J・R・ミッチェル（perc）とのカルテットでマカレスター・カレッジに出演した時の演奏を抜粋。ランカスターの粘り気のあるサックスの音色と深い味わいのあるフルートの演奏が光る。４曲目はビート感のあるストレートな演奏になっている。CDでは、ボーナス・トラックとして７３年の J・R・ミッチェル・エクスペリメンタル・ユニット（ランカスター、ミッチェル、ヒル他）のボストンでのライヴから２曲を収録。メンバー不明の激しい集団即興演奏。（末冨）

130. New Phonic Art (Wergo/1971年)

名トロンボニスト、ヴィンコ・グロボカールによって結成された技巧派演奏集団。演奏前にはいかなる打ち合わせもしないが、演奏後、聴集と討論して新たな方向性を探るなど、「方法論的」な演奏形式を選んだ。メンバーはグロボカールの他、J.P.ドゥルエ(per)、M.ポルタル(reeds)、C.R.アルシナ(key, fl, per)である。これは長く録音してこなかった彼等の初録音であるが、二日に渡る録音の中から３つのセッションを選んで、それ自体は何も加工せず version 1, 2, 3 とし記載している。とすればLPとして出すために演奏時間を基準にして選んだ筈だ。割に点描主義的ではある。このレコードを境に「優れた演奏力を持ったグループ」はその後活動が減り、グロボカールも作曲活動を主に行っている。SAJに多重録音のソロがある。（金野）

131. Han Bennink:Solo ICP-011 （ICP/1971&72年）

　即興第一世代の代表であり、フリージャズドラムから脱却した最初の一人、ハン・ベニンク。現在も活発な活動で人気も実力も衰えることがない。72年に録音された彼の最初の全面ソロ。単に打楽器だけでなく、管楽器も含め多様な楽器を全て「ハン流」に歌わせている。なかでも既成の録音を自分の演奏に取り込んだ例として、ブラジルのジャングルに鳴く鳥達の録音をバックにドラミングするトラックが面白い。この当時のハンは様々な民俗楽器を組み合わせた騒々しいほどのオリジナルセットを用いていたが、80年代には全くシンプルなドラムセットを使うようになった。現在はまた色々使っているが、チベットの仏教音楽で使うシンバルをハイハットにすることはずっと変わらず、彼のサウンドの代名詞だ。ICPからは彼のソロ・ビデオも出ており、あらゆる物体を楽器と化す様はまた必見の価値がある。（金野）

132. Circle:Paris-Concert （ECM/1971年）

　１９６９年録音のマイルス・デイヴィスの２枚組傑作アルバム「ビッチズ・ブルー」にデイヴ・ホランンドとチック・コリアは参加している。正に７０年代の幕開けにふさわしいアルバムだった。マイルス・デイヴィスのバンドに在籍していたホランドとチックの二人は、マイルスのバンドではエレクトリック・ベースやエレクトリック・ピアノを弾いていたが、本音の所はアコースティックを演奏したかった。バンド在籍中時間が摂れる時に、二人でロフトに篭っては実験的な演奏の思考錯誤を繰り返していた。７０年代の初めにマイルス・バンドを二人共やめて、バリー・アルトシュル（ds）と、アンソニー・ブラクストン（reeds）を誘い、「サークル」が結成された。本作は、７１年パリで行われたコンサートからのライヴ録音。コリアのソロ「ネフェルティティ（ウェイン・ショーター作）」は現代の耳だと、特にフリーというわけではないが、その他の演奏は恐ろしく切れ味鋭い正にフリー・インプロヴィゼイション。ブラクストンは、その前からとっくにフリー系と認識されていたのだから驚かれる事はなかっただろうが、チックの変貌ぶりには当時のファンは度肝を抜かれたに違いない。残念ながら商業的には全く成績を残せなかった為か、すぐ解散してしまった。その後チックが結成したのが「リターン・トゥ・フォーエヴァー」という真反対のサウンドを聴かせるグループだったのだから驚いてしまう。（末冨）

133. Cornelius Cardew : The Great Learning (organ of corti/1971年)

AMMの初期メンバーであり、スクラッチオーケストラの主宰者、英国の前衛作曲家として忘れる事のできない業績を残した作曲家。集団即興演奏のための膨大な作品「大学」（中国古典を基にした）の一部をスクラッチオーケストラが演奏している。オーケストラとはいえ、音楽家ではない人々が多数参加して、声や小さな打楽器などにより、サウンドのマスを作り上げている。単に自発的な集団即興では技術におぼれるか、狂躁状態に終わってしまう事態を、美しいグラフィックスコア（図形楽譜）により明確な方向性を与え、かつ構築的にしている。カーデュー関連作品は近年リリースが多く、忘れられていないのが嬉しい。（金野）

134. Bobby Bradford With John Stevens And The Spontaneous Music Ensemble Volume One (NESSA/1971年)

ボビー・ブラッドフォード。1934年ミシシッピー州クリーブランド生まれ。12歳の時ダラスに移住。ハイスクール時代に、シダー・ウォルトンらと共演。53年LAに移り、オーネット・コールマンと知り合う。ドン・チェリーの後任として、コールマンのグループでも演奏した。65年には、ジョン・カーターと双頭グループを結成。70年代以降度々渡欧し、ジョン・スティーヴンスとヨーロッパ・ツアーを行なった。71年録音の本作は、ロンドンでのスタジオ録音。SMEとの共演。ルイ・アームストロングに捧げたリズミカルな演奏から、ジュリー・ティペットのヴォイスが光るフリー・インプロヴィゼイションまで聴ける。オーネットとの共演は、「サイエンス・フィクション」で聴く事が出来る。（末冨）

135. Dave Holland&Derek Bailey:Improvisations For Cello And Guitar (ECM/1971年)

デイヴ・ホランンドは、1946年イギリス、ウィルバーハンプトン生まれのベース、チェロ奏者。65年から68年にかけてギルドホール音楽・演劇学校で学んだ。オーケストラや室内楽の演奏と同時にジャズも演奏していた。69年にマイルス・デイヴィスのグループに抜擢され多くのアルバムにも参加している。翌年秋まで在籍し、やめた後チック・コリアらと「サークル」を結成した。一般的なジャズ・ファンにとっては、マイルス・バンドでのエレクトリック・ベースを弾く時のイメージや、近年の自身のバンドを率いての貫禄漂う演奏の数々。またはパット・メセニーらとの共演等々、ジャズ界のメインストリートを歩む大物のイメージが有る事だろう。彼がフリー・インプロヴィゼイションをするだなんて信じられない人が多いかもしれない。だが、この当時のイギリスのミュージシャンは、ジャズだ、ロックだ、フリー・インプロヴィゼイションだと括弧を付けずにジャンルを横断する者が多かった。ジョン・マクラフリン然り。さて、71年ロンドンのリトルシアター・クラブでのライヴ録音の本作は、出発間もない ECM からリリースされた何とデレク・ベイリーとのデュオ・アルバムなのである。タイトル通りホランドは、チェロを演奏している。ベイリーとの演奏は ECM と言うよりも明らかに INCUS でリリースした方が似合いそうなギザギザの感触の鋭い演奏。ECM も初期はトンがってたのだ。（末冨）

136. Albert Mangelsdorff : Diggin (TBM/1971年)

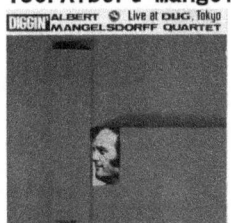

これはドイツの革新的トロンボーン・プレイヤーで、ドイツ・ジャズ界の重鎮 Albert Mangelsdorff/アルバート・マンゲルスドルフのグループが来日した折、新宿のジャズ喫茶「DUG」で行ったライヴの模様を収録した日本のマイナー・レーベル「TBM」がリリースしたアルバム。私は、80年前後、当時北新宿に住んでいて、近かったこともあって、「DUG」の姉妹店「DIG」には日参していたような感じだった。そして、気分転換にと「DUG」にもよく入り浸っていた。一杯のコーヒーで何枚も LP を聴いていたものだ。だからこそ分かるのだが、この演奏が行われた「DUG」にはバンドが演奏出来るようなステージはおろか、狭いスペースすら無いのだ。写真を見ると店の一番奥のテーブル二個分くらいの場所で Mangelsdorff(tb), Heinz Sauer(ts), Gunter Lenz(b), Ralf Hubner(ds) のカルテットが演奏している。レコードで聴いている分には、音が分離して聴こえているが、実際にここの空間に身を置いて聴いていたら、激しい音の塊が次々に飛んで来て大変だったことだろう。ここで言う「大変」は「凄く気持ちいい」と同義語なんだが。一口に「ヨーロッパ・フリー」と言っても様々なのだが、ここで聴ける演奏は「ヨーロッパのジャズ！」だ。もちろん「フリー」なんだが、「ジャズ」なのである。ジャズの熱気がムンムンしているのだ。もちろんそこは、普通のフォー・ビートと呼ばれているジャズとは違うし、アメリカの特にアフリカン・アメリカンの演奏するジャズとも大きく違う。ヨーロッパの白人が演奏するジャズ。それも、少し先鋭化しているジャズ。かと言って、FMP や INCUS や ICP と言った当時の最先端を行く、という事はジャズからも遠く離れたような演奏とも違う。しつこいようだけど「JAZZ」なのである。1971年と言う時代に、スリー・ブラインド・マイスと言うマイナー・レーベルで、このようなレコーディングが行われ、レコードがリリースされたことは、実は凄いことなのだ。感謝あるのみ。（末冨）

137. Alice Coltrane with Strings : World Galaxy (Impuls/1971年)

アリス・コルトレーンは、１９３７年ミシガン州デトロイト生まれの言わずと知れたジョン・コルトレーン夫人であり、ピアノ、オルガン、ハープを演奏し作曲家でもある。ピアノは個人教授について習得した。６２年から６３年にかけて、テリー・ギブス・カルテットに参加。６０年コルトレーンと知り合った。そして、６５年末にコルトレーンのグループに参加。コルトレーンの後継者は誰？との話を聞くと「アリス・コルトレーンに決まっているだろう。」と私は思う。単に音楽のスタイルの問題ではなくて、コルトレーンの精神世界までも表現出来るのは彼女以外考えられない。ではただ単に彼女はコルトレーンの衣鉢を継いだだけの存在か？勿論違う。彼女のリーダー・アルバムを聴けば分かることだ。彼女でしか表現し得ない世界がどのアルバムからも聴こえて来る。７１年録音のこのアルバムは、アリス・コルトレーンと言うよりも、彼女のヒンドゥー名、トゥリア・アパルナとしての音楽を開花させた作品と言ってもよいだろう。１５人編成のストリングスが混沌とした渦を巻き、美しい旋律を奏でる中をアリスのオルガン、ハープ、ピアノが泳ぐ。コルトレーンのグループでの彼女のピアノ演奏もそうだが、まるで銀河の渦を遠くから眺めているような感じだ。そして時々フランク・ロウ、リロイ・ジェンキンスのソロが爆発する。最後に彼女のグル、スワミ・サチダナンダの語りで締め括る。アルバムの冒頭と最後はコルトレーンの愛奏曲（マイ・フェイヴァリット・シングスと至上の愛）を使ってはいるが、紛れもなくこれはアリス・コルトレーンその人の音楽だ。タイトルに「with Strings」となっているが、ストリングスの使い方がそこらへんに転がっているジャズの「with Strings」と思ったら大間違い。この重圧で刺激的なストリングスの使い方はアリス・コルトレーンの特徴のひとつでもある。　（末冨）

138. Don Cherry & Krzysztof Penderecki The New EternalRhythm Orchestra : Action (Philips/1971年)

ポーランドの作曲家ペンデレツキとドン・チェリー(tp)を中心としたThe New Eternal Rhythm Orchestra (Kenny Wheeler(tp/flh), Manfred Schoof(tp), TomaszStanko(tp) Albert, Mangelsdorff(tb), Paul Rutherford(tb), Gerd Dudek(ts/ss), Peter Brotzmann(ts/bs), Willem Breuker(ts/cl) ,Gunter Hampel(bcl/fl) ,Terje Rypdal(g) Fred Van Hove(p/org), Peter Warren(b), Buschi Niebergall(b), Han Bennink(ds/perc))の'71年ドイツ、ドナウェッシンゲン音楽祭におけるライヴ盤。一曲目Humus The Life Exploring Force冒頭から、ショッキングである。アラビアンな旋法上で、Tpはやりたい放題。展開は目まぐるしく変わり、呪術的な雰囲気の中でカオスと秩序、動と静のあいだを往復するかのようであるが、ペンデレツキはまだ顔を見せない。その後も憑かれたようなボーカルにクレイジーなTp、奔放なオーケストラが、宇宙の創生をも思わせるようである……と思って油断していると、最後の一分間でペンデレツキのあの聴き慣れたトーンクラスターが、神秘的な曲調を帯びて浮かび上がってくるのだから、面白い。２曲目Sita Rama Encoresは聴衆に音頭を取らせての、やはりトライバルな雰囲気から始まり、楽器がユニゾンしていく。最後の一分間で、枷を解かれたかのように楽器群が暴れ出す。３曲目Actions for Free Jazz Orchestraは、冒頭からペンデレツキの音が聴こえてくる。あの70年代のドローン状の不協和音がしばらく続いたかと思うと、すぐにフリージャズにバトンタッチ。もう少し聴いていたかった気もする。一曲目と同じく展開は目まぐるしいが、静のパートではポストセリエルな響きのする階層的な音の編み目が美しい。最後五分間はペンデレツキファンにはお馴染みの音群的な乱痴騒ぎとなるが、ジャズテイストで新鮮。1曲目とは対照的にここではペンデレツキが前面に出ている。1970年代と言えば、60年代と並びペンデレツキの最盛期と言えよう。そこにフリージャズが暴力的にミックスされ、なんとも危険な化学反応を引き起こす結果となった。　（織田）

139. Peter Brötzmann, Fred Van Hove, Han Bennink+Albert Mangelsdorff : Live Berlin' 71 (FMP/1971年)

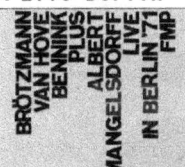

1971年8月28日、29日、当時の西ベルリンの Quartier Latin で、ペーター・ブロッツマン(ts)、フレッド・ヴァン・ホフ(p)、ハン・ベニンク(ds, etc)の三人に、アルバート・マンゲルスドルフ(tb)を加えたコンサートが行われた。そして、FMPから「Elements」(FMP 0030)、「Couscouss De La Mauresques」(FMP 0040)、「The End」(FMP 0050)と3枚に分けられてLPがリリースされた。ここで紹介するのは、後年再編集されたCD2枚でリリースされたもの。28日をdisc-1に、29日をdisc-2に収録してある。ブロッツマンはテナーサックスだけ演奏している。ヴァン・ホフが弾いているのはアップライトピアノだ。マンゲルスドルフはトロンボーンのみ。一体ステージがどうなっていたのか分からないが、ハン・ベニンクは相変わらず名前を見ただけではどんな楽器なのか分からない楽器のオンパレードだ。ds, p, vib までは分かるが、dhung, dung, dkar, gachi, oe-oe, tins, elong となると、？？になる。Homemade-junk は分かるが。ベニンクは、それらを総動員して暴れまくっている。ド迫力のドラムの演奏から、何やらカシャカシャと鳴り出したりとおもちゃ箱をひっくり返したような演奏までと、幅広い。ヴァン・ホフはとなりでいくらベニンクが暴れていようとも、自らのペースは自分で決めるとばかり、飄々と、淡々と、時にパワフルにスピーディーにピアノを鳴らす。ブロッツマンとマンゲルスドルフは、共に管楽器1本でこのふたりに対抗するのだから、いささか大変だ。ノイズ発生器の如く、体力の限りの吹奏から、ブツブツ言ってるような演奏までと、様々に変化を凝らしてヴァン・ホフ、ベニンクに相対している。特にFMPのファンは、このレーベルの代表的なアルバムをと尋ねられたら、一番先に思い浮かべるアルバムではなかろうか。何か、ヨーロッパ・フリーのCDを1枚選んで聴いてもようかなと考えられた方は、まずはこのあたりから入って行けば、あとはバラ色の視聴覚人生が扉を開けて待っていることでしょう。（末冨）

140. Bernard Vitet : La Guepe (Futura /1971年)

ベルナール・ヴィテは、1934年パリ生まれのトランペット奏者。映画専攻の学生だった52年、あるジャズ・コンサートに行ったのがきっかけになり、トランペットを始めた。ジェフ・ジルソン、ジャン・ルイ・ショータン、ジョニー・グリフィン、ドン・バイアス、チェット・ベイカー、マーシャル・ソラールらとの共演を経て、65年にフランソワ・テュスク、ジャン・フランソワ・ジェニー・クラーク、アルド・ロマーノらとフランス最初のフリー・ジャズ・グループを結成し、翌年「Free Jazz」を録音した。その後は、フランスのフリー・ジャズ・シーンの最前線で、アルバート・アイラー、アーチー・シェップ、サニー・マレイ、ミッシェル・ポルタル、スティーヴ・レイシー、ヴィンコ・グロボカール、アラン・シルヴァ、アンソニー・ブラクストン等々多くのミュージシャンと共演を重ねた。76年ジャン・ジャック・ビルジェ、フランソワ・ゴルジェと結成した「アン・ドラム・ミュジカル・アンスタンタネ」（瞬間的音楽ドラマ）は重要。71年録音の本作は、彼の初リーダー作。フリー・ジャズと言うよりも、現代音楽のようなクールな響きが全体を覆う。ヴォイスの上に様々な楽器が絡みつき演奏は展開して行く。映画を見ているようだ。「アン・ドラム・ミュジカル・アンスタンタネ」こそ映画を音で表現しているような所があるが、すでに同じ感覚を持っていたのだろう。それが後年に同じ傾向を持った三人が集まりひとつのグループに収斂して行ったという事なのだろうか。79年の多重録音によるソロ作「Mehr Licht!」良い。（末冨）

141. Derek Bailey : Solo Guitar Vol.1 (INCUS/1971年)

このアルバムは、それまで通常のジャズやクラシックやロックやポップスしか聴いて来なかった人が、ちょっと背伸びをしてみて、壁の向こう側を覗き込むように、フリー・ミュージックをこれから聴いてみようかと思っている人には、まるで踏み絵のような演奏かもしれない。実際私がそうだった。一番最初に買ったジャズの LP がデューク・エリントン。次がマイルス・デイヴィスの「カインド・オブ・ブルー」。次がジョン・コルトレーンの「至上の愛」。そしてなぜか山下洋輔トリオ「クレイ」と続いたのだった。まるで、名盤ガイドを歴史に沿って参考にしながら買ったみたいだ。まだ、そんな時期に、一体どこでこれを知って、買おうと思ったのか、どこでどう入手したのかまでは覚えていないのだが、とにかく我が家にデレク・ベイリーの LP がやって来た。修学旅行で行った東京で「Music Improvisation Company」と「Beiley&Holland」の2枚を買ったのは覚えているが、さて、このソロは？　それはともかく、これを始めて聴いた人の反応はだいたい察しがつく。？が１００個くらい付くかも知れない。とにかく、こっちの頭にストックされているギターの演奏のカケラも含まれてはいない。そもそも、こんな音楽のカケラすらもストックされてはいないだろう。音のつながりに法則性が感じられない。その音色も、針金を弾いたような単音（これ、ギターだよなあ？とまず思う）、ハウリングしているし、「こいつギターが全然弾けないんじゃないか？」と高校生なら考える。「一回目から衝撃を受けました。凄い演奏です。」と言う高校生は、それは嘘言しています。その後意地になって聴き続けていると、今度は本当にスゴさが身に染みて感じられて来るはずです。「ヴェーヴェルンがどうたらこうたら。」は、みんな後付けの理屈です。直前に出したフィードバクの音の上に、次の単音が乗り、すぐ後に倍音が重なる。と、まあこの連続に酔いしれる事になる。（末冨）

142. Howard Riley : Flight (Turtle/1971年)

ハワード・ライリーは、１９４３年イギリス、ハダーズフィールド生まれのピアニスト。６歳でピアノを始め、１７歳で自己のトリオを結成。バンガー大学、インディアナ大学、ヨーク大学（哲学を専攻）で学んだ後は、自己のトリオを中心に活躍し、アルバムも多い。６５年エヴァン・パーカーのカルテットと共演。６７年自主レーベルから「Discussions」~Barry Guy(b), Jon Hiseman(ds) をリリース。その後は「Angle」（６８年、６９年）、「The Day Will Come」（７０年）とドラムを Allan Jackson に変えてリリース。続く７１年録音の本作は、彼のアルバムの中でも屈指のものだろう。バリー・ガイ(b)、トニー・オクスリ(ds,amp-perc)というイギリス屈指のベーシストとドラマーの参加で、演奏は激しく、鋭く、熱いものになった。B・ガイのベースはアンプリファイされ、フットペダルも使ったもの。トニー・オクスリーも一部パーカッションをアンプリファイしている。２０分近い１曲目は、激しいインタープレイの熱演。４曲目は静かなバラード。だが、甘さはゼロ。２曲目こそ、このアルバムの白眉。エレクトロ・アコースティックと呼んでもいいだろう、今の耳にも新鮮。間違いなく、当時の最先端を行ったピアノ・トリオだ。これをピアノ・トリオと呼ぶならば、ジャズ史上屈指のピアノ・トリオのひとつに数えられる。いや、私は数える。７３年には、同じトリオでINCUS から「Synopsis」をリリース。彼は、ピアノ・ソロ・アルバムも数多い。「Interwine」（７５年）、「Shaped」（７６年）、「The Tronto Concert」（７７年）「The Other Side」（７９年）、「Duarity」（８１年）、「For Four On Two Two」（８４年）と、コンスタントのリリースを続けた。キース・ティペットとのピアノ・デュオ「In Focus」（８４年）もある。（末冨）

143 豊住芳三郎&高木元輝：If Ocean Is Broken/もし海が壊れたら (Qbico/1971年)

これは、1971年4月安田生命ホールで行われた豊住芳三郎と高木元輝のデュオ・コンサートの記録だ。「Project 21」が企画。まずは、豊住と高木の出会いから。69年4月4日、豊住を乗せたウラジオストックから出航した船が横浜港に帰港。一週間もしない内に、吉沢元治から呼び出された豊住は、新宿のジャズ喫茶ポニーの2階に赴いた。そこで吉沢から高木元輝を紹介された。高木の印象は、「寡黙な人」。吉沢が豊住に「何をやっても構わないから。」と言った。その頃の豊住は、「サムライ」で、ロックばかりやっていたからフリー・ジャズへの欲求が溜まっていた。吉沢トリオへの参加の依頼は一発OK！だった。そこで吉沢元治トリオが結成となった。4月中には第1回目のライヴが、新宿のジャズ喫茶・汀で行われた。そして、吉沢トリオの三人が全員揃って、高柳昌行のニュー・ディレクションに参加。それと同時に高木は、富樫雅彦のグループにも参加していた。70年に、吉沢トリオは解散。豊住と高木は、ニュー・ディレクションもやめて、ここで豊住芳三郎と高木元輝のデュオが結成された。71年4月安田生命ホールでのコンサートが行われ、その録音をイタリアのレーベルQbicoがLP2枚組でリリースした。それが、この「If Ocean Is Broken」だ。高木は、テナー&ソプラノ・サックス、バス・クラリネットを吹く。いや、吹くという表現ではとてもここでの高木の演奏を伝えたことにはならない。低い音から高周波を発する超高音まで、猛烈な勢いで音が上下し、客席に向かって放射される。サックスもバスクラも楽器の限界に挑戦させられているようで、時に悲鳴を上げているようだ。だが、すっと突然歌が入り込んで来るのも高木の特徴である。片や豊住は、ドラムを壊れんばかりに叩きまくったと思ったら、すっと音が消え、鈴の音が鳴る。29日豊住のシカゴ行きの為、デュオは解散。そして高木も渡欧する。（末冨）

144. Mike Osbourne：Outback (Turtle/1971年)

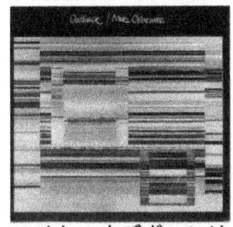

マイク・オズボーンは、1941年イギリス、ヘレフォード生まれのアルト・サックス奏者。ギルドホール音楽学校では、ピアノとクラリネットを学んだ。63年からは、マイク・ウェストブルックと、その周辺のミュージシャン達と共演を重ねる。当時のウェストブルックは、イギリス・ジャズ界の支柱的存在だったようだ。大勢のミュージシャンがここを通過して出て行っている。イギリスには、ジャズだ、ロックだ、アヴァンギャルドだと言わずに何でもこなすヴァーサタイルなミュージシャンが多い。キング・クリムゾンの録音にはMarc Charig, Jamie Muir, Keith Tippett, Harry Miller 達が参加していたりする。ロックともジャズとも言えそうなバンドが多かったのもイギリスの特徴だった。そんな中の一人とも言えるのがこのオズボーンだ。1971年録音の本作には、Louis Moholo(ds), Chris McGregor(p), Harry Miller(b)という南アフリカ勢に、これまたヴァーサタイルなトランペッターHarry Beckett を加えたユニークなもの。色んな要素がごった煮な状況にあった当時のロンドンのシーンを垣間見せてくれる。初リーダー作（多分）の本作が彼のアルバムとしては一番トンガってるように思う。しかし、怒涛のフリーにはならず、ノリの有る部分も聴かれる。長尺の二曲だけだが、ダレる所は無い。一気に聴ける。バンドの半分、それもリズム・セクションが南アフリカ勢と言うところからして、当時のイギリスの文化・芸術の混交具合が分かろうと言うものだ。ヨーロッパのミュージシャンだけでは起こりようのない化学反応が起こる。73年には、彼の発案で、彼とジョン・サーマン、アラン・スキドモアによるサックス・トリオ「S.O.S.」が結成された。
（末冨）

145. Mtume : Alkebu-Lan (Strata East/1971年)

ロフトジャズは、70年代中盤からフリージャズの再燃というべき波として聴こえて来た。その代表的レーベルのひとつ、ストラタ・イーストはスタンリー・カウエル、チャールズ・トリヴァーらの優れた、伝統的かつ先鋭的なジャズメンを擁し、ブラックアメリカンの意志を主張していた。マイルス・バンドに起用されて注目を集めたコンガ奏者、ムトゥメ（＊当時、日本では「ムトゥーメ」と呼ばれていた。現在では「エムトゥーメイ」と表記されている。～末冨注釈）の、このセカンドアルバム（「黒人の国」を意味する）は二枚組で、彼の宣言に始まり、熱狂的とも言えるバンドとコーラスの応酬によって進行する。音質はいまひとつだが、当時の熱気が伝わる傑作である。そんな彼が後には売れ筋ソウルのプロデューサーになってしまったのは、決して心変わりではないと思うのだが。（金野）

146. ツトム・ヤマシタ～佐藤允彦：Metempsychosis/ものみな壇ノ浦へ（日本コロムビア/1971年）

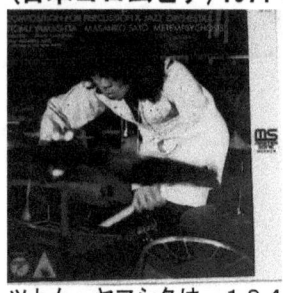

ツトム・ヤマシタは、1947年京都生まれの打楽器奏者。今でこそクラシック、現代音楽の打楽器奏者のスタープレイヤーは世界中にたくさんいるし、打楽器アンサンブルもたくさん有るが、一般的には一昔前は打楽器と言えばこのツトム・ヤマシタが唯一無二の存在だった。マスコミが作ったとも言えるのだが、打楽器奏者と言えばまず彼の名前が挙がっていたのは間違いない。彼の場合はクラシックだけではなくて、バークリー音楽院でジャズも学んでいるのだった。そのヤマシタをソリストにしてジャズのビッグ・バンド、宮間利之とニュー・ハードの為に作曲したのが、当時ジャンルを超越した飛ぶ鳥を落とす勢いで活躍していたピアニストで、作・編曲家、佐藤允彦。作られた曲は「ものみな壇ノ浦へ」という40分近い曲だ。いわゆるドラマーではなく打楽器奏者とビッグ・バンドの協奏曲のような感じだ。ビッグ・バンドにヤマシタの叩くスティール・ドラムのソロが絡むところや、管楽器のクラスターと怒涛の打楽器ソロが重なる所など、それまでのジャズのビッグ・バンドでは聞かれなかったものだ。「ものみな壇ノ浦へ」と表題されているが、平家物語をことさら音で綴った作品として聴く必要はあまりないように思える。この当時ビッグ・バンドのクリエイティヴなアルバムが多数リリースされていた。佐藤允彦は、この他に「パースペクティヴ」、「天秤座の詩」、「4つのジャズ・コンポジション」、「邪馬台賦」、「那由多現成」等を書いている。70年代、ツトム・ヤマシタは、現代曲のコンサート、レコーディングは当然として、ロック・グループ「GO」も結成して活躍した。スティーヴ・ウィンウッド、マイケル・シュリーヴ、クラウス・シュルツェ、ポール・バックマスター等々豪華メンバーが揃っていた。（末冨）

147. 金井英人：Q (Three Blind Mice/1971年)

金井英人は、1931年生まれのベース奏者。61年高柳昌行と「ジャズ・アカデミー」を設立。翌年「新世紀音楽研究所」に発展する。そこには若き日雅彦、山下洋輔、日野皓正、菊地雅章らの姿があった。研究所解散後、斬新なオーケストラ「キングス・ロアー・オーケストラ」を作った。71年録音のこのアルバムは、金井のレギュラー・グループの演奏では無い。Three Blind Miceの藤井武氏の「もう一度、銀巴里のメンバーを結集して、あの感激を現在の愛好家の人達と分かち合う様な企画が出来たら。」の思いを実現させた企画だった。勿論銀巴里へのノスタルジーだけで作られた音楽ではない。金井の作った曲以外に選ばれたのは、現代音楽の作曲家、水野修孝と七ツ矢博資のこの企画の為に委嘱された曲だった。現代音楽の作曲家と言っても、彼らは常々現代音楽にジャズの持つエモーションを取り込みたいと考えていた者達だった。当時若手の有望株だった峰厚介（as）、当時東京に滞在中だったアラン・プラスキン（as）、日野元彦（ds）、山崎弘（ds）、神田重陽（シロフォン）、原田忠幸（bs）、鈴木雅通（tp）、小泉浩（fl）、そして高柳昌行（g）が集められた。水野と七ツ矢の曲は、現代音楽の作曲家の作品ではあるが、現代曲の響きとは趣は異なる。彼らが望んでいた「エモーショナル」な演奏をジャズ・ミュージシャン達が実現してみせた。水野の曲は6人編成ながらもビッグ・バンドのような重厚な演奏。金井のベースの音は一音の重み、存在感が凄い。金井英人こそ現代日本のジャズの礎を築いた一人として高柳昌行に匹敵する人物だ。そのわりには、あまりにも録音が少なすぎる。先を走る者の宿命か。（末冨）

148. Wadada Leo Smith：Kabell Years:1971-1979 (Tzadik/71-79年)

ワダダ・レオ・スミスは、1941年ミシシッピ州リーランド生まれのマルチインストゥルメンタリスト（主要楽器はトランペット、フリューゲルホーン）、作曲家。継父はブルース歌手・リトル・ビル・ウォレスだった。R&Bのバンドでトランペットを吹いていた。兵役（軍楽隊で音楽を学ぶ）後、シカゴに移住し、ロスコー・ミッチェルと出会いAACMのミュージシャンと親交を結ぶ。67年にAACMに参加。68年アンソニー・ブラクストン・トリオ「3 Composition Of New Jazz」が初録音。トリオで、69年に渡仏。71年自身のレーベル「Kabell」を設立。71年「Creative Music-1」(tp, flh, autoharp, recorder, wooden-fl, harmonica, perc)無伴奏ソロ。74年「Reflectativity」(Smith~tp, flh, atenteben, perc. Anthony Davis~p. Wes Brown~b, atenteban)トリオ。75、76年「Song of Humanity」(Smith~tp, flh, sealhorn, atenteban, steel-o-phone, perc. Oliver Lake~fl, ss, as, marimba, perc. Anthony Davis~p, el-p, org. Wes Brown~b, atenteban, odurogyabe. Pheeroanak Laff=ds, perc)カルテット。79年「Ahkreanvention」(Smith~tp, flh, steel-o- phone, fl, marimba, gong)無伴奏ソロの4枚のLPを自主制作しリリースした。ジョン・ゾーンのレーベル Tzadikが、この4枚全てを、CD4枚組のコンプリートに収録してリリースしたのが、この「Kabell Years:1971-1979」だ。元々が流通量の少ないレコードだったので、これは快挙！4枚の内2枚が無伴奏ソロだったのも面白い。1枚目では、トランペット以外にもたくさんの楽器を使い短いサイクルで音が様々に移り変わって行く。8年後のソロになると、使用される楽器もトランペット類に絞り込まれた行った。2, 3枚目は、彼のグループ「New Dalta Ahkri」の演奏になる。ドラム・レスだったがフェローン・アク・ラフが加わり、よりバンド演奏の形になっている。ドラム・レスの演奏はブラクストン・トリオの影響だっかのか。ドラムの参加で演奏の抽象性が薄まって行った。ディスク1では、76年オークランドでの無伴奏ソロ（tpだけ）が追加収録された。これがいい！よくぞ収録してくれた。レオさん（さん付けしないと落ち着かない）のトランペットは1音で彼と分かる個性を持つ。ワンフレーズあれば、まず私は間違わない自信あり。彼は2013年ピューリツァー賞のファイナル選考に選ばれた！（末冨）

149. タージ・マハル旅行団 July 15, 1972 (CBS SONY/1972年)

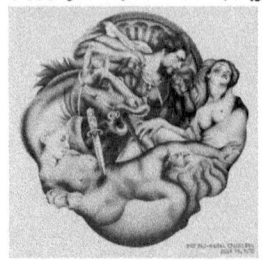

タージマハール旅行団(以下TMTと略)は1970年代に活躍した即興音楽集団。メンバーは小杉武久、長谷川時夫、小池龍、永井清治、木村弘道、土屋幸雄、林勤嗣。内外のジャズ、ロック、現代音楽祭に多数出演する他、海や山どこでも演奏したが中でも注目されたのは71年にストックホルムで行われたパリ・コミューン100年祭―ユートピア&ビジョンズ展に参加3か月間連日演奏したことである。ちなみにこのフェスティヴァルに出演するための壮行会が後楽園アイスパレスで行われ、発起人として内田裕也、ミッキーカーチス、武満徹、一柳慧、阿部薫、粟津潔などが名を連ねた。一前衛即興グループにジャンルを越えた多くの人達が賛同したのは異例であり、後にも先にもTMTをおいて他にないであろう。TMTの音楽的特徴はエコーマシーンを使用したフリーインプロビゼーションにあるが、それによってプレイヤーは自身の発する音の差異を聴きながら、固定された表層の意識や観念が常に宙づりとなる一方、深層の無意識と身体のエネルギーが現動化され、自己=身体が直接環境と相即するのである。またTMTの活動は音楽だけに留まらず、近代的ディスクールにおける負の課題に対して、その克服の方法とも言える身体、環境、エコロジー、そして共同体的コミュニケーションの側からも多くの問題を投げかけたといえるであろう。それは21世紀の現在の問題とも重なるのである。(河合)

150. Paul Bley: Open To Love (ECM/1972年)

ポール・ブレイは1932年カナダ、モントリオール生まれのピアニスト。5歳でヴァイオリンを。9歳でピアノを始める。11歳でマッギル音楽院を卒業!12歳で自己のトリオを率いてホテルのラウンジで演奏していたと言うから驚かされる。17歳でカナダの有名なライヴ・スポットの「アルバータ・ラウンジ」にオスカー・ピーターソンの後を継いで出演。50年ジュリアード音楽院で、作曲と指揮法を学んだ。当時、チャーリー・パーカーと出会い、ショックを受け、53年にモントリオールにパーカーを招聘し、ワークショップで共演を果たす。55年に西海岸に移り、57年カーラ・ブレイと結婚し。カーラと出会った頃からバド・パウエル流の演奏から、徐々に変化し始めた。そして58年ついに、オーネット・コールマン、ドン・チェリーと、出会う。59年NYに戻り、64年の「ジャズ十月革命」に参加。ジャズの最先端の一翼を担って行った。ブレイは、フリー・ジャズ旋風吹き荒れる中、ピアノ・トリオのフォーマットにこだわりを見せ、ゲイリー・ピーコック、ケント・カーター、マーク・レヴィンソン(あのオーディオの!)、バリー・アルトシュルらと、それまでには無い独自のトリオ・パフォーマンスを聴かせた。「クローサー」(65年)、「タッチング」(65年)、「ブラッド」(66年)、「イン・ハーレム」(66年)、「バラッズ」(67年)、「カナダ」(68年)どれも必聴!カーラと別れたブレイは、アネット・ピーコックと「シンセサイザー・ショウ」を結成。電子音を扱い、全く音楽の方向を変えてしまったが、アネットと別れ、またアコースティックの世界に戻った。そして制作されたのが、このピアノ・ソロ・アルバム「オープン・トゥ・ラヴ」だ。ほのかな官能と、退廃と、リリシズムがないまぜになったある種不健康な妖気さえ漂う世界。凡百のピアノ・ソロとは別世界。(末冨)

151. Michel Portal Unit:A Chateauvallon /No,No But It May Be
(Le Chant Du Minde/1972年)

ミッシェル・ポルタルは、1935年バスク地方のバイヨンヌ生まれのクラリネット、サックス奏者。パリ音楽院出身で、ジャズ、クラシック、現代音楽と活動範囲は広い。モーツルト、ブラームス、シューマン、ブーレーズ、シュトックハウゼン、映画音楽等の録音も有る。クラシックの時はクラリネットだが、ジャズの時はサックスやバスクラリネットの演奏が主になる。共に高度なテクニックに裏打ちされたもので、クラシックもジャズも同等に一級の演奏。これは72年 Chateauvallon でのライヴ録音。ポルタル（cl,as,ss,b-cl,taragot）、ヴィテ（tp,cor,vln）、ファブル（perc）、タミア（voice）、フランチオリ(b)、ゲリン（b）と言う2ベースにヴォイスの入った変則的な編成。所謂フリー・ジャズ的な集団での一点集中的熱狂を見せる場面はほとんど無い。同時期のドイツのフリー・ジャズで聴ける怒涛の演奏との違いは大きい。クラシックでもドイツとフランスでは明らかな違いが見て取れるが、フリー・ジャズでもその公式は当てはまるのだろうか。ポルタル達の演奏も、フランス音楽と聞くと想像してしまうあの輪郭の望洋とした掴みどころがない音の風景と似た所はある。そこはジャズだから音のエッジはもっと鋭いが。彼らの演奏の凄い所は、アンサンブルから一人ずつ取り出してみても、十分ソロ演奏として聴けるだけの質の高さが有る事だ。タミアのヴォイスが一際効果的で演奏のヴァリエーションに貢献している。（末冨）

152. Anthony Braxton Creative Music Orchestra : RBN----3
(RING/1972年)

アンソニー・ブラクストンの1972年5月11日、南フランス、Chatelleraultにおけるオーケストラのライヴ録音。Moers Music の前身の Ring から箱入りのLP3枚組でリリースされた。ブラクストン他、全14名からなるオーケストラで、おそらくほぼフランスで集められたミュージシャン達だろう。Joachim Kuhn(p),FrancoiMechali(b),OliverJohnson(perc),Ambrose Jackson(tp),BobTaylor(ts),Hugh Levic(ts,ss),JeaBeauchar(as),James Maceda (tp),Cesare Massarenti(tp),Ray Stephen Oche(tp),Gilbert Aloir(tuba),Pancho Blumenzwetg(b)に加えて豊住芳三郎(perc)が参加している。彼はシカゴから2月にパリに到着。4月にブラクストンに誘われた。パリで2日間のリハがあり、南仏へ。全8パートに別れた譜面はシンプルで、ホーン・セクションは、何も書かれていなかったようだ。面白いのは、バルーン・パートがあって、そこには風船の絵が書かれてあり、風船で音を出して遊べと言う指示だった。こういうことはレコードを聴いてるだけでは分からない。聴きながら想像するしかなさそうだ。途中バップのパートがあり、そこのドラムは、バップも得意にしているオリヴァー・ジョンソンが受け持った。豊住は、加古隆と組んで演奏していたが、豊住の後に加古のグループに参加したのがオリヴァー・ジョンソンだった。ブラクストンも参加したマリオン・ブラウンの「アフタヌーン・オブ・ジョージア・フォーン」を思わせるような、小さく短い音の断片が鳴り続ける部分がある。ドラマーふたりのデュオで迫力のある演奏が聴けたり、キューンの流石なピアノ演奏も聴けたり、ブラクストンのコントラバス・クラリネットが地響きを立てたり、全員にソロがあったりと、色んな局面が現れる。簡素な譜面からLP3枚分に、これだけ多彩な演奏を引き出せるのは、インプロヴァイザーならでは。サウンド・チェック中に、バスに乗せられ、古城に集められ、パーティーとなった。豊住は、「飲み物は？」と女性に聞かれ「ジュース。」と答えたら笑われた。それ以上のパーティーの様子はここでは書けません。終わって、夜10時から本番。打ち上げが先？（末冨）

153. Julius Hemphill:Dogon A.D.(Mbari/Freedom/1972年)

ジュリアス・ヘンフィルは、1938年テキサス州フォートワース生まれのアルト・サックス奏者。65年セントルイスに移住し、67年オリヴァー・レイクと出会う。翌年レスター・ボウイも含め BAG(Black Artists Group) を結成する。73年渡欧。74年ニューヨークに進出。77年デヴィッド・マレイ、オリヴァー・レイク、ハミエット・ブルーイェットとワールド・サキソフォン・カルテットを結成する。彼のセントルイス時代の72年に録音された本作は、J・ヘンフィル (as,fl)、バイキダ・E.J.キャロル (tp)、アブダル・ワダド (cello)、フィリップ・ウィルソン (ds) によって4曲録音されるも、自身のレーベル Mbari Records で LP (500枚プレス) を出した時は、収録時間の都合で「ハード・ブルース」は未収録となった。77年アリスタに原盤を売った後、アリスタがリリースした「クーン・ビッドネス」(これも名作)にこの曲は収録された。ここで紹介する CD「ドゴン. A.D.」は、72年録音の4曲が全て収録されている。やっと収まるべき所に収まった。演奏は、ベースを入れずにワダドのチェロを入れた事によって、アンサンブルの動きがよりリズム面でもメロディー面でも幅広くなって、ウィルソンのドラムとの絡みも多彩な動きを見せる。その上でヘンフィルとキャロルが時に激しく、また柔らかく (特に「ザ・ペインター」で) サックスとトランペットを吹き鳴らす。オリジナル LP に未収録に終わった「ハード・ブルース」こそここに収まるべき曲だったと思わせるほどの充実した作品。(末冨)

154. David Holland Quartet:Conference Of The Birds(ECM/1972年)

これは、1972年11月に ECM に録音されたデイヴ・ホランド(b)のリーダー・アルバム。メンバーは、ホランドの他、サム・リヴァース (reeds,fl)、アンソニー・ブラクストン (reeds,fl)、バリー・アルトシュル (ds,ところで本当の発音は何なのだろう?) の4人。そう、これはチック・コリアと結成していた「サークル」に、チックの代わりにサム・リヴァースが加わった形になっている。全曲ホランドの作曲。彼は、夏のロンドンのアパートの小さな庭の朝の4、5時。一日の始まりに集まって来ては、鳴いている鳥達の鳴き声に自由を感じる。これと同様のスピリットをミュージシャン達や人々にも感じて欲しい。と、言っている。実際ここでは、ミュージシャン同士のコミュニケートが緊密になされており、緊迫した空気の中にも自由な雰囲気が感じられる。鳥達の歌声とは少々違うだろうが、ホランドの狙いは十分成功しているのではなかろうか。サークルは、どこか殺伐とした空気感が有ったが、ここでは一歩先に行く新しくも成熟した演奏になっている。フリー・ジャズが次のステップに差し掛かった瞬間が聴ける。ECM とは面白いレーベルだ。71年サークルのパリ・ライヴ (2月録音) をリリース。フリーから足を洗った、チック・コリアのソロ・ピアノ・アルバムを4月に録音。72年あの大ヒット作、リターン・トゥ・フォーエヴァーをリリースしている。同じ72年サークルの残ったメンバーのフリー・ジャズ・アルバムの本作を録音。と、普通ならどちらかを切るだろうに。まあ、フリー・ジャズを切るだろうが・・。有難いことに、両方面倒みてくれてる。この瞬間が70年代の行く末を暗示しているのだった。クロス・オーヴァー/フュージョンの台頭がこれを持って急加速した。フリー・ジャズもますます多様化して行ったのだった。
(末冨)

155. Sven-Åke Johansson:Schlingerland/Dynamische Schwingungen
(FMP/SAJ/1972年)

67年、ブレッツマン・トリオの「フォー・アドルフェ・ザックス」、翌年、名作「マシンガン」のブレッツマン・オクテットに参加したヨハンソンは、72年、このドラム・ソロ・アルバムを自主製作。後にFMPのミュージシャン自主制作シリーズSAJの最初の一枚として再発され、04年、カナダのレーベルからCD化された。ここでのソロはそれまでのドラミングの印象を完全に裏切る。切れ目ないキックドラム。タムもスネアもシンバルも同期しているような連打。ある種の痙攣的衝動。ドラムを始めて3か月とでもいったような技術の不在。彼は決して多種多様な打楽器を使わない。彼の変貌は、言わばジャズ、フリージャズという集団的音楽から、フリー・ミュージック、つまり個人的なイディオムの音楽への移行を示すのではないか。残るのは原始的とも言えるパルスのみ。それが「シュリンガーラント」だった。
(金野)

156. Eje Thelin, Jouck Minor, Pierre Favre : Candles Of Vision
(Calig/1972年)

エイエ・テリンは、1938年スウェーデン生まれのヨーロッパでも屈指のトロンボーン奏者。作編曲にも長けていてジャズ・オーケストラの作品もある。最初はディキシーを演奏していたが、J・J・ジョンソンを聴いてモダン・ジャズに開眼。マイルスやコルトレーンの影響を受けてからはよりアグレッシヴな演奏になって行った。72年オーストリア、グラーツでの録音の本作は、フランス人のサックス奏者 Jouck Minor/ジュク・ミノールとスイス人のドラマー Pierre Favre/ピエール・ファヴルとのトリオ演奏。色々な楽器を操るJ・ミノールは、ここでは主にバリトン・サックスを吹いているので、E・テリンのトロンボーンと相まって重心の低い演奏になっている。音の高い部分はP・ファヴルの担当といったところか。管楽器の二人がゴリゴリ、ボソボソ鳴らしている横で(後ろで)、ファヴルが常にカラフルな音を叩き続ける。三人が爆発、疾走する時は、爆音轟くがごとき迫力。これが気に入ってE・テリンの他のアルバムも何枚か買ってみたが、フリー・インプロヴィゼイションを演奏しているのはこのアルバムだけかも?この人の本質は根っからのジャズなのだろうが、このアルバムを聴くと、もっとフリーな演奏もどんどんやっていて欲しかった気もする。このアルバムの後は、彼のレギュラー・グループでの録音が続くが、どれもフリー・ジャズとは言えないながらも力作が続く。こちらも合わせて聴いて欲しい。ヨーロッパ屈指のトロンボーン奏者の一人として、ビッグ・バンドも含めて大活躍をした。(末冨)

157. Steve Lacy : Avignon and after vol,1 (EMANEM/1972年)

これはスティーヴ・レイシー(ss)が１９７２年フランス、アヴィニョンの Theatre Du Chene Noir で行った初のソロ・コンサートの模様を収録した記念すべきアルバム。オリジナルは EMANEM 301、タイトルも「Solo」だったが、CD では全１２曲収録されており（オリジナルLPでは８曲だった。）、７４年ベルリンで「Workshop Freie Musik」（FMP主催のフェスティヴァル）に出演した折のソロ、５曲も追加されていて大変お得。スティーヴ・レイシーのソロ・アルバムは、７１年のサヴァラに吹き込んだ「ラピス」が一番最初。これは多重録音も含めたスタジオ録音だった。ここで聴けるソロは、初のソロ・コンサートの録音なので、大変貴重。この頃の彼のソロは、大変厳しい響きと表情を持っている。後年は、彼独特のフレーズを紡いで行くソロ演奏だが、ここではノイジーな響きも厭わない。このような厳しいソロを聴くと、とても他者を交えた音楽なんて出来そうにないような気がしてくるが、逆に自己のグループは、あまりメンバーを替えず固定化して、オリジナル曲を何度も演奏し磨き上げて行っている。ソロもアンサンブル・ワークもレイシーにとっては、同じ自己の深化の為の修行の内なのだろう。正に求道者の佇まいを見る。実際に、グローブ・ユニティで来日し、そのステージでのレイシーは、ソロを取るためにマイクの前に出て来ずとも、アンサンブルで演奏している時でさえ、彼の佇まいは貫禄があった。「オーラが違う」と言うヤツだ。立ってるだけで「凄い」と人に思わせる者なんて、ごくごく僅か。レイシーは、正にそのひとり。そして彼の音楽も同じく。
（末冨）

158. New Jazz Trio+Streich Quintett : Page Two (MPS/1972年)

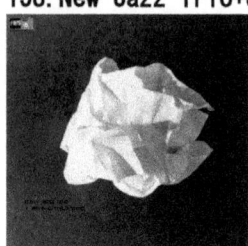

これは、１９７２年に録音されたニュー・ジャズ・トリオと弦楽五重奏のストライヒ・クインテットとのアルバム。ニュー・ジャズ・トリオとは Manfred Schoof(tp),Peter Trunk(b),Cees See(ds)によるトリオ。そこに弦楽五重奏団が加わった演奏が聴ける。ニュー・ジャズ・トリオは、７０年に同じく MPS から「Page One」と言うアルバムをリリースしている。これはトリオだけの演奏だった。弦楽アンサンブルを加えたことで、楽譜の重要性が増す。では、楽譜による制約により演奏の自由度が下がり、フリー・ジャズらしい演奏になっていないかと言えば全くそう言うところはない。トリオの三人は元々が音楽学校で学んだ者達ばかりで、楽理にも長けている。ショーフは、ケッセルの音楽アカデミーの後、ケルン音大でベルント・アロイス・ツィンマーマンに師事している。そんな彼らだから、自分達のトリオに弦楽五重奏を加えることによる効果は、十分承知の上での起用している。演奏は弦楽が入っていようが、その言葉から来る緩さは、（これは、通常のジャズがいかに弦楽の使い方が下手かを意味してる。）微塵もなくホットでハードな、時にクールなものになっている。弦楽のミュージシャンもただ書かれた通りに演奏しているだけではなく、ショーフ達と同等に即興部分でも張り合っている。書かれた部分と書かれていない部分の調和がよく取れた傑作。これも、即興と楽譜・楽理両方に強い者達だからこそのもの。クラシックの伝統が長く深く根ざしているこれがヨーロッパの底力だろうか。ヨーロッパの最近のクラシックのアンサンブルの演奏家は、即興演奏もロックも、バリバリこなすと聞いたが、時代も変わって来ているようだ。一昔前は、クラシックの演奏家もその周辺の者達も、「即興」の２文字だけで拒絶反応を起こしていたと言うのに。
（末冨）

159. Norma Winstone : Edge Of Time (Argo/1972年)

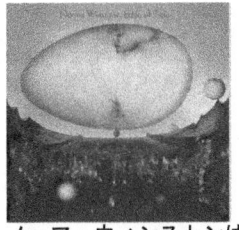

ノーマ・ウィンストンは、1941年ロンドン生まれのヴォーカリスト。トリニティ・カレッジでピアノとオルガンを学んだ後、66年頃からロニー・スコッツ・クラブに出演し、ジャズ・シーンで名前が知られ始める。同年 Neil Ardley/ニール・アードレイのニュー・ジャズ・オーケストラに参加。同オーケストラでピアノを弾いていたマイケル・ギャリックのグループにも参加し、その後70年代半ばまで共演は続いた。その後、ジョン・ハリオット、ジョン・テイラー（後ふたりは結婚する）、マイク・ウェストブルック、ニュークリアス、アラン・コーエン、らと共演し、録音をを重ねる。72年録音の本作は、当時のイギリス・ジャズ界の精鋭が多数参加した、彼女のファースト・リーダー・アルバム。アラン・スキッドモア、ヘンリー・ロウザー、ケニー・ホィーラー、マイク・オズボーン、ポール・ラザフォード、ジョン・テイラー、トニー・レヴィン、クリス・ローレンス、マルコム・グリフィス、ゲイリー・ボイル等々と、イギリス・ジャズの精鋭総動員の感がある。演奏には参加していないが、ジョン・サーマンが作・編曲もしている。全7曲中3曲はウィンストンとテイラーの共作。曲ごとにカルテットから大編成のアンサンブルまで。作編曲も大きく変わる。歌詞のある曲では、演劇的な表現もする。ヴォイス・インプロヴィゼイションでは、強者達と堂々渡り合う。どっちをやっても（歌っても）、澄んだ声質は変わらない。オーケストラの集団即興の渦の中でも存在感を大きく示す力量を持つ。2曲目「Perkins Landing」は、17分を超える大曲。76年に、本作に参加したピアニストのジョン・テイラーと、トランペット・フリューゲルホーンのケニー・ホィーラーと三人で「アジマス」を結成。多くのアルバムを残す。（末冨）

160. Rudiger Carl : King Alchohol (FMP/1972年)

ルディガー・カールは1944年東プロイセン、ゴルダプ生まれのアコーディオン、テナー・サックス奏者。ウィーンとカッセルで育ち、66年に西ベルリンに移住。70年にはヴッパタールに移っている。72年録音のこのアルバム「キング・アルコール」は、FMP 初期の傑作。ギュンター・クリストマン(tb)とデトレフ・シェーネンベルク(ds)のコンビにルディガー・カールが加わったのか、はたまたその逆かは分からないが、ヨーロッパ屈指のコンビネーションを誇るデュオ・ユニットとの共演は、ヘタをすると母屋を取られかねない。今でこそルディガー・カールはアコーディオン奏者の方のイメージが強い感じもあるが、この当時はテナー・サックス奏者として、イレーネ・シュヴァイツァーのグループやグローブ・ユニティで活躍していた。だから現地での活動を知らない私達は78年録音のハンス・ライヒェルとのデュオ作「Buben」(FMP)で concertina というアコーディオンに似た楽器だけを演奏するルディガー・カールに驚いたものだった。ギュンター・クリストマンとデトレフ・シェーネンベルクと言う強者ふたりとのトリオ作。彼のリーダー・アルバムとしての母屋を取られることもなく、クリストマン＆シェーネンベルクのコンビと対等に渡り合うカールが聴ける。お互いの瞬発力が凄い。パワフルで切れ味鋭いヨーロッパ・フリーと聞いて想像する正に典型がこういった演奏だった。この他カールの演奏は Irene Schweizer との4枚の FMP でのアルバムで聴ける。「Goose Pannee」、「Messer」、「Tuned Boots」、「Die V-Mann Suite」（末冨）

Disk Guide of Open Music 83

161. Revolutionary Ensemble (ESP/1972年)

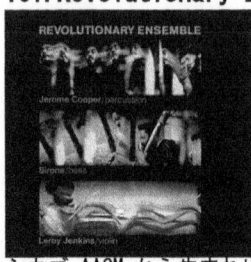

シカゴAACMから生まれ出た重要なグループの一つに、「クリエイティヴ・コンストラクション・カンパニー」がある。（のトリオ（レオ・スミス、リロイ・ジェンキンス）にムハール、スティーヴ・マッコール、AACMでは無いがベースの巨人リチャード・デイヴィスと言う凄い布陣だ。AACMらしく全員が他楽器を操る。だが、このスーパー・グループは短期間に解散した。だが、ここから二つの重要なグループが派生し旅立って行ったのだった。一つはレオ・スミス率いる「ニュー・デルタ・アークリ」。もう一つが「リヴォリューショナリー・アンサンブル」だ。リヴォリューショナリー・アンサンブルは、リロイ・ジェンキンス（vln,viola）、シローン（b,cello）、ジェローム・クーパー（perc）からなるトリオ。弦二本とドラムからなるトリオと言う編成もこれまでにないユニークな姿だが、彼らが作り上げる音楽もそれまでに斬新さと鮮度を有した。ヴァイオリンとベースの組み合わせから出る音響は、それまでのジャズには希薄な響きだし、そこに絡むパーカッションも含めて、所謂「フリー・ジャズ」の領域を一歩踏み出した新しい感触を持つ。全者一丸となって一方向に突進する様なステレオタイプの演奏は、ここには無い。各々の距離感がこれまでとは少し遠いのだ。一人一人が一個のユニットとして存在し、お互いの演奏に反応し合って演奏が進んでいる。後のエアー等のグループに大きな影響を与えた。（末冨）

162. Kalaparusha(MauriceMcIntyre):Forcesand Feelings (Delmark/1972年)

カラパルーシャはスピリチュアルな人である。アメリカで黒人として生きて行くのは、毎日が戦いであり、生まれた時から付いてまわるネガティヴな世の環境は死ぬまで尽きる事が無く、何をするにおいても障害となる物である。だからこそ支えになる物（時には者）が常に必要であり、一度掴んだ真実を手放す訳にはいかないのである。そこら辺がカラパルーシャのミュージシャンとしての強さの基であり、ホームレスになりながらも、楽器だけは売らずにいた意気込みにもつながっている。「Forces and Feelings」はモーリス・マッキンタイヤーがカラパルーシャと名前を変えてから製作された初めてのアルバムで、解説を他の者に任せないる所にも、彼の音楽に対する信念が感じられる。グループ「ザ・ライト」結成から一年後に仲間入りしたリタ・オモロクン（ウォーフォード）が大変味のあるボーカルを披露している。彼女もAACMのメンバーであり、エドワード・ウィッカーソンのシャドウ・ビネッツで１９９０年来日し、歌姫健在である事を証明した。エレクトリック・ギターのサーニー・ギャレットはカラパルーシャの意図を正確に表現すべく、才能を発揮している。この録音がどの程度スコアに基づいているのかは不明だが、ベースのパートは殆ど、フレッド・ホプキンスの自発的演奏である。カラパルーシャは旨い。彼がトラディッショナルなジャズマンとの演奏経験が有る事を知る人は少ないが、若かったその当時の基礎が良い意味で開花していると言えるだろう。そしてだからこそ、コマーシャルなジャズではこれからの黒人達を救えない事実を目の当たりに出来たとも言える。カラパルーシャは２０１３年１１月９日に、心臓麻痺で亡くなりました。７７歳でした。晩年は華やかな活動は無かったものの、地下鉄などで演奏している姿が目撃されていました。その一方プライベートでは、二十年以上生活をともにした良きパートナーに恵まれ、沢山の孫に囲まれた幸せな家庭生活だったようです。（牧野）

163.Peter Kowald Quintet」 （FMP/1972年）

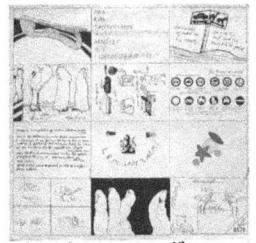

ペーター・コヴァルト。1944年西ドイツ、マッセルベルク生まれ。ヨーロッパ・フリー第一世代として、亡くなるまでシーンを先導して来た最重要人物の一人。72年録音のクィンテット演奏は、彼のファースト・リーダー・アルバム。これ以前の録音では、ブロッツマン、ショーフ、ベルガーらのアルバムで彼の演奏を聴くことが出来る。このアルバムは、クリストマンとラザフォードの二人のトロンボーンに、ファン・デ・ロヒトのアルト・サックスをフロントに置いたユニークな編成。コヴァルト自身も、ベースの他、チューバやアルペンホルン！を演奏。ファン・デ・ロヒトは、ここでの演奏しか知らないが、このグループの突貫小僧で活きがいい。最後の短い曲は、アルプスの山々を想像出来るのどかな曲。（末冨）

164.London Jazz Composers Orchestra:Ode
（INCUS/INTAKT/1972年）

1960年代後半、イギリスでもミュージシャンによる自主組織「ミュージシャンズ・コープ」が設立された。ここからは色々なグループが出来て行った。メンバーの一人だったベーシストのバリー・ガイは組織のメンバーを集めてオーケストラを創設。これが今日まで続く「ロンドン・ジャズ・コンポーザーズ・オーケストラ（LJCO）」だ。70年に最初のコンサートを開催。この時演奏された曲が「オード」だ。72年のイングリッシュ・バッハ・フェスティヴァルで再演され録音されてインカスからリリースされた。総勢21人の大所帯のオーケストラだし、楽譜も大量にあるので、指揮者を置くことになりバクストン・オーが呼ばれた。インプロヴァイザーは楽譜も指揮されることも嫌いな連中だ。色々と問題も起きたそうだ。それはさておき、100分に近い熱演が続く。各人のソロも熱い。しかし、B・ガイの書く曲はケニー・ウィーラーが書くような叙情性溢れる美しい響きを持つ場合が多い。その中から激しいソロが浮かび上がるという対比が面白い。96年にインタクトから再発されたCDは、LPでは収まらなかった部分も完全収録された。（末冨）

165. Alexander von Schlippenbach Trio : Pakistani Pomade (FMP/1972年)

アレクサンダー・フォン・シュリッペンバッハは、１９３８年ベルリン生まれのピアニスト、作曲家。ケルン大学で、ベルント・アロイス・ツィンマーマンに作曲を学んだ。アレックスは、ツィンマーマンの作風にある違う要素が同時進行すると言う方法に強く影響された。学校では作曲を習いながらも、同じケルン大学に在学中だったマンフレート・ショーフとジャズの演奏も行っていた。ショーフと共にギュンター・ハンペルのグループに参加したが、このグループこそドイツで初めてフリー・ジャズを演奏したのだった。６６年２８歳の時、グローブ・ユニティ（この時は曲名だった）・オーケストラを組織し、後のフリー・ジャズ・オーケストラの礎を築いた。６９年ヨースト・ゲバースらと Free Music Production を立ち上げた。７２年録音のシュリッペンバッハ・トリオ（エヴァン・パーカー、パウル・ローフェンス）の「パキスタニ・ポマード」は、FMP初期を代表するアルバムの一枚。それどころかミュージシャン達にも大きな影響を与えた。ある日本人サックス奏者は、このアルバムを聴いて大きな影響を受け現在のスタイルになったと証言した。彼らの演奏の鋭さは半端じゃない。アレックス夫人の高瀬アキさん曰く「彼らの演奏の瞬発力は、プロの私達が聴いても凄いもの。」彼らの演奏がいか程のものか分かろうと思う。トリオは、今でも続いており、毎年寒い時期が来るとツアーが始まるのだそうだ。（末冨）

166. Meredith Monk : Dolmen Music (ECM/1972～79年)

メレディス・モンクは、１９４２年ペルー、リマ生まれ（NY在住）の、「声の魔術師」と呼ばれるように、声の可能性の拡張に多大な貢献をしてきた作曲家、ヴォイス・パフォーマー、演出家、振付師、映画作家。多彩な才能を持ち、多面的な作品群（作曲、映画、演劇等々）は膨大な量になる。本作は、１９７２年から７９年にかけて作られた曲を集めたもの。１～４までは、M・モンクのヴォイスとピアノと、パーカッションの Collin Walcott/コリン・ウォルコット（オレゴンのメンバー。シタール奏者でもある。）による演奏。５曲目の「Dolmen Music」は、彼女の率いるヴォーカル・アンサンブル（６人のヴォーカル。内２人はパーカッションとチェロを同時に演奏している。）の演奏する２３分を越える大作。これらは「現代音楽」の範疇に入るだろう。その言葉から想像される COOL とは、少々違った温もりを感じさせる音楽だ。クラシカルなヴォーカル・トレーニングを受けて来たが、それと並びフォークやロックも歌って来た経験を持つ彼女の声や表現は、暖かさが宿る。彼女の声を聴いていると、遠い過去の記憶が呼び起こされ、懐かしい感情が湧いてくるし、現代社会が置き忘れて来たものを、今の世に呼び戻したような錯覚が起こる。メレディス・モンクに影響を受けたと言っているビョークが取り上げ話題となった「Gotham Lullaby」は、元はシアター・ピース「Fear and Loathing in Gotham」の為に書かれた曲。ECMから多くの作品を発表している。どれもが必聴の価値あり。（末冨）

167. Ulrich Gümpert, Gunter Sommer Duo Plus Manfred Hering:
The Old Song(FMP/1973年)

旧東ドイツのミュージシャンの２人、ウルリヒ・グンペルトとギュンター・ゾマーは、７０年代はデュオ活動を行なっており、ＦＭＰに「…Ｊｅｔｚｔ　Ｇｅｈｔ'ｓ　Ｋｌｏｓｓ！」と、「Ｖｅｒｓａｕｍｎｉｓｓｅ」の２枚を残している。同時に、デュオにアルト・サックスのマンフレート・ヘリングを加えたトリオ演奏も行なっていた。７３年録音の本作は、デュオ・アルバムより先にリリースされている。三者の激しいインター・プレイが基本だが、ゾマーが大暴れをしている横で、グンペルトはフリーに暴れることなく、坦々とメロディーを紡いでいたりする。ゾマーも、一聴して彼と分かる個性をすでに持っており、時にリズミカルに、時にメロディアスにグンペルトに対している。ヘリングは、イケイケの突貫小僧です。
（末冨）

168. Cecil Taylor Unit:Akisakila (Trio/1973年)

１９７３年５月、ついにフリーの闘将セシル・テイラーが初来日を果たした。オーネット・コールマンと並ぶフリー・ジャズの震源地の一人だ。当時のユニットのメンバーは、共に長年セシル・テイラーと行動を共にして来たジミー・ライオンズ（as）とアンドリュー・シリル（ds）を従えたセシル・テイラーは、空港に着いたその足で名古屋に移動し初日の公演を行った。６日間の日本ツアーは、夜行列車に揺られての移動に次ぐ移動で過酷なツアーだった。これは５月２２日の東京公演を収録したアルバム。なかなか録音・レコード化の許可が降りない中で、とにかく録音だけはして、その後セシルに聴いてもらい反応を待ったようだ。セシルの部屋に置かれたオープンリールデッキは２，３分しか再生した跡しかなかった。演奏には満足していたのであらためて聴くまでもなかったのだろう。ともかくOKが出たのだった。製作したのはトリオ・レコード。演奏は、８０分を越える疾風怒涛の強烈なもの。その間ダレる部分は微塵も無い。ハイヴォルテージのままの８０分だ。コンサートでは、第二部は、セシルのポエトリー・リーディングとバレエにライオンズとシリルが様々な打楽器とヴォイスで絡んで行くステージが続いた。セシルはこれを「バレエ・インプロヴィゼイション」と呼んだ。タイトルの「Akisakila」はスワヒリ語で boiling の意味。この滞在中に、ソロ・ピアノによるアルバムも製作された。先日の京都賞の授賞式でのスピーチも、ただのスピーチに終わらないアートだった。（末冨）

169. Dewey Redman:The Ear of Behearer (IMPULSE/1973年)

デューイ・レッドマンは、1931年テキサス州フォートワース生まれのテナー・サックス奏者。オーネット・コールマンとは同郷。60年代半ばジム・ヤング（p）、ドナルド・ラファエル・ギャレット（b），エディ・ムーア（ds）らとフリー・ジャズの演奏を始めた。このグループの録音が、66年フォンタナから「ルック・フォー・ザ・ブラック・スター」としてリリースされた。翌年ニューヨークに移り、すぐにオーネット・コールマンのグループに参加。74年までグループに席を置いていた。71年にはキース・ジャレットのグループに参加し、多くのアルバムに参加している。73年にはインパルスに「イヤー・オブ・ザ・ビヒアラー」を録音。テッド・ダニエル（tp）、ジェイン・ロバートソン（cello）、シローン（b）、エディ・ムーア（ds）、ダニー・ジョンソン（perc）を従え、テナー、アルト・サックス、ミュゼットを演奏する。彼の演奏は、サックスに息を吹き込むと同時に肉声も発するもので、独特で強烈な音を発する。ダニエルのトランペットもレッドマンに負けず劣らず強力だ。チェロとベースも単にバッキングに終わる事は無い。お互いが絡み合いながらフロント陣を鼓舞し、自らも主張する。現在は彼の息子のジョシュア・レッドマンの方が知名度は高いかも。（末冨）

170. 水野修孝ジャズ・オーケストラ '73 /
宮間利之とニュー・ハード＋日野皓正、森剣治、金井英人、高柳昌行、ジョー水木、
(Three Blind Mice/1973年)

水野修孝は1934年徳島に生まれる。東京芸術大学楽理科に入学し、柴田南雄、長谷川良夫、小泉文夫に学ぶ。芸大在学中を小杉武久、塩見允枝子、刀根康尚などと「グループ音楽」を結成。このグループは音楽家達による日本で初めてのハプニングやイベント（ちなみに水野が所持していたピアノをナム・ジュン・パイクがパフォーマンスに使ったこともあると言う）のグループであったと言われる。その後、他のメンバーがパフォーマンスやインスタレーションなどアート分野での活動も積極的に行ってゆくのに比べ、水野は現代音楽の作曲家としての道を歩むこととなる。ただそれは洗練されたエクリチュール技術の完成を目指すものはなかった。水野にとっての作曲はある程度音を分別・体系化しながらも未分化で潜在的かつ無意識的な多様体を現動化し、常にエクリチュールを揺さぶるのである。それは水野が「グループ音楽」やジャズの即興を通じて自らの行為のまま音を生成するという体験がそうさせるのである。このアルバムには宮間利之とニューハードに日野皓正、森剣治、金井英人、ジュー水木らが参加している。アルバム全体は動的でパワフルな演奏が展開されている。持続音のあとの複雑に交錯するインタープレイ。流動的時間と空間的多様体が相互に関係し合う、躍動する生命のリズムは同調性、偶然性、異化効果を喚起する。また時折聴こえるフォー・ビートの演奏は同一性を伴う差異か、差異を伴う同一性なのか、アイロニカルに聴こえさえする。このアルバムは水野の独自の世界による音楽に間違いはないが、彼がジャズではエリック・ドルフィー、チャーリー・ミンガス、クラシック系作曲家ではチャールス・アイブスに影響を受けたと言うのはむべなるかなである。水野は80年以降全四部からなる「交響的変容」という大作にとりかかるが、その第三部ではこのジャズオーケストラでの試みが反映されている。（河合）

171. Black Artists Group : In Paris, Aries 1973 (BAG/1973年)

ブラック・アーティスツ・グループ (BAG) は、ミズーリ州セントルイスで結成され、1968年から72年まで活動をした芸術家集団。ミュージシャンだけではなく、演劇、詩、ダンスの自主的な組織で、ブラック・アートを守り発展させるべく、公演するだけではなく、教育にも熱心だった。使われなくなった倉庫を改装し、教室として使ったりもした。シカゴの AACM と目指す理念は同じと言えるだろう。シカゴ出身の詩人ブルース・ラトリンも所属しており、AACM との交流も図られていた。後、ニューヨークのロフト・シーンの中心になるミュージシャンのほぼ全員で構成されていると言ってもよいくらいの人材が集まっている。このアルバムは、BAG を代表するメンバーで構成されたグループの、73年パリでのコンサートを収録したもの。ジョセフ・ボウイ (tb)、バイキダ・E.J.キャロル (tp)、チャールズ・ボボ・ショウ (ds)、フロイド・レ・フロア (tp)、オリバー・レイク (as, fl) の5人による演奏は、AACM のミュージシャンと同様に、自らの主要楽器の他にも、各種の楽器 (主に打楽器類) を同等に使い、多彩な音色と、幅の広い音楽性を披露している。サウンドを空間的に処理するところや、時に爆発的なパワフルな演奏を交えるところ、小物を効果的に使うところは、まさにアート・アンサンブル・オブ・シカゴとの類似性を認められる。だが、BAG が AEC をコピーしたのではなく、同時期に同時進行で生まれたものだ。お互いの交流がそうさせたこともあろうが、何よりブラック・ナショナリズムの高揚を受け、自分達のルーツを探し求め、そこから自らの未来の姿を想像し、音楽・芸術を創造していった道のりの途中では、求めるものが同じであれば、似て来ることもあろう。BAG の音の拡散具合は、AEC ほどではなくて、もっとコンパクトに集約されている感じだ。その分、AEC の方がスケール感は大きいとも言えよう。だが、この時代を代表するアルバムであることには疑いが無い。再発を強く望む。(末冨)

172. Free Music Communion : Communion Structures (Fremuco/1973年)

Free Music Communion は1969年にピアニストの Udo Bergner が中心となって結成された西ドイツの北部にある町 Wilhelmshaven のグループで、1972年頃グループとしての形が整っていったらしい。このファースト・アルバムでは、Bergner のピアノに、Peter Nitz のトロンボーン、Herbert Janssen のヴァイオリン、Eginhard Oertwig のギターという編成。ひたすらクールで熱くならない弱音指向の点描写が続く。とは言え、この30年後に現れる「音響」を想像してもらっては困る。ジャズ的推進力は彼らなりに有している演奏だ。ドイツのフリー・ジャズと言えば、アレキサンダー・フォン・シュリッペンバッハ、マンフレート・ショーフ達の演奏みたいな質実剛健フリー (?) という印象が強いが、Free Music Communion の演奏は、どちらかといえば INCUS や Bead あたりでリリースされていてもおかしくない感じだ。だが、デレク・ベイリーやエヴァン・パーカーのような音の存在感やキレは彼らには無い。だが欠如しているのとは違う。それとはまた別の音楽の姿を追求しているのだ。この冷え冷え感がたまらなく好きで、いまだにちょくちょく聴いている愛聴盤のひとつだ。その後グループは若干のメンバーの出入りがあるも、1979年と81年にアルバムをリリースしている。そこには、Torsten Muller (b, cello)、Davey Williams (g, banjo)、La Donna Smith (vln) といったいかにも Free Music Communion の音楽と手が合いそうなアメリカ人ミュージシャンの名前も見える。おそらく彼らがドイツに呼んでは共演をしていたのだろう。いつの間にか、国や地域ごとに、イメージを作っては音楽を聴いてしまっているそんな狭く浅い私の耳を、もっと広く大きく広げてくれたアルバムだった。(末冨)

173. Enrico Rava : Katcharpari Rava (BASF/1973年)

エンリコ・ラヴァは、1943年イタリア、トリエステ生まれのトランペット奏者。60年代は、ガトー・バルビエリやスティーヴ・レイシーのグループでフリー・ジャズを演奏していた。75年ECMからアルバムがリリースされるようになり知名度も上がり、今ではイタリア・ジャズ界の大御所だ。73年ミラノ録音の本作は、当時のE.ラヴァのグループのレギュラーメンバーだった John Abercrombie/ジョン・アバークロンビー（g）、Bruce Johnson/ブルース・ジョンソン(el-b)、Chip"Superfly"White/チップ・ホワイト(ds)のカルテット。ジョンソンは、元々ギターリストとしてラヴァのグループに参加していたところ、アバークロンビーが入って来たので、エレクトリック・ベースを演奏することになった。彼はギル・エヴァンスやビーチ・ボーイズ、ウィルソン・ピケットなどとの共演歴がある。ホワイトは、カーメン・マクレイ、ソニー・ロリンズなどとも共演している。つまりこのバンドは、メインストリーマーで構成されており、フリー・ジャズを期待されては困る。演奏される曲は7曲中5曲がラヴァの作。1曲がジョンソンの短い曲。もう1曲は El Inca の「Katcharpari」というアルバム・タイトルにもなっているフォルクローレの曲。この曲の強烈な印象を引きずっているのか、このアルバムの全体的な印象がフォルクローレの雰囲気が漂う。だが、けっしてそのような演奏をしているワケではない。「Katcharpari」にしても、テーマ部分はともかく、その他はホットなジャズになっている。それ以外の曲もフリー・ジャズではないが結構ストレートに押して行く演奏で、輪郭の柔らかな音色のギターを弾くアバークロンビーのギターも、ロック・テイストのハードな音色でガンガン弾いているくらいだ。ラヴァは持ち前のスピード＆パワーは全快に吹きまくり爽快だ。グローブ・ユニティのメンバーとして来日した時は、ショーフ、ホィーラーと並んで、バリバリと吹いていたのが印象的だった。(末冨)

174. Dudu Pukuwana & Spear : In The Township (Caroline/1973年)

ドゥドゥ・プクワナは、1938年南アフリカ生まれのアルト・サックス奏者。自己のバンド「ジャズ・ジャイアンツ」で、62年ヨハネスブルグ・ジャズ祭に出演。その後クリス・マクレガーの「ブルーノーツ」に参加。64年アンチーブ・ジャズ祭に出演。そのままヨーロッパに留まった。69年一時期南アに帰るが、また出国。自己のバンド「アッサガイ」や「ジラ」で活躍する。この73年オックスフォードでの録音のアルバムは、Mongezi Feza(tp), Bizo Moggikana(ts), Louis Moholo(ds), Harry Miller(b)という全員が南アフリカ出身の仲間達による演奏。どの曲も覚え易い楽しいメロディーばかりだ。プクワナ達も歌っている。アフリカの大地の匂いが、太陽が、熱気が立ち込める。アフリカから南米、カリブ海を経由して、その間に入り混ざったリズムやメロディーの記憶がアメリカに渡り、この地でヨーロッパから渡って来た音楽とが混ざり合い、ジャズが生まれた。それがヨーロッパに渡り、そこでアフリカがまた混ざり合い、プクワナ達が演奏するようなこんな音楽が生まれた。音楽のどれが伝統で、どれが本物だとかと言った物言いは、注意して使わないと、プクワナ達の音楽を抹殺しかねない。そんな戯言は、ここで鳴ってる音楽を聴けば、どこかへ吹っ飛ぶ。プクワナ達南アフリカ勢は、主にロンドンのフリー・ジャズ・シーンで活躍し、まったく別の血を加えることで、より多彩で雑多なシーンを作り上げることに貢献した。イギリスのこの許容入力の大きさが、ジャズのみならず、ブリティッシュ・ロック・シーンをここまで大きく飛躍させた原動力なのだ。エルトン・ディーンら英国勢との「ダイアモンド・エクスプレス」もお薦め。(末冨)

175. Don Cherry And The Jazz Composer's Orchestra : Relativity Suit (JCOA/1973年)

JCOAが、ジャズ・コンポーザーズ・オーケストラ用の作品を、Don Cherry/ドン・チェリーに委嘱。そして、ジャズ史上屈指の傑作が生まれた。ドン・チェリーは、ジャズを基軸にして、アジア、アフリカの音楽を貪欲に取り込み、まだ「ワールド・ミュージック」が世間に認知される以前から「クリエイティヴ・ワールド・ミュージック」とでも呼べそうな音楽を創造して来た。本作はその集大成とも言える大作。音楽における東西南北を対比させ、混淆させ、これまでにないエネルギーを発生させている。総勢19名のオーケストラが、濃厚なドン・チェリー一色に染め上げられる。Frank Lowe(ts), Carlos Ward(as), Dewey Redman(ts), Charles Brackeen(ss, as), Sharon Freeman(french-horn), Brian Trentham(tb), Leroy Jenkins(vln), Charlie Haden(b), Pat Dixon(cello) Carla Bley(p), Ed Brackwell(ds), Paul Motian(perc)等ドン・チェリーとは、普段から交流のある者達が数多く集結した。ここでは、フランク・ロウもデューイ・レッドマンさえ全体の一部。ジェンキンスはじめヴィオラ、チェロも含めた弦楽器が効果的に響く。その中をドン・チェリーのトランペットとヴォイスがまるで空を飛ぶが如く駆け巡る。フリー・ジャズ・オーケストラの荒々しい響きから中国の箏の響き、タンブーラのドローン。ドン・チェリーの歌。端から端まで、ドン・チェリー色に染め上げられたタペストリーを我々は見せ付けられる。これは、ドン・チェリー版「ノヴェンバー・ステップス」と言えるのではなかろうか。東西の融合と言うよりも、対比と拮抗によるエネルギーの放出を狙っているように思えるのだが。単なる無国籍風音楽とは一線を画す。（末冨）

176. Frank Lowe：Black Beings (ESP/1973年)

フランク・ロウは、1943年テネシー州メンフィス生まれのテナー・サックス奏者。カンサス大学で音楽を学ぶ。66年にニューヨークに進出。サンラと共演した。だが翌年サンフランシスコ音楽院で学ぶ為に西海岸に移住している。そこでヴェーヴェルン等を学ぶ一方で、ドナルド・ギャレットに師事しアヴァンギャルド・ジャズについて学んだ。1973年録音の本作はESPからリリースされた多分彼のファースト・アルバムではないだろうか。メンバーは、F・ロウ(ts)、ジョセフ・ジャーマン(ss, as)、The Wizard(vln)、ウィリアム・パーカー(b)、ラシード・シナン(ds)の5人。当時ヴァイオリンはThe Wizardとだけ表記されており、リロイ・ジェンキンスではないか等々と言われていたが、2008年のCD化に伴いレイモンド・リー・チェンと表記されるようになった。演奏は「これぞフリー・ジャズ！」と言える白熱した怒涛の熱演で、疾走するドラムにロウ、ジャーマン、チェン、パーカーが絡みつきながら前進に次ぐ前進をする。ロウのテナー・サックスの音は、コルトレーンの様に鋭く澄み切った音色ではなくて、もっと太くくぐもった熱い音だ。ベン・ウェブスターやコールマン・ホーキンスの直系とも言えそうだ。CD化に伴いLPではカットしなければならなかった部分をコンプリートに収録出来た。（末冨）

177. Peter Brötzmann, Juhani Aaltonen, Peter Kowald, Edward Vesala : Hot Lotta (Blue Master/1973年)

ユハニ・アールトネン（でいいのでしょうか？）は、１９３５年フィンランド、Kouvola 生まれの、テナー、ソプラノ・サックス、フルート奏者。５０年代後半にプロ入りし、Heikki Roaendahl Sextet に参加。シベリウス・アカデミーでフルートを学び、バークリー音楽院でも学ぶ。６０年代後半は、エドワード・ヴェサラ(ds)と、デュオ活動をする。その一方で、Eero Koivistoiner/イーロ・コイヴィストイネンのグループで４年間演奏した。７５年「ニュー・ミュージック・オーケストラ」に参加。ノルディック・オールスターズ、アリルド・アンダーシェン(b)、ペーター・ブロッツマンらと共演した。後期コルトレーンに強く影響を受けている。１９７３年、フィンランドのゲーテ協会は、フィンランドにふたりのドイツの代表的なミュージシャンを召喚した。Peter Kowald/ペーター・コヴァルト(b)と、Peter Brotzmann/ペーター・ブロッツマン(ts,as)だ。彼らにフィンランドを代表するふたりのミュージシャン、ユハニ・アールトネン(ts,fl)と、エドワード・ヴェサラ(ds)が合流し、１０日間のツアーが始まった。ヘルシンキでは、３度のクラブ出演。また、Jyvaskyla,Pori,Tampere,Turku と言った街を廻った。このアルバムは、ツアーの合間の４月１９日、ヘルシンキのスタジオでの収録。Side.A は３曲。Side.B は２３分を超える１曲のみ。これはもう、スーパー・ヘヴィー級４人の正面衝突だ。後期コルトレーンに強く影響を受けたアールトネンは、正面切ってサックスのヘラクレスの異名を持つブロッツマンに挑む。コヴァルトも、容赦しない勢いだ。受けて立つヴェサラ。と、これでは格闘技のレポートではないか。アールトネンの最もハードな面を見せたアルバムになった。相手が相手だけに、フルスロットル以外に方法はない。フィンランドは、国土面積は、日本とほぼ一緒だが、総人口は５００万人足らず。それなのに、ジャズ・フェスティヴァルが年間２０を超える。内５つの国際ジャズ祭がある。（末冨）

178. Kenny Wheeler : Song For Someone (Incus/1973年)

ケニー・ホィーラーは、１９３０年カナダ、トロント生まれのトランペット、フリューゲルホーン奏者。モントリオール大学で学ぶ。トロント近郊で演奏を始め、５２年イギリスへ渡った。ロニー・スコット、ジョー・ハリオット、ジョン・ダンクワースらと共演。６０年代に入ると、ジョン・スティーヴンス、ゴードン・ベック、トニー・オクスリー、デレク・ベイリー、ポール・ラザフォード等フリー・ジャズ・ミュージシャンとの交流が増える。６０年代後半には、スポンテニアス・ミュージック・アンサンブルに参加し、レコーディング。「Challenge」（６６年）、「Karyobin」（６８年）、「"So WhatDoYou Think"」（７１年）、「Live」（７１年）他がある。１９７３年ロンドンで収録された本作は、Kenny Wheeler/ケニー・ホィーラー(tp,fluegelhorn)の初めてのオーケストラ作品。６曲全て彼が作曲したもので、Norma Winston(voice),Mike Osborne(as),John Taylor(el-p),Tony Oxley(perc),Malcom Griffiths(tb),Greg Bowen(tp),Ron Matthewson(b)他総勢１７〜１９名（５曲目だけは、Derek Bailey と Evan Parker が参加）による重圧のアンサンブルと強力なソロがたっぷりと聴けるアルバムだ。後年聴ける彼独特の叙情性溢れるメロディーがここでもたっぷりと聴くことが出来る。前衛オーケストラという程でもなく、結構オーソドックスな響きのビッグバンドと言った演奏もある。だが、５曲目は、デレク・ベイリーとエヴァン・パーカーのいかにも INCUS と言った過激なデュオ演奏から始まる。終わり頃にも再び現れて大暴れをする。そう、これは INCUS からリリースされたアルバムなのだ。現在は psi から CD 化され再発されている。INCUS からこのような書き込まれた楽譜が存在するジャズ・オーケストラ作品がリリースされたことが不思議ではあった。ノーマ・ウィンストンのヴォイスが全編活躍する。ジョン・テイラーも参加しており、後の Azimuth のオーケストラ版とも言えそうだ。７０年代だけでも、彼のアルバムはたいへん多い。「Gnu High」、「Deer Wan」、「Around 6」他、Azimuth も含めて ECM からその後も数多くリリースされている。（末冨）

179. Mario Schiano : Sud (Tomorrow/1973年)

マリオ・スキアーノは、1933年ナポリ生まれのアルト・サックス奏者。少年時代からダンス・バンドにアコーディオンで参加。58年「ニュー・サザーン・ジャズ・コンボ」を結成。サックスは、独学で習得。60年代初めからフリー・ジャズを演奏していたが、驚く事に彼は当時オーネット・コールマンの存在すら全く知らなかったのだ。トラディショナルなジャズの演奏が肌に合わず、自分の感覚で演奏したものが、今から見ると、それはフリー・ジャズだったのだ。オーネットやセシルが始めたとされるフリー・ジャズも、実はこうして世界各地で同時多発的に発生していたのかも知れない。だから時系列にそって見て行くのは大事だ。65年には「グルッポ・ロマーノ・フリー・ジャズ」（GRFJ）を結成。スキアーノ(as)、マルチェロ・メリス(b)彼が渡米後はブルーノ・トマッソ(b)に変わる。フランコ・ペコリ(ds)のトリオだったが、ジャンカルロ・スキアフィーニ(tb)が加わってカルテットになった。民族的要素も取り入れた当時ヨーロッパでも最初期のフリー・ジャズ・グループだった。現在「エクスタティック」と題されてCD化されている。この73年録音の「Sud（南）」は、当時まだ若手だったTommaso Vittorini(ts, fl, b-cl)やMassimo Urbani(as)らも参加しているクインテットから、ビッグ・バンドまでの演奏が聴ける。ここには参加していないが、GRFJのメンバーだったマルチェロ・メリスが作曲したサルディーニャ民謡をベースとした曲が2曲演奏されている。特にこれが私のお気に入りだ。これが、GRFJが民族的要素を取り入れたとされる証拠である。CDのボーナス・トラックの「ラヴァー・マン」が面白い。というかヘン。Domenico Guacceroのエレクトロニクスが、場を考えず顔を出す。プリペアード・ピアノで伴奏もする。ヘンでしょ？ スキアーノは、フルクサスとも繋がりがあったくらいだから、これくらいのことはやるのだ。（末冨）

180. 佐藤允彦＆山下洋輔 : Piano Duo/偶語 （日本コロムビア/1973年）

日本のJAZZ界の最先端に常に立ち続け牽引し続けてきた佐藤允彦、山下洋輔両ピアニストによる1973年のコンサートからの録音。この達人同士のピアノのDUOである。この日のコンサートは前半に、佐藤のトリオ「がらん堂」（with 翠川敬基、田中穂積。録音のほとんど無い伝説的グループ。乞う発掘CD化。だが、「もしあっても、嫌だなあ。」とは、佐藤さん本人の弁。）、そして山下トリオ（with 森山威男、坂田明）。コンサート後半がここに収録されているピアノDUOだ。「偶語」とはなっているが、「相対して語り合う」などという生易しいシロモノではない。もうこれはピアノを使った格闘技セッションだ。とは言うものの、40分間の間二人がド突き合ってるワケじゃない。相手の動きを観察する所もあれば、片方が引いて、音の土台を作り、片方がその上で自由に動き回る。これをお互いが行う。かと思えば正に正面衝突もある。と、いった具合で40分間が進行する。共にパワーもテクニックもセンスも持ち合わせているので、途中ダレるなんてことは全く無い。佐藤は、この半年後高橋悠治とのDUOを録音しているが、こことは全く違った演奏になっている。何とスケールの大きなミュージシャンであることか。佐藤のピアノ・デュオ・アルバムでも特筆すべきものがもう一枚ある。71年にヴォルフガング・ダウナーと演奏した「Pianology」だ。ピアノ意外にも、フェンダー・ピアノ、笛、バチ、木槌、マレット等の小物類も使った二人の何が飛び出すか分からない引き出しをたくさん持った者同士のスリリングなインプロヴィセイション集だ。対して、山下も79年のジャンジャンにおける三宅榛名とのピアノ・デュオと、85年山下がトリビュート・アルバムを出したこともあるマル・ウォルドロンとの新宿PIT INNでのデュオ・ライヴをリリースしている。（末冨）

181. Inspiration&Power 14 Free Jazz Festival 1
(Trio/1973年)

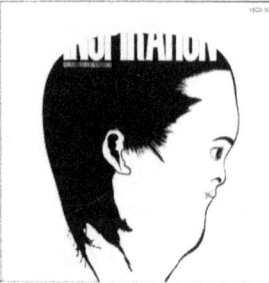

１９７３年６月３０日から１４日間、アート・シアター新宿において日本のジャズ史上特筆すべきフェスティヴァルが開催された。「インスピレーション＆パワー１４」と題されたフリー・ジャズの大祭だ。首謀者はジャズ評論家副島輝人。彼の熱意と粘り強い交渉と人柄で、当時先鋭的なジャズの表現を試みていたミュージシャン（詩人達も）が集結した。集まった１４のグループや個人は、副島氏の提示した額の内だろうが外（ミュージシャンの自腹）だろうが、とにかくやりたい事をやった１４日間だった。１４もあるグループ（個人も）は、一つとして同じような編成が存在しなかった。これは当時の日本のフリー・ジャズの多様性の証拠でもある。演奏は全てトリオ・レコードによって録音され、二枚組みのアルバムとしてリリースされた。ニュー・ハード・オーケストラから吉沢元治のベース・ソロまでの８組の演奏が選ばれている。中には「ナウ・ミュージック・アンサンブル」や「がらん堂」の様に、その後全く録音が公開されていないグループの演奏が聴けるのが有難い。海外からの反応では、特に吉沢元治のベース・ソロと「富樫雅彦＆佐藤允彦・デュオ」の評価が高かったと聞く。特に、富樫雅彦！ 後年、全録音を公開リリースする企画が持ち上がったのだが、その直前にマスターテープが全て廃棄されていたのだった。大いなる文化の喪失！（末冨）

182. Günter Christmann, Detlef Schönenberg : We Play
(FMP/1973年)

ベースとトロンボンを奏するギュンター・クリストマンと打楽器のデトレフ・シェーネンベルグのデュオはメルス・ニュージャズ・フェスティヴァルなどで一時、非常に人気があり、来日もした。即興演奏の醍醐味を紹介するには最適の一枚かもしれない。ダイナミック、スピーディ、ユーモラス、テクニカル、そしてアイデアに富んだ両者のやりとりがしっかり見える。ここまで徹底してやり、そしてアルバムを多数残すと、あとは「曲でもやるしかない」になってしまうだろう。しかし解散し、それぞれの道を歩んだ。シュトックハウゼン関連の人脈、ハラルド・ボージェ（シンセ）とも共演している。（金野）

183. 富樫雅彦&佐藤允彦:双晶 (Trio/1973年)

1973年6月28日から二週間に渡って、副島輝人プロデュースによる、日本初のフリー・ジャズ・フェスティヴァルが行われた。名づけて「インスピレーション&パワー14 フリー・ジャズ大祭1」。処はアートシアター新宿文化劇場。トリオ・レコードは、この一部始終を録音した。だが、2枚組LPとして、ほんの一部が公開されただけだった。そんな中にも、1枚のアルバムとして選ばれた録音もあった。それが本作「富樫雅彦&佐藤允彦:双晶」だ。7月7日の行われたコンサートは、富樫の復帰の第一夜となった。相手をするのは盟友佐藤允彦。これ以上の人選は考えられない。佐藤は当時、ピアノにリング・モジュレーターを付けて変調させたり、エレクトリック・ピアノも弾いていた。だが、ここではアコースティック・ピアノだけで富樫と対峙した。富樫の楽器のセッティングには注意と時間がかけられた。すでに下半身が麻痺した体になっていた富樫は、胸から上だけで演奏しなければならないので、体と各種打楽器の距離、位置が非常に大事なのだ。ここですでに富樫は「ドラマー」では無くなっていた。もっと広い意味で打楽器奏者に変貌したのだった。勿論音楽も変貌を遂げた。だが、共演者が感じる富樫の反応の見事さ、鋭さは変わってはいなかった。いや、より鋭くなっていた。たったの一音、一打で音楽の流れる方向を変えてしまう。そんな富樫に相対する佐藤も同じ資質を有する、世界屈指のピアニストだ。とっくに日本を超えている。後年「トン・クラミ」を佐藤、高田みどりと結成した韓国のサックス奏者姜泰煥/カン・テーファンは、何度も私に「佐藤は世界一。」と言われた。ふたりの真剣での果し合いのような研ぎ澄まされた演奏を聴かせるデュオ・チームは、フリージャズ界広しと言え、他にはそうそうはいない。こんな名盤なのに、オリジナル音源が廃棄されてしまったとは!?(末冨)

184. Rosewell Rudd And The Jazz Composer's Orchestra: Numatik Swing Band (JCOA/1973年)

ジャズ・コンポーザーズ・オーケストラ委嘱シリーズの中では、最もジャズ・オーケストララしい、Rosewell Rudd/ラズウェル・ラッドのアルバム。残念ながら、私の軽い脳ミソでは「Numatik」の意味がさっぱり分からないが、「Swing Band」は理解出来るつもりだ。そう、このアルバムは、豪快にスウィングしているのだ。30年代、40年代のスウィング・バンドのスウィングとは勿論違うのだが。他のジャズ・コンポーザーズ・オーケストラ作品は、パーカッションが鳴り響くアフリカ回帰色の強いものが多い中、ある意味異色と言えそうなアルバムではある。一般のジャズ・ファンから見れば、ラッド以外のJCOAの作品の方が異色なのだろうけど・・。DeweyRedman(cl,ts),Perry Robinson(cl),Carlos Ward(fl,as),Charles Davis(ss,bs),Sirone(b),Charlie Haden(b),Sue Evans(perc),Beaver Harris(ds),Hod O'Brien(p),Sheila Jordan(vo)他総勢26名による大ビッグ・バンド!「オーケストラ」と呼ぶよりも、ビッグ・バンドと呼んだ方がしっくりとくる演奏なのだ。ラズウェル・ラッドは白人で、ディキシーランド・ジャズ出身。そのせいかどうか、Sharon Freeman他3人のフレンチ・ホルン、Bob StewartとHoward Johnsonの2人のチューバ、Gary Brocks他3人のトロンボーン、Enrico Rava,Charles Sullivan他4人のトランペットと言うように、ブラス楽器が多い。古き良き伝統と、前衛の混在。ところで、不思議なんだが、JCOAの作品が、一向にCD等で再発される様子が無いのだが、どうしてだろう。フリー・ジャズという狭い世界のことではなくて、これらこそ、いつでも誰でもが聴けるようにしないといけないのではないか? 乞う再発!(末冨)

185. Ernst-Ludwig Petrowsky Quartet DDR:Just For Fun (FMP/1973年)

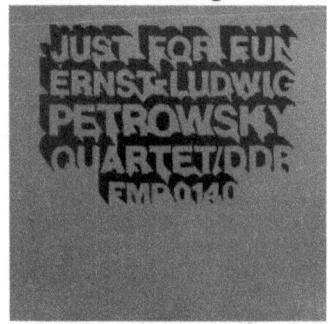

エルンスト-ルートヴィヒ・ペトロウスキー。１９３３年旧東ドイツ生まれの、サックス奏者。旧東ドイツのフリー・ジャズの最古参の一人。ＦＭＰの初期に発売されたこのアルバムは、旧東ドイツでの録音。参加ミュージシャンも全て旧東ドイツ人。このアルバムはＦＭＰでの最初の、壁の向こう側のドイツ人ミュージシャンのＬＰだった。ＦＭＰでは最初でも、ペトロウスキーのアルバムは、自国のレーベル「Amiga」では、６０年代から発売されていた。曲によって、アルト・テナー・ソプラノ・サックスとクラリネットを吹き分け、ハードなゴリゴリのフリーから、間を生かし、聞き耳を立てたような演奏までを聴かせてくれる。当時の旧東ドイツのフリー・シーンのレヴェルの高さを見せ付けてくれた好アルバム。（末冨）

186. Globe Unity' 73 : Live in Wuppertal (FMP/1973年)

ジャズはアメリカン・ミュージックであるが、世界中にクラシックの演奏家が存在する様にジャズもしかり。学校の音楽室にエリントンの写真は未だに無いまま、ジャズの定義は益々曖昧になって来ている。ヨーロッパ人にとってアバンギャルドであることは反体制である。しかし職業として芸術を選んだ場合、その実験的行為がユニークな現象として人々に受け入れられるのも、ヨーロッパならではである。Globe Unity は７０年代初頭におけるその成功例の一つである。このライヴでは、シュリッペンバッハ、ショーフをはじめとする、当時のフリー・ミュージシャン達の気鋭が感じられる。会場が楽器の音で一杯になり、息が苦しくなるくらいの気迫で迫って来る。これを聞くときは、ヴォリュームを上げ、ヨーロッパのフリーをお楽しみ下さい。（牧野）

187. Human Arts Ensemble : Under The Sun (Universal Justice/1973年)

Human Arts Ensemble はセントルイス他の芸術家グループ・個人をひとまとめにヒューマン・アーツ・アソシエイションとも呼ばれる。アフリカン・アメリカンにとって人種差別との戦いは現在においても日常だが、六十年代当時の芸術家達の間に芽生えた社会的責任感は、アメリカ各都市の地域社会に大きく貢献した。A 面でアフガニスタンの音楽が取り上げれている事からも判る様に、世界中の音楽及び思想を差別なく研究し、自分達のサウンドを作り上げて行くグループの寛大な姿勢が現れている。芸術家は創作を通じて人々に真実を伝える役割を担っている。だからこそ今何を感じているかを表現できる優れたミュージシャン程、世界中の人と繋がる音楽が作れるのである。(牧野)

188. Cecil Taylor:Indent (Unit Core/1973年)

１９７０年、ウィスコンシン州立大学でセシル・テイラーは「ブラック・ミュージック：１９２０年から今日まで」と題した講義を行っている。とかくセシル・テイラーの音楽は、彼が学生時代に学んだ現代音楽（バルトーク、ストラヴィンスキー、シュトックハウゼン、ケージ等）からの影響を云々と語られる。実際大きな影響を受けているし、自身の音楽に取り込んでもいるが、彼のよって立つフィールドはあくまでもジャズ（を、含めたブラック・ミュージック）にあった。彼のピアノは、デューク・エリントン、セロニアス・モンクの系列上にあると言ってよいのではないだろうか。猛烈なスピードと怒涛の音塊の攻撃は、古今東西唯一無二の存在だ。一見正に「前衛」として響く彼のピアノ演奏だが、さて現代音楽にこのような速度と攻撃性を持つ音楽があったか？ 彼の演奏は、あくまでも、ジャズ（ブラック・ミュージックと言って良い）ならでは内包している社会的、文化的、精神的、歴史的、民族的闘争を、音楽を通して表現したものなのだ。そこにこそこの様な大きなエレルギーの源が存在するのだ。さて、７３年３月オハイオ州アンティオーク大学で収録されたセシル・テイラーのソロ・コンサートのアルバム「インデント（ギザギザの意味）」は、彼のソロ・アルバムの中でも傑出した内容を誇る。同年５月には日本でもソロ・アルバムが製作された。これも負けず劣らずの傑作。(末冨)

189. David Tudor:Microphone (Cramps/1973年)

ケージの沈黙の曲、「4分33秒」を「初演」したことで有名なピアニスト、チュードアのソロ電子音作品。彼はケージの不確定性作品の演奏から進んで、サウンドが自発的に生成するような回路の設計、そして実際の製作によりライブ・エレクトロニクス（電子音による生演奏）を開発した。その初期の演奏は既に70年大阪万博でも聴集の発する声や環境を取り込んで発表されていた。スタジオで構成する電子音楽よりも抽象的かつ即興的。その後の展開では神経組織の自己学習メカニズムを模した、非常に複雑な回路の作品を出すに至ったが、そこで彼の道程は惜しくも終わった。（金野）

190. Karl Berger:The Piece Church Concerts (CMC/1974年)

Karl Hans Berger・アメリカでは、「カール・バーガー」。日本ではカール・ベルガー。1935年ハイデルベルク生まれのヴァイブラフォン/ピアノ/作曲家。71年ニューヨークでオーネット・コールマンらとクリエイティヴ・ミュージック・スタジオを設立。73年にウッドストックに移った。74年録音のこのアルバムは、ニューヨークのワシントン・スクウェア・チャーチ（ピース・チャーチ）でクリエイティヴ・ミュージック・スタジオに所属するミュージシャン達によって行われたコンサートの模様を収録したもの。
IngridSertso(vo,perc), Berger(vib,p,perc), Holland(b), Moses(perc), Teitelbaum(synth), Betty McDonald(vln), Irene Marder(fl), Tom Schmidt(b), List(tb), Savia&Eva Berger(voice)による集団即興演奏が繰り広げられている。とかく大勢の集団即興演奏となると、誰か一人が突出した音を出し、周りがそれに合わせるように演奏が動いて行ったりする場合があるものだ。または、全員の音の探り合いが続いたりして演奏の方向性が定まらない等と言う事がお往々にして起こる。ここでは皆の方向が定まっており、演奏に破綻は無い。無意味な喧騒に陥りはしない。デイヴ・ホランドのベースが、ど真ん中でどっしりと演奏の柱として構えていて、全体を締めているのだ。柱の周りを色々な声や楽器から発せられる音が自由に飛び交っている。タイテルバウムのシンセサイザーの存在が特にユニーク。出しゃばることもないが、影にもならず、絶妙なスタンスの取り方をしている。こういったアコースティックな演奏の空間に電子音は違和感を感じさせる場合があるが、そこは百戦錬磨のタイテルバウムはこの公式には当てはまらない。70年代の貴重な記録だ。（末富）

191. 山下洋輔トリオ：クレイ（enja/1974年）

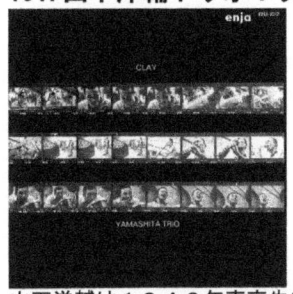

山下洋輔は1942年東京生まれのピアニスト。63年の銀巴里セッションで最初期の演奏が聴けるが、まだその後の過激さは無い。病気療養中に音楽感を大きく変化させ、「思いっきり勝手にドシャメシャにやろう。」と集まったのが山下（p）、中村誠一（ts）、森山威男（ds）の三人。69年春新宿 PIT INN でデヴューを飾った。強烈なエネルギーの爆発は、聴衆を圧倒した。その後中村が脱退。代わりに入ったのが坂田明（as）。彼の加入によって従来のパワーに加えよりスピード感も増したトリオは、74年初めての海外ツアーに出る。ドイツやユーゴスラビアなどを転戦して回った。6月2日、世界の前衛ジャズが大挙して参加する「メールス・フェスティヴァル」に出場を果たす。この年は、グローブ・ユニティ、ブラクストン、レイシー、ブロッツマン、マンゲルスドルフ等々のそうそうたる顔ぶれが揃った年だったが、その中にヨーロッパの聴衆には無名の東洋から来た三人の男達が現れた。三人は助走も無く突然フルパワーで凶暴な音をぶち撒けながら疾走した。一見、汗を撒き散らしながらの体力勝負のような演奏なれど、最大級に爆発しても、演奏の骨子は強固に守られている知性的な演奏なのだ。ドラムは森山から小山彰太に代わった後も毎年のように海外ツアーを敢行し、より音楽性の幅も広げて行った。（末冨）

192. Lester Bowie : Fast Last!(MUSE/1974年)

レスター・ボウイは、1941年メリーランド州フレデリック生まれのトランペット奏者。リトルロックやセントルイスで育った。16歳でバンドを率い、R&B を夫人のフォンテラ・ベースと演奏しアルバムも残している。一方で BAG に参加。66年には AACM に参加する。そこからアート・アンサンブル・オブ・シカゴが誕生する事になる。74年録音の本作は、8人編成のアンサンブルからピアノのジョン・ヒックスとのデュオまで4通りの演奏を聴く事が出来る。レスター・ボウイ以外は、弟のジョセフ（tb）、ジョン・スタブルフィールド（ts）、ジュリアス・ヘンフィル（as）、フィリップ・ウィルソン（ds）、ジョン・ヒックス（p）、セシル・マクビー（b）、ボブ・スチェワート（tuba）、ジェローム・クーパー（ds）、チャールズ・ボボ・ショウ（ds）と、セントルイス・BAG とシカゴ AACM の人脈にニューヨークでの人脈が加わり、一言「フリー・ジャズ」で終わらない様々な音楽の要素がごった煮になった様なカラフルな音絵巻が展開されている。オーネット・コールマンの名曲「ロンリー・ウーマン」から始まって、賑やかな集団即興。ピアノとのデュオで「ハロー・ドリー」。ヒックスのピアノが活躍するジャズ。最後は3人のドラマーがマーチを繰り出すと言う、正に「グレート・ブラック・ミュージック」。（末冨）

193. 豊住芳三郎:Sabu-Message to Chicago」（TRIO/1974年）

一曲目のロスコーズチューン「オドゥワラ」、二曲目の「マラカイズチューン」は、私のシカゴ到着一か月後のコンサートの為に書かれ、初演した曲です。「オドゥワラ」は後ＡＥＣのテーマソングになりました。因みに７１年暮れ、私がシカゴを離れる際、ロスコー・ミッチェルに「Ｉ　Ｓｈａｌｌ　Ｒｅｔｕｒｎ．」の日本語を尋ねられた「Ｍａｔａ　Ｋｉｍａｓｕ」は、ＡＥＣの７２年録音の二枚組「マンデル・ホール・ライヴ」の中で命名されています。ウレシイ！　Ｂ面の「ピープル　イン　ソロウ」は高木元輝氏と日本盤発売直後から、必ず毎日演奏していました。その後原寮は８９年に直木賞受賞。宇梶晶二とは８６年国際交流基金の後援で北米ツアーをしました。裏ジャケットの「バップ」は函館駅近くに移転して営業しています。大歓迎されたＡＡＣＭでは、沢山の事を学び、約半世紀過ぎた今もそれが生きています。再び感謝のメッセージを贈らせて頂きます。ＡＲＩＧＡＴＯＵ！！
（豊住）

194. 吉沢元治:インランド・フィッシュ（TRIO/1974年）

晩年になるけど、私は吉沢さん（敬称略に出来ない）を何度も防府に招いて、ライブを演ってもらった。以前からの大ファンだったので、初めて招く事が出来たときは嬉しかった。それも、ブッチ・モリスと！それからは、ソロ・ライブもし、色々なミュージシャンも紹介してもらった。ＣＤまで作らせてもらったのだ。「音喜時」です。「インランド・フィッシュ」は、私が吉沢ファンになる切っ掛けになったアルバム。三曲のソロと、豊住芳三郎さん（通称サブさん）とのデュオが一曲収められている。前衛として語られる人だが、吉沢さんからのソロからは歌が聴こえてくるのだ。ベーシストとして、バール・フィリップスと並ぶ存在だと思う。実際この二人、大変仲が良かった。この翌年のソロ「アウトフィット」も必聴。（末冨）

195. Baikida E.J.Carroll : Orange Fish Tears （Palm/1974年）

バイキダE.J キャロルは、１９４７年セントルイスで生まれた。ノーフォークの軍隊音楽学校、メリーランド大学、バークレー音楽院等々複数の大学等で音楽を学んだ後、アーミー・バンドの指揮を経て、セントルイスの Black Artists Group のビッグ・バンドも指揮するようになった。ジャズ・ミュージシャンのみならず、サム＆デイヴ、アルバート・キングらとも共演もしている。１９７２年には Black Artists Group と共にパリに渡り、Human Arts Ensemble の録音に参加している。その後は、Oliver Lake のバンド、Muhal Richard Abrams のオーケストラ、Jack De Johnette の Special Edition 等々への参加で知られるトランペッターだ。サイドメンとしての録音は３０作を下らないが、なぜかリーダー作がキャリアのわりには少なすぎる。これは、そんな数少ない彼の初リーダー作で、１９７４年フランスの Palm に録音されたアルバムよ。オリヴァー・レイクのサックス、フルートと、ナナ・ヴァスコンセロスのパーカッションと、マニュエル・ヴィラーデルのピアノのカルテットによる演奏。ドラマーを起用せず、ブラジルのユニークな打楽器奏者でヴォイスも器用に使うナナを起用したことが、この演奏を独特なものにしている。そして、全員が色々な打楽器をはじめ、ほら貝、カウベル、竹の笛も使い、通常の JAZZ のグループの表現とは異なるよりワイドな音楽の領域を目指している。特に一曲目に顕著に現れており、どこかの密林の中の音の情景を聴かせる。JAZZ 的なソロは無い。他の演奏も JAZZ 的熱狂は無い。でも、大変聴かせる音楽になっている。このアルバムは全く CD 化の気配が無いので LP を見付けられたら、即購入すべし！　HAT HUT には、１９７７＆７８年録音の、彼がトランペット、フリューゲルホーン、エレクトロニクスを使って演奏した LP２枚組の無伴奏ソロ・アルバムがある。これは、先駆的で先鋭的な傑作だ。これも再発は無いか・・。
（末冨）

196. Anthony Braxton&Derek Bailey : First Duo Concert Londo1974　（EMANEM/1974年）

アンソニー・ブラクストンは、６０年代後半からシカゴ、ニューヨーク、パリ等を舞台に、AACM でも特に先鋭化した部分を代表するプレーヤー、作曲家としてアメリカの即興シーンを牽引して行った存在。片や、デレク・ベイリーも、同年代にロンドンを中心にヨーロッパで活躍し、現在では、彼は即興演奏のグルと見る者も多い。だが、即興演奏も千差万別あってよいし、なければいけない。実際多種多様に存在する。だが、一インプロヴァイザーとして見れば、今後長らく即興音楽の典型であり代表されると見られて行くだろう。さて、同時期シーンの真っ只中に出て大きな影響力を持った二人だが、世代的には大きく違っており、ブラクストンが４５年生まれで、ベイリーは３０年生まれとまるで世代が違うのだ。彼らが最初に出会ったのは７１年ロンドンでのこと。初めての共演は７３年パリで、ブラクストン・カルテットが公演をした折り、ふたりのデュオが演奏された。本作は、７４年ロンドン、ウィグモア・ホールでのコンサートのライヴ録音。最初、ベイリーは楽譜の存在を望まず、片やブラクストンは完全即興は望まなかったが、結局折衷案で収まった。実際聴いていて、どこがどうなのかまでは分からない。お互いの疎通が出来ていて、ふたり同時に音を伸ばしているのか、楽譜による指示があるのか・・。１曲ずつお互いのソロがある他は、全てデュオ。ベイリーは、２台のアンプと２台のヴォリューム・ペダルを使い、２曲ほど１９弦ギターも使用している。ブラクストンは、fl,s-cl,cl,contrabass-cl,sopranino-sax,as と、相変わらずたくさん使っている。私は、この頃のベイリーの音が一番好きだ。音に殺気さえ感じる。後年、この鋭さは減じて行ったが、吉沢元治さんは、「だからこそベイリーは、色んな人との共演が可能になったんだ。」と言われた。そんな時期のヴィクトリア・ヴィル（８６年）でのデュオのアルバムもある。（末冨）

197. Connie Crothers : Perception (Steeple Chase/1974年)

コニー・クローザーは、１９４１年カリフォルニア州パロ・アルトで生まれたピアニスト。カリフォルニア大学バークレー校で音楽を学んでいた頃、レニー・トリスターノの「Requiem」を聴いて衝撃を受け、その後トリスターノ門下に入る。１９７３年カーネギー・リサイタル・ホールでデビューを飾った。この録音はその翌年の収録。同じくトリスターノの門下生の Joe Solomon(b)と Roger Mancuso(ds)とのトリオ演奏と、ピアノ・ソロが並んでいる。トリオの演奏はあまり動きのないリズム・セクションの上をクロザーズのピアノが中心から離れたり近づいたりしながら、浮遊感を漂わせている。当時のジャズ・ピアノと言えばビル・エヴァンスかマッコイ・タイナーのような演奏が主流を行っていたが、そのどちらとも違う演奏なところがいい。トリスターノ門下なのだから当然なのだ。トリオの演奏はいかにもトリスターノ流なのだが、ソロ・ピアノとなると全くのフリー・インプロヴィセイション。事前に何の取り決めも用意せず演奏に臨んだようだ。日本では、彼女のアルバムの国内盤ははなはだ少なく、一般のジャズ・ファンだと彼女はいまだにトリスターノ・スクール出身のクール・ジャズの演奏家といった認識程度か、はたまた誰の視野にも入っていないかもしれない。だが、８０年代以降は、ソロ、デュオ、アンサンブルのアルバムが３０作近くリリースされており、ライヴ活動も活発だった。特に、マックス・ローチとのデュオ活動が目を引く。８２年に「Swish」がリリースされ、CD化もされている。近年 YouTube では、彼女のライヴの様子をたくさん見ることが出来るし、彼女自身が「Free Improvisation のやり方」と言った映像も公開している。映像を見る限りは、フリー・インプロヴィゼイションしかしていないようだが？　２０１６年８月１３日ガンで惜しくも亡くなってしまった。（末冨）

198. Andrew Cyrille&MilfordGraves : Dialogue Of The Drums (IPS/1974年)

フリージャズ・ドラミングの嚆矢と言えば、サニー・マレイと、この M・ウレイヴスを誰しも挙げるが、ここにもう一人その可能性があった。それがここに聴くアンドリュー・シリルである。ここでは即興演奏の基本とも言える「コール＆レスポンス」のセンスによって様々な打楽器サウンドが行き交う。ここまで真っ正直にやられると「ドラミングの基本は会話だったのか」とさえ思う。グレイヴスは現在でも活発に演奏しているが、ドラミングに身体、生命/生活、宇宙を反映する理念を持っている。音楽だけで無く、舞踏、格闘技、医学などを統合した一種の宗教的な精神をもっているのである。だから、ここでの演奏ひとつを取り上げてどうこう言うのは敢えて避けるが、これは彼の出発点のひとつを示す貴重な記録ではある。（金野）

199. Detlef Schönenberg : Spielf Schlagzeug (FMP/1974年)

デトレフ・シェーネンベルクは、1944年ベルリン生まれのドラマー。62年からドラムの演奏を始める。72年から81年まで続いた Gunter Christmann/ギュンター・クリストマン (tb、b、cello)とのデュオ活動で注目を浴びた。音を切り刻んで、あたりにぶち撒ける抽象画を描くような相方クリストマンに対して、シェーネンベルクは鋭くキレのある音を打ち込んで行く。だが決してパワーファイトでは挑まない。構築的とも言える演奏でクリストマンに相対するのだ。74年録音の本作は、彼唯一のソロ・アルバム。ゴング類、メタル・パーカッション類を総動員しての打楽器ソロ。クリシェのオンパレードのような、よくあるドラム・ソロに陥るようなところは全く無い。創造性、独創性溢れる打楽器のソロ・アルバムの傑作だ。おそらく演奏前に、曲としての設計図のようなものを準備していたのだろう。1曲毎に、演奏のアイデアがそれぞれ異なっている。一部エコーマシンを使って、演奏を遅延させ、そこにまた音を重ねて行く曲もある。これらの、ノリとかグルーヴとかとは遠い位置にあるドラム＆パーカッション・ソロは、いかにもヨーロッパ前衛の地にある演奏と言えよう。これを現代音楽として聴いても、あながち間違いないだろう。だが、ジャズをベースしてた演奏家の作り上げたサウンドであることは、そこかしこに現れる。彼は、クリストマンとのアルバム3枚と、このソロを残して、シーンを去って行った。建築の方面へ行ったと聞いたことがある。大学で教えているとも。クリストマン＆シェーネンベルクでの初来日の時、新宿の「タロー」ではこのデュオに佐藤允彦が加わったトリオのライヴがあった。「ヨーロッパのハード・コア」との宣伝文句につられてか、普段はフリー・ミュージックのライヴというとガラガラなのに、この日は超満員だった。（末冨）

200. Fred Frith : Guitar Solos (Caroline/1974年)

フレッド・フリスは、1949年イギリス、ヒースフィールド生まれのギターリスト。Naked City ではエレクトリック・ベースを弾いた。最初はヴァイオリンを習う。ケンブリッジ大学時代、R&Bやダンス・バンドで演奏を始めた。そこで、ティム・ホジキンスンと出会い、68年「ヘンリー・カウ」を結成。大学時代、本「ジョン・ケージ：サイレンス」を読み、音楽に対する考え方を大きく修正する事になった。ヘンリー・カウの終わりと共に、クリス・カトラー、ダグマー・クラウゼらと「アート・ベアーズ」を結成。80年NYへ移り、ビル・ラズウェル、フレッド・マーと「マサカー」を結成。フリスと言えば、ロックの文脈で著名だが、デレク・ベイリーらと共演して、ギター演奏の拡張に努めていた。そこでたどり着いたのが、プリペアード・ギターであり、テーブル・ギターだ。74年録音の本作は、彼の初のギター・ソロ・アルバム。様々に拡張されたギターの演奏の見本市のような多彩な表現に、初めて聴いた時（78年頃）は、驚いた。弦をこする、叩く音。ファズやペダルの効果的な使用で、不思議な音を作る。美しいメロディーまで出て来るかと思えば現在のノイズのような轟音まで。シンセサイザーでも使ってるんじゃないかと思わせたり、呪文でも唱えているような音までも。池袋の Studio 200 で、フリスと灰野敬二のデュオ・ライヴを聴いた事があるが、フリスはほとんどテーブル・ギターだった。その時は、一度もギターを抱えて演奏しなかった。ところで、テーブル・ギターは、AMM のキース・ロウの方が始めたのは早いと聞いたことがあるが？ 90年映画「ステップ・アクロス・ザ・ボーダー」が上映された。フリスが世界を渡り歩き、様々なミュージシャンとの交流を描いた作品で、ヨーロッパ映画祭でも受賞した。DVDも販売されているし、CDもある。是非ご覧になっていただきたい。（末冨）

201. Grachan Moncur Ⅲ &The Jazz Cpmposer's Orchestra : Echoes of Prayer （JCOA/1974年）

グラチャン・モンカーⅢは、１９３７年 NYC 生まれのトロンボーン奏者。彼の父親はベーシストだった。小さな頃はバルブ・トロンボーンを吹いていたが、マンハッタン音楽院やジュリアード音楽院で正式に音楽を学んでいる。６１年から６３年にかけては、レイ・チャールズのバンドに参加していた。６３年、アート・ファーマーとベニー・ゴルソンのジャズテットに参加。以降、ジャッキー・マクリーン、ソニー・ロリンズ、アーチー・シェップらと共演や録音を重ねて行った。６０年代の参加アルバムを上げると、「Herbie Hancock:My Point Of View」、「Jackie McLean:One Step Beyond と、Destination・・・Out!」、「Wayne Shorter:The All Seeing Eye」、「Joe Henderson:The Kicker」、「Lee Morgan(Blue Note/1971)」と、ジャズ・ファンなら知らない者はいない名盤ぞろいだ。G・モンカーⅢのリーダー・アルバムといえば２枚のブルー・ノート盤「Evolution」、「Some Other Stuff」を思い出す人が多いだろう。それらを越える力作、大作が７４年録音の本作「エコーズ・オブ・プレーヤー」だ。カーラ・ブレイらいつものジャズ・コンポーザーズ・オーケストラの面々に加え、ジーン・リーのヴォイスや「タナワ・ダンス・アンサンブル」の打楽器類が「前衛オーケストラ・JCO」を「アフリカン・ダンス・オーケストラ」に変身させていると言うと大袈裟か？ ポリリズム渦巻く中、G・モンカーⅢ、ハンニバル、L・ジェンキンスらの力強いソロが現れる。当時のアフリカン・アメリカンのアフリカ回帰思想を最も壮大に表現したアルバムで、同じく JCOA のソーントン盤と双璧をなす。（末冨）

202. Oliver Lake : Passing Thru （Passin' Thru Records/1974年）

オリヴァー・レイクはセントルイス育ちのサックス奏者。シカゴの AACM に範を取った BAG （Black Artists Group）を発足。単に音楽のみならず詩、ダンス等々の総合的な活動をする集団で、セントルイスのシーンを大きく活性化した。BAG と AACM は相互に交流もしていたようだ。このアルバムは、７２年から移り住んだパリでの７４年の録音。この録音の少し後にはアメリカに帰国している。戻った後は NYC でロフト・シーンの中心的存在になった。さて、このアルバムだが、アルト・サックスの無伴奏ソロ・アルバムだ（一曲、シンセサイザーを加えた短い曲もあるが。パーカッションも少し使っている所も。）。アルト・サックスのソロと言えば１９６８年録音の史上初の無伴奏サックスによる即興演奏、アンソニー・ブラクストンの「For Alto」が有るが、聴く方はどうしても比較してしまう。というか「For Alto」が基準になってしまう。レイクの演奏にはブラクストンほどの音のスピード感、切迫感、迫力は無い。技巧的な幅の広さもブラクストンほどではなさそうだ。「For Alto」は正に鬼気迫る音の連なりだった。これが７０年代半ばという時代の違いなのか。レイクとブラクストンとの個性の違いなのか。レイクの音は、ブラクストンほどには幾何学模様を描かない。もっと、音の線や輪郭は曲線を描く。ブラクストンは、AACM 出身なのに、ブラック・ミュージックのイメージが薄い。レイクも、AACM と兄弟のような組織、セントルイスの BAG のメンバーだ。彼のサックスの音からは、ブラック・ミュージックに直結した音の感触がある。どちらが上だの下だの問題ではない。ともあれサックス・ソロの重要作には違いない。買った当初はよく聴いたものだ。ジャケットもよい。（末冨）

203. Stan Tracey: Alone at Wigmore Hall (Cadillac Records/1974年)

スタン・トレイシーは、１９２６年イギリス、ロンドン生まれのピアニスト。１６歳の時、ENSAにアコーディオン奏者として参加しツアーを経験。５０年代はテッド・ヒース楽団やロニー・スコット、ディジー・リースらと共演。その中でエリントンとモンクに影響を受け、自身のスタイルを模索していった。５１年には、キャブ・キャロウェイとも共演している。５９年にロンドンで「ロニー・スコット・クラヴ」が開店するとハウス・ピアニストに就いた。それは６７年まで続いた。ここでは、アメリカからやって来たスタン・ゲッツ、デクスター・ゴードン、ローランド・カークら多数のジャズメン達と共演。当時のアルバムでは「Under Milk Wood」と「Alice In Jazz Land」が重要。７０年代に入ると、自分とは二世代下になる若くて先鋭的なミュージシャンとも共演しアルバムも多く残している。また、自身のレーベル Steam も設立。マイク・オズボーンとキース・ティペットとは２枚ずつのデュオ・アルバムが有り、ジョン・サーマンともデュオ・アルバム「Sonatinas」をリリース。トレヴァー・ワッツとも共演。同時にベン・ウェブスターとの録音も残している。これは、７４年ロンドンの Wigmore Hall でのソロ・コンサートを収録したアルバム。両面通して１曲ぶっ続けのソロ・パフォーマンスだ。いわゆるフリー・ジャズ的疾走と破壊的な音の続く演奏ではない。インプロヴィゼイションが「瞬間瞬間の作曲」とも言われるが、正にそれを表したような演奏で、次から次へとリズムやメロディーが変化を繰り返す。ジプシー・アコーデオン・バンドからテッド・ヒース時代のスウィングを通過しモダン・ジャズ～フリー・ジャズまでジャズの歴史を長く横断して来た者の、取って付けたシロモノではない身に染み込んだ音楽が、淀みなく次々と湧いて出てくる。２００３、０４年にも、エヴァン・パーカーとのデュオ・アルバムを２枚リリースしている。（末冨）

204. Ted Daniel Quintet: Tapestry (Sun Records/1974年)

テッド・ダニエルは、１９４３年生まれのトランペット奏者。５０年代末の十代の頃、ソニー・シャーロックとバンドを組んでいた。彼とは家族ぐるみの交際があった。６１年ボストンのバークリー音楽院。続いてオハイオ、セントラル州立大学で学んだ。同校でケン・マッキンタイヤーのワークショップにも参加。６８年仲間とグループ「ブルート・フォース」を結成。Vortex に録音がある。６９年のソニー・シャーロックのアルバム「ブラック・ウーマン」が彼のレコード・デビューとなった。その後、サム・リヴァースのアンサンブルや、シャーロックのグループ、自己のグループで活躍した。彼にとって、７０年代に活躍出来たのは幸運だった。ロフトを中心に活躍の場と共演者に困らない状況だったからだ。デューイ・レッドマンやアンドリュー・シリルと長らく共演をしているし、自身のオーケストラも率いて行けた。初リーダー作は、７０年録音の「Ted Daniel」(Ujamaa)で、メンバーはダニエルの他は Otis Harris(as), Hakim Jami(b), Richard Pierce(b), Kenneth Hughes(ds), Warren Benbow(ds)。コロンビア大学とセント・ポール教会での録音。続く７４年の本作は、オーネット・コールマンのアーティスト・ハウスでのライヴ。ダニエル(fh, tp), Tim Ingles(non-fretted el-b), Jerome Cooper(ds), Khan Jamal(vib), Richard Daniel(el-p)によるクインテット。この日はダブル・ビルで、もうひと組はノア・ハワード・カルテットだった。こんなライヴが普通に行われていた当時の NY にタイム・マシーンで行ってみたいものだ。ダニエルのグループは、ベースもピアノも共にエレクトリックで、ワウワウ・ペダルやエコーマシンを使用している。彼らの音の遅延やワウワウの効果に、ジャマルのヴァイブラフォンも加わって、アコースティックなフリー・ジャズとはまるで違った演奏になっている。霧が舞っている中をダニエルのトランペットが浮遊したり、高速で飛び回っていたりと、他では聴けない演奏だ。ダニエルは７８年中村達也の招きで来日し、アルバム「グッド・フェローズ」を残した。（末冨）

205. The Sea Ensemble : We Move Together (ESP/1974年)

ザ・シー・アンサンブルは、Donald Rafael Garrett/ドナルド・ラファエル・ギャレット (ds,voice,尺八,sheng,cl,b) と、Zussan Fasteau Garrett/ズサン・ファストゥー・ギャレット (ds,nye,尺八,cello,p,voice) の二人（夫婦）による多楽器を用いたアンサンブル。ドナルドは、1932年アーカンサス州エル・ドラド生まれ。60年代初頭ムハール・リチャード・エイブラムスの「ExperimentalBand」に参加。60年代半ばにサンフランシスコに移住。マルチ・リード奏者のジェラルド・オーシタとオリヴァー・ジョンソン(ds)と、「Sound Circus」を結成。アンサンブルと名乗ってはいるが、実際はふたりのデュオ。だが、局面ごとにふたりが様々に楽器を持ち帰るので、何も知らずに音だけ聴けば、何人ものミュージシャンが参加しているように思えるかもしれない。このふたりの演奏は、同じ即興でも、ベイリー達のような周りの空間を緊張させるような鬼気迫るものではなく、夫婦でそこらじゅうに楽器を散らばせて、気ままに取っ替え引っ替えし、時に声を出し・・と、正直ユルイ演奏。だが、このユルさ加減が、逆にこの演奏の自由さ加減をいい具合に誘発している。家族ごとに、ギャレット夫婦みたいな演奏を、インティミットな空間（自宅とか）で行ってもいいではないか。ふたりとも尺八を演奏する。自分で竹を切って笛を作ってもいたようだ。地無し延尺八か？　ズサンは、尺八を教えてもいたようだ。ドナルドは、コルトレーンとも共演しており、「OM」、「Kulu Se Mama」、「Live in Seattle」、「Selflessness」で聴ける。シェップ、ロリンズ、ローランド・カーク、デューイ・レッドマン、ファラオ・サンダース、ジョニー・グリフィン、ジョー・ヘンダーソン、ソニー・スティット、アイラ・サリヴァン等々と、共演は数多い。（末冨）

206. Anthony Braxton : Trio and Duet (Sackville/1974年)

これは、Anthony Braxton/アンソニー・ブラクストンの正反対とも言える両面を収録した1974年のアルバム。LPで言う所のA面、CDでの1曲目は、19分に及ぶA・ブラクストン (cl,contrabass-cl,chimes,bass ds)、Leo Smith (tp,fl-h,pocket-tp,perc,small instruments)、Richard Teitelbaum(Moog-synth,perc)のトリオ演奏。ジャズ的な熱狂は微塵も無く、ひたすらクールで抽象的な演奏。R・タイテルバウムのシンセサイザーは、そこに鍵盤の存在は全く感じられない。一般的なキーボードとしてのシンセサイザーを想像されると面食らうようなサウンドばかりが現れることになる。電子音でフレーズが奏でられることは微塵もない。ふわっとした音が瞬時にノイジーな音に変化する。つまみのほんの少しの変化で大きく音は変化するのだ。そんな電子音とブラクストンとスミスのアコースティックな楽器から鳴らされる音響とがブレンドされるエレクトロ・アコースティックな演奏だが、現代音楽臭は薄い。これは、一触即発の即興演奏なのだ。これは、私がこれまで最もたくさん聴いて来た曲のひとつだ。LPで言う所のB面に当たる3曲は、一転してジャズのスタンダード・ナンバーが並ぶ。だが、A面のメンバーは入れ替わり、ブラクストンの相手はベースのDave Hollandのみ。アルト・サックスとベースのデュオだ。エリック・ドルフィーとリチャード・デイヴィスのデュオを想起させる。ブラクストンもドルフィーのように音の跳躍が激しい演奏をする。間違いなく彼はドルフィーの影響も強く受けている。ホランドのベースは、きっちりとビートを刻む。その上でブラクストンのアルトがイン、アウトを繰り返しながら歌って行くのだ。本作の直前同年春には、ブラクストンは、Steeple Chaseに「In The Tradition」という、テテ・モントリュー、ニールス・ペデルセン、アルバート・ヒースからなるカルテットで、スタンダード集を2枚リリースしていた。また、デイヴ・ブルーベックのアルバムにも、リー・コニッツと参加している。（末冨）

207. Steve Lacy:Saxophone Special (EMANEM/1974年)

レイシー自身の他S. ポッツ、E. パーカー、T. ワッツの計4人のサックス奏者を配し、D. ベイリー(g)とM. ワイスヴィッツ(syn)を加えた特異な編成。サックス多重奏のユニットは当時も今も結構ある（WSQ、ROVA、スーパーサックス、アーバンサックス等）のだが、これはサックス各種が声楽と同じような音域配分になっているせいだろうか。コーラスグループの延長？しかしこのアルバムでは声のアナロジーではなく、レイシーの音楽を乱反射して輝くサックス巧者達の全く新鮮なアンサンブルが美しい。特異なシンセ奏者、ワイスヴィッツのシンセとベイリーのギターが、サックスサウンドの間隙を素早くすり抜けて行く瞬間も刺激的だ。（金野）

208. Clifford Thornton:The Garden Of Herlem (JCOA/1974年)

クリフォード・ソーントン。1936年フィラデルフィア生まれ。テンプル大学、モーガン州立大学で学ぶと同時に、ドナルド・バードに支持した。61年から活動を開始。サン・ラ、ファラオ・サンダースらと共演。64年渡欧。帰国後「ニュー・アート・アンサンブル」結成。69年サイド渡欧し、クロード・デルクローのグループに参加。JCOAとの共演の本作は、ブラック・パンサーのメンバーでもあった彼の思想を強く示す大作。JCOA作品の中でも、質量共に最大の規模を誇る。総勢25名の内8人が打楽器奏者で、全編鳴り響く。曲のほとんどは、西アフリカ、カリブ海の歌をアレンジしたもので、最後は「ブルース・シティ」、ハーレムへと辿り着く、アフリカン・アメリカンの歴史を綴った物語なのだ。（末冨）

209. Misha Mengelberg & HanBennink : Einepartietischtennis (FMP/SAJ/1974年)

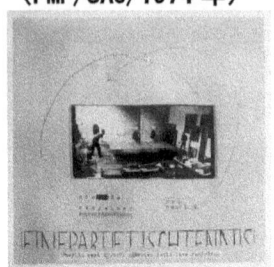

長年に渡り、デュオを組んで来た二人だが、割に録音は少ない。彼等は音楽大学で毎週、学生達の前で演奏しては討論するという時期があったという。同じ顔合わせで何度も、楽曲ではなく、自由な即興演奏するというのは一見楽に思えるが、実に大変な努力を要する。アイデアが尽きてしまうか、マンネリに陥るのである。ここでは両者の共通の経験的なスウィングジャズのパターンに導入され、次第に要素が分解し、各々のソロが展開する。対話的即興を格闘技にではなく、まさにテーブルテニス＝卓球のラリーに例えるのは古典的ではあれ、理解しやすく、また楽しい。前陣速攻型のハン、受けつつ意外な裏技をくり出すミシャ。ジャケットの写真では卓球の最中でもタバコをくわえている。（金野）

210. Paul Rutherford : The Gentle Harm Of Bourgeoisie (EMANEM/1974年)

デレク・ベイリーが絶賛して止まなかった演奏家の一人がこのポール・ラザフォードというトロンボニストである。彼の活動領域は幅広い。ジャズロックの名盤として名高いクリス・スペディングの「無言歌」や、ジョン・スティーヴンスの主宰したSMEへの参加、そしてベイリーらとのトリオISKRA1903結成、サブ豊住とのデュオでの来日と、まだまだ思い出せる。

　この、自ら共産主義者であることを隠さぬ即興演奏家が残した金字塔が、この「市民階級の優しい傷」という無伴奏即興トロンボーン独奏のアルバムである。その意味で生前から有名なアルバムではあった。レビュー子は、トロンボーンのソロというと、どうしてもベリオの「セクエンツィア第五番」(1965)を思い出してしまう。これはあたかもオペラ歌手のアリアの響きを思い出させる。これと比較してラザフォードのソロは、あたかも路上ですれ違った見知らぬ者のつぶやき、独り言である。それは我々を不安にさせる言葉なのだ。

このアルバムタイトルの意味は、ジェントリー、すなわち地主層へと、市民階級（ブルジョワ）から与えられた攻撃を意味しているのかもしれない。とすればこれはブルジョワ革命なのだ。それに続く、過激なプロレタリアート独裁の革命は用意されたのか。共産主義者ラザフォードはそれを準備していたのか。

211. Bob Reid : Africa Is Calling Me (Kwela Record/1974年)

ベーシスト、Bob Reid/ボブ・リードが作曲し演奏した五幕からなるオペラ「アフリカ・イズ・コーリング・ミー」は、1974年パリの The Centre American for Students and Artists において初演された。これはその様子を録音したもの。出演は、B・Reid(b、voice、p)、Oliver Lake(ss、as)、Gustavo kerestezachi(p)、Louis Armfield(congs、bells)、Makan Milola(deep bass、congas)、King David(vocal)、Roxianne De Montaignac(vocal)、Freddy Roach(recitation)。キング・デイヴィッドの歌やフレディー・ローチのレシテイションに挟まれてオリヴァー・レイクのサックスが時々爆発する。当時のアフリカ回帰思想に根ざしたオペラなので、端から端まで黒々とした情念が渦巻いている。こういうものは実際見てなんぼのところがあるのは否めない。こうして音だけで聴くと言うのは、英語の聞き取れない私のような者には、少々厳しいかも。それと、正直なところもう少し出演した歌手がもう一ランク上だったらと思う。印象に残るのはフレディー・ローチのレシテイションか。これは存在感がある。ともあれ、時代の記録として貴重ではある。もっと、フリー・ジャズ的な演奏を聴こうと思えば、「Emergency : Homage To Peace」（７０年）が CD 化もされて聞きやすい。これ、Bob Reid(b)、Glenn Speaman(ss、ts)、Boulou Ferret(g)、の他、ピアノは加古隆、ドラムは豊住芳三郎なのだ。当時ふたりは、このグループのレギュラー・メンバーだった。ジプシー・ギターのブールー・フェレのエレクトリック・ギターに少々違和感が無いワケでもないが、だからこそありきたりのフリー・ジャズのサウンドに終わっていない特徴もある。フランスのユニバーサル・ミュージックからのまさかの再発だった。「アフリカ・イス・コーリング・ミー」の方は、再発の可能性ははなはだ薄いだろうなあ。だからこそ紹介しました。（末冨）

212. Joe McPhee&John Snyder:Pieces Of Light(CJR/1974年)

まさか、これがＣＤ化されるとは！　私が、ジョー・マクフィーを知るきっかけとなったアルバム。ジャケット・デザインに引かれ、マクフィーの「ピグモン」のような顔写真に引かれ、何よりシンセサイザーとのデュオという事に引かれ買ってみたら、大正解。３５年くらい前の話だ。ＣＤを買って久しぶりに聴いたら、記憶がどんどん蘇って来た。これを聴いて、私はシンセサイザーを２台も買ってしまったのだっけ。さて、演奏は、と。マクフィーは、スナイダーのシンセに対抗して、サックス、トランペットの他、名古屋琴、竹とセラミックの風鈴、ヴォイスも動員。正直、水と油のように聴こえたりもする。意外や風鈴や名古屋琴が、電子音にマッチしているようだ。こういう考古学の発掘のようなリリースは大歓迎だ。（末冨）

Disk Guide of Open Music

213. Henry Cow : Concerts （LTM/1974&75 年）

即興演奏を長時間行うロックバンドは少なくなかったが、ブルーズコードに基づくアドリブ、延々フィードバック、エコー、リヴァーブの過剰、時にシンセで「効果音」を加えるといったものだった。完全に電子音中心になったタンジェリンドリームのような例は別の道となった。そんな中でジャズロックの「ソフトマシーン」に影響を受けた「ヘンリーカウ」は、F. フリス、T. ホジキンスンによって結成され、パターン化したロック的即興の幻想から脱出しただけでなく、即興演奏のダイナミズムと潜在的な可能性を多くの聴集に示した。おそらくカウ以外にロックのフィールドから独自の即興演奏を提示できたのはアレアくらいだろう。クリムゾンという例もあるが、それは余りにもテクニック指向だった。カウー派のサウンドはレコメン系と称され現在もその影響を与えている。（金野）

214. Beaver Harris/The 360 Degree Music Experience: From RagTime To No Time （360°/1974&75 年）

ビーヴァー・ハリスは、１９３６年ペンシルバニア州ピッツバーグ生まれのドラマー。２０歳の時軍楽隊でドラムを始めた。６３年除隊し、ニューヨークに移る。T・モンク、S・ロリンズらと共演を重ねた。その後フリー・ジャズを指向するようになり、６６年にはアーチー・シェップのグループに参加し、渡欧した。ヨーロッパではアルバート・アイラーとも共演をしている。６０年代の終わりにグラチャン・モンカーⅢと「３６０度音楽経験」を結成。だが、なかなか録音の依頼が無く、そこで７５年自主レーベル「３６０°レコード」を立ち上げた。その第１弾としてリリースされたのが本作だ。内容は、グループの名前とアルバム・タイトルがそのままを表している。デイブ・バレルを筆頭にC・マクビー、R・カーターらを要したアンサンブルに、トラディショナル・ジャズのトランペッター、ドク・チータムやベテラン・シンガー、マキシン・サリヴァンを加え、更にシタール、様々な打楽器類も参加したラージ・アンサンブルが、正に３６０度見渡して聞えて来る音楽を一枚にアルバムに詰め込んだ。ドラム・ソロから入って、バレルの演奏するラグ・タイムでアルバムは始まる。サリヴァンの歌やチータムのディキシー風演奏に続いてはカリブ海の響きが楽しませてくれる。後半のバレル編曲の長尺の演奏は２３分に及ぶ様々な要素が次々と展開して行く音楽の万華鏡だ。（末冨）

215. The Tony Oxley Allan Davie Duo
 (ADMW/FMP/all/1974&75年)

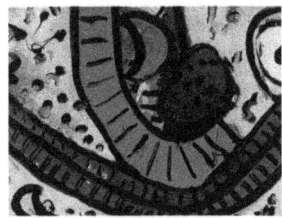

トニー・オクスレーは、1938年イギリス、シェフィールド生まれのドラマー。早くからエレクトロニクスも使っている。63年〜67年にデレク・ベイリーと共演。66年ロンドンに進出し、ロニー・スコッツ・クラブのハウスドラマーになり、ソニー・ロリンズ、リー・コニッツらとの共演を重ねた。次第にフリー・インプロヴィゼイションに傾斜して行き、70年代に入りデレク・ベイリー、エヴァン・パーカーとインカスを設立した。アラン・デイヴィーは1920年、スコットランド、グレンジマス生まれの画家、音楽家。1950年の初の個展以降は、世界各地で個展が開かれ、作品が数々の美術館に収蔵されている。一方ピアノ、チェロ、バスクラリネット、サックス、ヴァイブラフォン等を演奏するマルチ・インストゥルメンタリストでもある。オクスレーとデイヴィーは、73年に初めて出会い、共演を重ねるようになった。このアルバムは、74年から75年にかけて、チューリッヒ、ハートフォード等で行ったコンサートからの録音を抜粋、編集したもの。二人共、主要楽器に加え、リングモジュレーターやエフェクター類も用いての演奏で、デュオの形態を取っているが、現れて来る音響はアコースティックな楽器だけでも数多い所へ電子変調も加える事で、益々多彩な音の風景を描き出している。「フリー・ジャズ」ではなく、「フリー・インプロヴィゼイション」としか呼びようがない先鋭的な演奏だ。（末冨）

216. 「スティーヴ・レイシー、高橋悠治、小杉武久/ディスタント・ヴォイセス」＋「高橋悠治＋佐藤允彦」 （日本コロムビア/1974&75年）

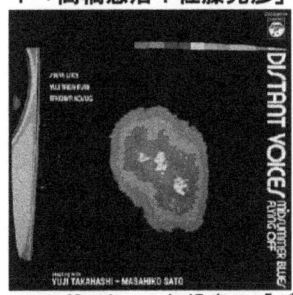

このCDは75年録音の「ディスタント・ヴォイセス」と74年録音の「高橋悠治＋佐藤允彦」の超お徳カップリング。これが出たときは、信じられなかったくらい驚いた。イディオムに縛られていない自由な即興演奏の見本のような二枚が一度に聴ける。高橋、小杉、レイシーの三人は、各自専門の楽器以外に、各種打楽器、ラジオ、歯ブラシ、糸車、脚立、ヴォイス、そろばん、茶わん、墓石等々を使っての、これぞフリー・ミュージック！ レイシーの、こんな演奏は、ここでしか聴けない。高橋、佐藤のデュオは、アコースティック・ピアノのデュオと、シンセサイザーを使ったデュオに分かれる。現代音楽の高橋、ジャズの佐藤のデュオなんだけど、そんな区別は、ここではつかない。私には家宝のようなCD。（末冨）

217. Marcello Melis : The New Village On The Left・・・
(Black Saint/1974&76年)

マルチェロ・メリス(b)は、１９３９年イタリアのサルデーニャ島のカリャリで生まれた。６０年代から Mario Schiano(as)と共に、イタリアのフリー・ジャズ・シーンを牽引して来た。しかし、彼はその後 NYC のロフト・ジャズ・ムーヴメントの渦の中に飛び込んで行った。７６年録音の本作は、Enrico Rava(tp)、Roswell Rudd(tb)、Don Moye(ds)とのカルテットの演奏と、メリスの故郷サルデーニャのコーラス、「Gruppo Rubanu」の古い録音をミックスしたユニークなアルバム。このコーラスが強烈！　男声によるポリフォニーのカルテットなのだが、地声のドスの利いたオヤジ声が、メリスのカルテットの演奏を、いかにもスマートで洗練されたものに感じさせてしまうくらいなのだ。「フリー・ジャズって、こんなに洗練された音楽だったの？」と思わせるほどだ。カルテットの演奏も、ドン・モイエのバネのある力強いドラムに導かれた気迫のこもったものなのだ。だが、そんな中にこの歌声（と聞いて想像するような美声とは真逆です）が入ると、一気に形勢逆転。人の声の存在感は、いくら楽器の演奏が達者であろうとも、それを凌ぐものが内に込められているのだろうと、これを聴く度に考えてしまう。メリスとすれば、自身の故郷の歌声を混ぜることへの音楽的効果だとか、懐かしい歌声を広く世界に紹介出来るとの考えもあったのかもしれない。私も、このアルバムを聴いたことにより、サルデーニャの民族音楽に初めて接することが出来た。だが、フリー・ジャズの演奏をソフトに感じさせるとは！　一体、何を紹介するレヴューだっけ？（末冨）

218. Leo Cuypers : Zeeland Suite, Johnny Rep Suite
(BVHAAST/1974〜77年)

レオ・キュイパース（本当の発音は？）は、１９４７年オランダ、マーストリヒト生まれのピアニスト、作曲家。ヴィレム・ブロイカーのコレクティーフのメンバーでも活躍。ミシャ・メンゲルベルク、ハン・ベニンク、ヴィレム・ブロイカーと言ったオランダ人ミュージシャンは、なかなか一筋縄ではいかない「超」の付く個性的な連中が多い。シリアスに演奏していたと思ったら、突然「音楽には、笑いも大事なのだ！」とばかり演奏が脱線して行ったり、また爆発したりと、ユニークな上の上。このレオ・キュイパースも、同じような気質を持っている。コレクティーフのピアニストを長年務めていることからもそれは分かる。彼もアカデミックな背景を持つ者だが、このユーモアの感覚は、お国柄なのだろうか。さて、この CD、「ジーラント組曲」と「ジョニー・レップ組曲」は、BVHAAST 初期にリリースされたレコードをカップリングしたもの。ジーラント（海の国）とは、オランダの南西部、ベルギーとの国境を接する州のことで、森と海と湿地帯からなるのどかな土地。ニュージーランドは、このジーラントに土地の様子が似ていることから付けられた国名なのだそうだ。ジーラント組曲は、そんな土地の様子を９曲に分けて表現したもの。結構ハードドライヴィングなところから、マーチーに変わったりと、いかにも感じな演奏が続く。メンバーは、イギリスからハリー・ミラー(b)が参加している他は、おなじみのコレクティーフの顔ぶれが揃う。だから各人のソロは強力。特にブロカーは言わずもがな。ネットでは、バンドがジーラントを楽旅している様子が映画になっているのが見れる。どこかの建築現場、川を行く台船の上、畑の横の道路などで本当に演奏しているではないか！　また、これを映画にしてしまう文化の違いは日本とは歴然の差だ。それにしても、何もない・・・。あるものといえば川、畑、馬、海、空。（末冨）

219. Joan La Barbara:Voice Is The Original Instrument (Lovely Music/1974-80年)

声によるソロ・パフォーマンスの歌姫ラバーバラの74〜80年の貴重な作品集。女性が音楽に関わるとき、その意志を最も現すのが「肉声」である。全ての声は個性そのものであり、女声は無限の魅力を備えたサウンドの源である。disk1は生の声自体の、2では電子的変調や多重録音した作品群。特に1のトラック2が面白い。ライブの1時間前から完全に目隠しをし、ステージでもそれをとらず、手元に用意された複数の未知の物体を触れたときの感情を声にするという作品である。それを知らずに聴くと単なる叫びにしか思えないのだが。蛇足：ミラノの公演時の写真で彼女の後ろに見えるのは、超絶的ボーカリスト、故デメトリオ・ストラトスだ！合掌。（金野）

220. Gary Todd, Dave Solomon, John Russel, Nigel Coombes, Steve Beresford : Tea Time （INCUS/1975年）

インカス・レコードは英国の即興演奏がジャズ的イディオムから脱却する大きな足場を作った。初めてこのグループを聴いたとき、その脱力感に呆れると同時に新鮮さを覚えた。しかもその脱力は逆に演奏衝動を促したのである。音楽をやるのだという身構えを取払い、かわりにシニカルな視座と、身勝手な音達のふるまいによるアンサンブルならぬ脱構築。このレコードを聴くまで、かつて音楽を聴きながらそんな事まで考えただろうか。テクニックとセンスだけでは「達者な演奏」になっても「凡庸な音楽」にしかならない。これはalterationsや49americansといった一連の「脱力演奏」派の基盤となった。（金野）

221. Leroy Jenkins:For Players Only（JCOA/1975年）

 JCOA、ジャズ・コンポーザーズ・オーケストラ委嘱シリーズの中でも、最もアヴァンギャルド・オーケストラらしい作品が、リロイ・ジェンキンスによる本作だ。シカゴとセントルイス人脈を動員。この演奏は、１９７５年１月３０日、コロムビア大学で録音された。リード、ブラス、弦楽器、打楽器それぞれの楽器群を、オーディトリアムの四隅に配置。その真ん中にジェンキンスが位置し、ヴァイオリンを弾き、指揮をした。１８名のミュージシャンが、個となり全体となり、有機的に絡み合いながら響きの重層を構築する。聴き手は、音の銀河をグルグル回りながら、様々に変化する様子を眺めて旅をするようだ。ジェンキンスのヴァイオリンを聴きたい時は、７７年の「ソロ・コンサート」（India Navigation）に浸って下さい。（末冨）

222. Lou Reed : Metal Machine Music（RCA/1975年）

 言わずと知れた元ヴェルヴェット・アンダーグラウンドのヴォーカリスト、ギタリスト。その彼が７５年に製作した、全面めくるめくカオス的電子音の渦で埋め尽くされた二枚組アルバム。これを即興演奏として紹介するのは何かひっかかるが、楽器を使用していないということで、ある種のライヴエレクトロニクス即興とみなしてもよかろう。また同時期、ケネス・アンガーの映画で、ミック・ジャガーが電子音だけのサウンドトラックを作ったことがある。ロック・ミュージシャンがサイケデリックなサウンド素材として、民俗音楽や電子音を再発見したときの産物でもあり、後のノイズ派やアンビエント、エレクトロニカの源流であろう。（金野）

223. Muhal Richard Abrams : Afrisong (WHYNOT/1975年)

ムーハー・リチャード・エイブラムス（日本では「ムハール」と呼ばれているが、実際は「ムーハー」または「ムーホー」に近い。豊住芳三郎さんの証言。）は、１９３０年シカゴ生まれのピアニスト。１９６１年「The Experimental Band」を結成。65年AACMを組織。AACMのドンである。悠雅彦氏の自主レーベルWHYNOTの為に７５年に録音された本作は、ムーハーのソロ・ピアノ・アルバム。ムーハーのそれまでにリリースされたDelmark盤の先鋭的なピアノ演奏を思い浮かべると、このアルバムでの演奏には意表を突かれるかもしれない。ムーハーのイメージは、AACMのドン、自身のアンサンブルのリーダー。オーケストラ作品を書く（と言ってもクラシカルなのではなく、ジャズ・オーケストラ）作曲家。ピアニストとしての姿を前面に出したアルバムは意外と少ない。そんな少ない中の貴重なアルバムが、この「アフリソング」と言えるだろう。当時はキース・ジャレット、チック・コリアを筆頭に色々なジャズ・ミュージシャンがソロ・ピアノ・アルバムを作っていた。クラシカルな響きを持つもの、ただ単にいつものジャズ演奏を一人でやっただけみたいなもの等粗製濫造ぎみでもあった。そんな中、このムーハーのソロ・ピアノは、一際光っていた。いつもの過激さを控え、クラシカルな方向にも向かわず、ブラック・ミュージシャンとしての立ち位置をしっかりと見極めた演奏を行っている。セシル・テイラー達のような過激なフリー・ジャズ・ピアノを期待する向きには期待はずれかも知れない。しかし、普段は己の奥底にしまいこんでいた本質に迫った感動的な演奏を聴くと、演奏スタイルという表層的な部分だけを聴いている普段の自分が恥ずかしくなる。リリカルで美しい響きだが、それはアフリカン・アメリカンの歴史を遡る過程から生まれ出た響きなのだ。ソロは、もう一枚「Spiral:Live at Montreux 1978」(Arista Novus)がある。
（末冨）

224. Ovary Lodge (Ogun /1975年)

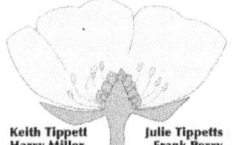

Keith Tippett/キース・ティペットは、ジャズ新人育成セミナーで最優秀ピアニストに選ばれた。同じく他の楽器で最優秀に選ばれたElton Dean/エルトン・ディーン (as, saxello)らと自己のグループを結成し、７０年にデビュー作「' You Are Here…I Am There'」をリリースした。７１年には５５人の大編成のオーケストラ・Centipedeの作品「Septober Energy」を発表。Ovary Lodge は、７１年後半にKeith Tippett(p),Frank Perry(ds),Roy babbington(b)によって結成された。その翌年の完全即興アルバム「Kieth Tippett:Blueprint」にはK・Tippett(p)、R・Babbington(b)、Keith Bailey(perc)、F・Perry(perc)、Julie Tippetts(voice, g,recorder,mandolin)が参加。アルバムのプロデュースを、キング・クリムゾンのロバート・フリップが行った。７３年にはグループとしての初アルバム「Ovary Lodge」(RCA)が、K・Tippett,R・Babbington,F・Perry のトリオで録音された。続いてKiethTippett(p,harmonium,recorder,voice,maracas),JulieTippetts(voice,Er-Hu,recorder),Harry Miller(b),Frank Perry(ds,voice,hsiao,sheng)にメンバー・チェンジして行われたライヴ（Nettlefold Hall、ロンドン、７５年８月６日）からの録音が、メンバーでもあるハリー・ミラーのレーベルOgunからリリースされた。ここでは、ベースを弾くミラー以外の３人が、ピアノ、ドラムと言った自身の主要楽器だけではなく、ハルモニウム、二胡、リコーダー、様々な打楽器に加え、各人のヴォイスも交えて、自由な即興を展開している。発刺としたスポンテニアスな音の交歓が気持ち良い。同じ、イギリスで、同じく完全即興を同時期に展開して行っているデレク・ベイリー、エヴァン・パーカー、トニー・オクスリー、ジョン・スティーヴンス、ポール・ラザフォード、バリー・ガイらとは、表に現れる音の表情は、これが同じ即興演奏かと思う程に違いがある。同じ楽器を持ち、演奏しても、音楽的バックグラウンドにそう大きな違いが無いにせよ、ここまで音楽として現れるものが違うとは。これが、即興演奏の面白さなのだ。個性がどうこうと言われるが、これほどミュージシャンそれぞれの個性が如実に現れる音楽は、そうそう無い。（末冨）

225. Jean-Francois Pauvros&Gaby Bizien : No Man's Land (Un-Deux -Trois/1975年)

超個性派ジャック・ベロカル、ジルベール・アルマンと結成した「カタログ」で有名な Jean-Francois Pauvros/ジャン・フランソワ・ポーヴロスと、ドラマーの Baby Bizien/ギャビー・ビジアンとのデュオ・アルバム。この75年の録音のド・マイナー盤が CD 化された時は驚いたものだった。とにかく"75年"である。フレッド・フリスの驚きのギター・ソロ・アルバムが録音されたのは、この前年の74年である。この時期、ギターとドラムをハード・プレイではなくて、エレクトリック・ギター(ロック・テイストと言おうか)を使い音を断片化する方向で演奏していた者はまだまだ少なかった。フリーなギターと言えばデレク・ベイリーのヴェーベルンを想起させるあの点描か、高柳昌行の集団投射、フレッド・フリスやキース・ロウのプリペアードされたギターやテーブル・ギターの解体された音がすぐ思い出される。ポーヴロスのギターの演奏はロック等で使われるサウンドを直接即興に持ち込んだもので、同じ音を解体し断片化するベイリーとはその出自の違いを感じる。現在の即興演奏に現れるギターのサウンドは、ベイリーの音よりも、このポーヴロスに似た音の方がより大きく波及しているように思える。これは、ロック系から即興に入って来た者の多さからから来るものなのだろうか。時々二人が持ち出す、バラフォン、アルジェリアン・トランペット等も、民族色はどこえやら、解体され音の粒子へと還元されてしまう。しかし、無機質な感触では無い。(末冨)

226. Perry Robinson&Hans Kumpf : Free Blacks (AKM/1975,76年)

1938年ニューヨーク生まれのベテラン・クラリネット奏者の Perry Robinson/ペリー・ロビンソンと、1951年シュツットガルト生まれの同じくクラリネット奏者の Hans Kumpf/ハンス・クンフの、75年12月から翌年1月にかけてのシュツットガルトでの録音。クラリネットのデュオは、ライヴではあるだろうが、こうしてアルバムとなったのは少ないのではないだろうか。ニューオリンズ、スウィング時代ではクラリネットは花形楽器だった。ビ・バップ以降は人気が急降下。一気に日陰の存在となってしまった。名前を上げて行ってもトニー・スコット、バディ・デフランコ・・・? しかし、フリー・ジャズ/フリー・ミュージックでは参入する楽器も、音楽的背景も自由なのでクラリネットを演奏する者も増えた。その代表格がこのペリー・ロビンソンだ。その彼とドイツの次世代のクラリネット奏者のハンス・クンフの会話を楽しんでいるような演奏がここでは聴ける。演奏のテンポも歩いているようで、決して走らない。散歩中の会話と言った感じだ。ひたすらつっ走るフリー・ジャズではないので、今ここで同じ演奏をしたとしても古さは感じさせない。逆にいまだからこそ、古さを感じることなく聴けるのではないだろうか。クラリネットのデュオの他、3曲クンフのソロが有る。シンセサイザーを通して電子変調させており、デュオの時の姿とは全く違った印象だ。ヴォルフガング・ダウナーがシンセサイザーの操作をしている。クンフの先進性は、80年旧ソ連時代のレニングラードに赴き、Anatoly Vapirov(cl,b-cl, as, ts), Sergey Kryokhin(p), Alexander Alexandrov(bassoon)と共演し、レコード「Jam Session Leningrad 」リリース。翌年は、John Fisher(p)とモスクワに赴き、今度は Leonid Tchizhik(p), Alexey Zubov(ts)と共演し「Jam Session Moscow」をリリースしていることによく現れている。この行動力は賞賛ものだ。ペリー・ロビンソンは、この録音の後の78年ポール・ブレイの IAI に「Robinson,Nana,Roy:Kundalini」を録音。何と、クラリネットとタブラのデュオを演奏をしている。挑戦意欲旺盛。(末冨)

227. Michel Pilz, Peter Kowald&Paul Lovens : Carpathes
(FMP/1975年)

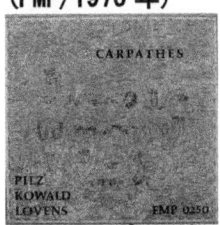

ミヒェル・ピルツは、１９４５年生まれのドイツのバス・クラリネット奏者。ルクセンブルクの音楽院でクラリネットを学んだ。長らくマンフレート・ショーフのグループに参加する一方で、グローブ・ユニティ・オーケストラのメンバーとしても活躍した。沖至との共演も多い。同じくドイツのペーター・コヴァルト（b）、パウル・ロフェンスとの１９７５年の録音。当時、バスクラ専門のインプロヴァイザーは彼だけじゃなかっただろうか。現在は同じドイツ人でルディ・マハールがいる。バスクラと言えばJAZZファンならエリック・ドルフィーやジョン・サーマンが思い浮かぶだろう。ピルツの演奏するバスクラの音色は、ドルフィー達と比べると相当硬質で刺激的な音色だ。生前、井上敬三さんとピルツの話になった時、井上さんは「ピルツの音色は汚いから好きじゃない。」と言っておられた。確かに木管楽器のふくよかな丸い音とは言いかねる。私は、激しいフリー・ジャズ、インプロヴァイズド・ミュージックをするのなら、これくらいの刺激はあって欲しいし、これが彼の特徴なのだから、これはこれで良いと思う。この硬質な音色と、沖至の柔らかくも鋭いトランペットの組み合わせがピッタリなのだ。ピルツの演奏は、グローブユニティ、M・ショーフ、前記した沖至のアルバム等で結構聴く事が出来るが、リーダー・アルバムは知名度に比して意外と少ない。これは、コヴァルトとロフェンスとの刺激的な演奏が聴ける好盤であり、初期FMPの代表作の１枚だ。無伴奏バスクラ・ソロも聴ける。それにしても、共演のコヴァルトとロフェンスの二人は、この時代色んなところで、色んな人と共演を重ねているが、どんな相手だろうと自分を出し、且つ共演者を引き立てるところは引き立てと、八面六臂の活躍だった。彼ら二人こそが、ヨーロッパ・フリーの中核と言っても良いくらいだ。ピルツにはこの「Pilz,Niebergall,Schmitt:Celeste」(Trion/1978)が有る。（末冨）

228. Irene Schweizer, Rüdiger Carl, Louis Moholo : Messer und...
(FMP/1975, 77年)

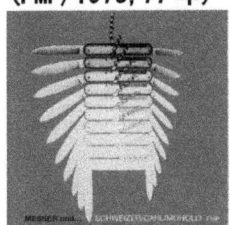

Irene Schweizer/イレーネ・シュヴァイツァーは、１９４１年スイス、Schaffhausen生まれのピアニスト。ヨーロッパ・フリーの黎明期から先頭切って前人未到の荒野を開拓して来た正に「女傑」である。女性インプロヴァイザーだけで結成した「Feminist Improvising Group」(Lindsay Cooper,Maggie Nichols,Georgie Born,Sally Potter ら)の活動は重要。ドラマーとのデュオを好み、これまでもPierre Favre,Louis Moholo,Han Bennink,Hamid Drake,Andrew Cyrille,Gunter Sommer らと共演し、アルバムも残している。そんな彼女の多彩な共演歴の中でも、最も重要なミュージシャンと言えば Rudiger Carl/ルディガー・カールではないだろうか。これはそのカールとの７５年最初期のメールス・フェスティヴァルでのライヴ録音。CDでは、７７年のアルバム「Tuned Boots」から１曲収録されている。シュヴァイツァーの他は、Rudiger Carl(as,ts,cl,piccolo),Louis Moholo(ds)。７０年代中期の典型的なスピーディーでハードなヨーロッパ・フリーが堪能できる好盤。モホロの強力な推進力とバネが、シュヴァイツァーとカールを鼓舞する様は爽快。77年録音の「Tuned Boots」は、ピアノの内部奏法を多用した、より過激な演奏になっている。ヨーロッパ・フリーの沸点を記録した重要作のひとつ。カールは、その後大きく自身の音楽を変えて行った。カールのコンサーティーナー（アコーデオン族の蛇腹楽器。１９世紀イギリスで発明された。）とハンス・ライヒェルのヴァイオリン!?によるアルバム「Buben」(FMP/78年)には驚かされた。それまでテナー・サックスで迫力のある演奏をしていたのだから、その変わりようは凄い。ここだけかと思っていたら、その後はアコーデオン奏者と呼んだ方がよさそうだ。シュヴァイツァーの方は、変わらずパワフルかつ繊細な（特に内部奏法がいい！）ピアノの演奏を我々に聴かせ続けてくれる。彼女の活動の様子を追ったDVDも発売されている。必見！（末冨）

229. 山下洋輔：Breathtake (Frasco/1975年)

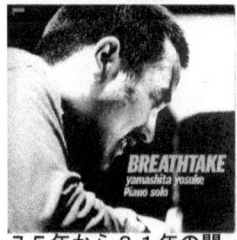

 75年から81年の間、山下洋輔のアルバムや、その関係のミュージシャンのアルバム（坂田明、森山威男、国仲勝男、武田和命、安田南、筒井康隆等）をリリースした Frasco と言うレーベルがあった。山下が所属している事務所がその母体で、山下のリーダー作だけでも15枚出ている。そのリーダー作全てが、一枚一枚全て異なり、類似したアルバムが無い。7年の間にこれは凄い。それだけ、アイデアが怒涛の如く湧き出ていたのだろうし、事務所のスタッフ達のアイデアや働きかけも勿論あっただろう。この「Breathtake」は、ミュンヘンのスタジオで録音されたソロ・ピアノ・アルバム。ちなみに、アルバム・タイトルを考えたのも事務所の女性スタッフだったそうで、「ハッと息を飲むほど素晴らしい」と言う意味だそうだ。アルバム収録の為の選曲に迷い、浅川マキに聞いてもらい選んでもらってもいる。スタジオに入るまで、プランも無しで入って行って、数時間で録り終えたようだ。これが、彼の最初の海外でのスタジオ録音になった。これより先の山下のソロ・ピアノ・アルバムに、74年の「ヨースケ・アローン」がある。これは、都市センター・ホールでのライヴ録音。青山のライヴ・ハウス「ロブロイ」の企画で行われたコンサートだった。「Breathtake」は、その翌年の録音になる。どちらもオリジナルを演奏している。74年のソロは、端から端まで疾風怒涛の演奏で、聴く方も蹴倒される勢いだ。だが、75年の方は、ヨーロッパ・ツアー中のミュンヘンのスタジオと言うのがそうさせたのか、自身の変化か、冷徹とも言えるような厳しい響きや静寂も加わり、より空間を考えた演奏になっている。前年とは、相当に印象が違う。どちらを取るかは聞き手の自由だが、私は「Breathtake」の方を聴く回数が圧倒的に多かった。高校の2年生の頃、防府市のレコード店の店頭で購入したのだが、当時は普通にこういうのが地方でも売られていたのだ。（末富）

230. Manfred Schoof, Akira Sakata, Yosuke Yamashita, Takeo Moriyama : Distant Thunder (enja/1975年)

 山下洋輔トリオ（坂田明、森山威男）が1975年 Stuttgart（当時は西ドイツ）で行ったコンサートのライヴ録音。ヨーロッパ・フリーの第一世代の重鎮、Manfred Schoof(tp)/マンフレート・ショーフがゲスト参加。1＆4曲目はトリオにショーフが加わった、あの頃の山下トリオを象徴するスピード＆パワー全開の怒涛のフリー・ジャズ！ 聴いてて気分爽快。これだけ疾走感の有る音楽はそうそう無い。2曲目は、ショーフの無伴奏のフリューゲルホーンで「Round About Midnight」。少々辛口に料理。ヨーロッパ・フリーのトランペッターではまず最初に思い浮かぶような人だが、こうした演奏を聴くと、つくづく彼もジャズからここまで来た人なんだよなあ。と、思ってしまう。続く3曲目は、山下洋輔のピアノ・ソロ。その後の「弾き倒すばかりじゃ能が無い的ソロ？」を暗示するような演奏に当時は「アレッ？」と思ったものだった。変化の兆しというヤツだ。聴いてる方も「このままドシャメシャやってるワケにはいかんだろう。」と疑問符も湧いていたものだった。山下トリオもメンバーの変遷が有ったが、やっぱり坂田＆森山のいた頃のトリオが一番！どこまでも飛んで行きそうな突貫小僧の坂田明のサックス（時々アルト・クラリネット＆ハナモゲラ語）と、地べたに足をグイっとつけたような飛ばないリズム？の森山威男のドラム（芸大打楽器科出身というから面白い。さぞかし異端児だったのでは？）こそが「山下トリオ」なのだ。今の耳に聴くとフリーはフリーなんだが、結構仕掛けの多い演奏で、フュージョンみたい（？）（末富）

231. 森山威男：Full Load (FRASCO/1975年)

　森山威男は、１９４５年山梨県生まれのドラマー。東京芸大打楽器科卒業。６７年に山下洋輔トリオに、豊住芳三郎の後任で参加。ヨーロッパでも旋風を巻き起こした山下トリオのドラマーとして、その名を轟かせた。彼のど迫力のパワフルでスピーディーなドラムは、世界でも類を見ないほどだ。だが、森山の演奏は、ドン・モイエ、アンドリュー・シリル、ミルフォード・グレイヴスらのようなアフリカン・アメリカン特有のバネに効いた打音やリズムとも違い、ポール・リットン、ポール・ローフェンス、ハン・ベニンク達のようなドラムから逸脱も無い。妙な例えになるが、騎馬民族のノリからは程遠い農耕民族が、田んぼに足をつ込みながらも、高速で突っ走って行っているような、独特なドラムの演奏だった。７５年大晦日に山下トリオを脱退。その後は、オーソドックスなジャズの演奏をするようになる。すると、先ほどの例えが嘘のように、スウィングしだしたのだから面白い。その彼の初のリーダー・アルバムがこれだ。「黄金の山下トリオ」在籍時、７５年の録音。芸大打楽器科の四年先輩の百瀬和紀、五年先輩の山口保宣（恭範）とのパーカッション・アンサンブル。最初は全部譜面に書かれた曲をやるつもりだったようだが、結局何の制約も無い完全なフリーな即興になった。ヨーロッパを震撼させた怒涛のフリー・ジャズ・ドラマーと、クラシック＆現代音楽の代表的打楽器奏者とのフリーな即興演奏というだけで、色々な想像をしてしまう。「現代音楽風？」、「三人で突っ走る山下トリオ風怒涛のフリー？」等々。聴く前から楽しいではないか。一曲目は、森山のパワフルなドラムに、二人の打楽器奏者も強力に反応しあった演奏。疾走感が気持ち良い。二曲目は、ヴァイブラフォンとマリンバが疾走。三曲目は、「静の山口」の面目躍如たる静かな演奏。相当ユニークなアルバムだ。（末冨）

232. 生活向上委員会：In NY 支部（SKI－０１/1975年）

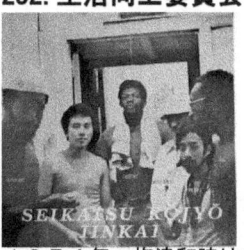

　１９７４年、梅津和時はニューヨークの奥深くへ単身乗り込んで行った。その翌年には盟友原田依幸も合流し、「生活向上委員会」（ふたりが国立音大在学中に結成）の NY 支部結成となった。Studio We を中心に、二人と多くのミュージシャンとの共演、交流が図られた。これは、そんな交流の中で生み出された自主制作盤だ。７５年８月 Studio We にて録音された本作のメンバーは、当時バリバリの若手達で、正に「ロフト・ジャズ」と呼ばれていた熱い溶鉱炉の中のマグマのような連中が揃っている。梅津和時（as）、原田依幸（p, b-cl）の他は Ahmed Abdullah(tp)、William Parker(b)、Rashid Shinan(ds)そしてエンジニアが Ali Abuwi と言った面々。後も活躍を続ける強者ぞろい。とは言うものの、当時アブドゥラは７５年にサン・ラ・アーケストラに参加したばかりで、まだ初リーダー・アルバムもリリースされていない時期だった。彼の初リーダー作は、７８年チコ・フリー・マンらと演奏した録音で、この時もドラムは、ここで共演しているラシッド・シナンが演奏している。ウィリアム・パーカーは今でこそニューヨークのジャズ・シーンでも３本指に数えられるベーシストで、バンド・リーダー（オーケストラも）だが、当時の彼もアブドゥラ共々まだ初リーダー作も出せていなかった若い時期だった。さて、このアルバムは、両面２０分を越える長尺の演奏。日本人だの本場のジャズメンだのといった御託が吹っ飛んでしまう熱演だ。「これぞ直球ど真ん中の JAZZ！ってもんだろう。」と、今でも思う。だが、アメリカ勢というか NY 勢は、これで結構しなやかなスマートと言っても良さそうな演奏だが（多分今の耳で聴いているからそう感じるのかも。当時はもっとホットな演奏に聞けていたはずだ。）、日本勢二人はかなり破天荒な演奏をしているように聞える。何という個性、アクの強さだ。アフリカン・アメリカンのルーツを持たないからこそ到達出来たとも言える。（末冨）

Disk Guide of Open Music　119

233. 土取利行&高木元輝：Origination (ALM/1975年)

土取利行は、1950年香川県多度津町生まれのドラマー。幼少時は、祭り太鼓を叩いたそうだ。これは、1975年渋谷のジャズ喫茶「メアリー・ジェーン」（店はいまでも開業している！）で収録された土取利行（ds）が高木元輝（ss,ts,a-cl,b-cl）と行ったデュオ・ライヴのLP。75年と言えば、高木の「モスラ・フレイト」や豊住芳三郎の「藻」が収録されたのと同じ年だ。この頃を日本のフリー・ジャズのピークだった時期と言ってもいいだろう。ここで聴かれる演奏に、「フリー・ジャズ」の言葉で連想されるパワフルなエネルギー・ミュージックを期待する人には少々はぐらかされた気がするかも知れない。そのような演奏はこのアルバムの中の一部でしか存在しない。その一部では、恐らくそのようなリスナーの度肝を抜くような強烈な演奏になっているはずだ。それ以外の部分では静謐な空間を切り裂くかの如き二人の断片的な、不連続な音の放射が聞き手の耳を襲う。特に高木の音は空間を切り裂く音の凶器が如き厳しさだ。土取のドラムの演奏も、一打で彼と分かるほどの個性を持っている。凶暴な静寂とでも言える音楽だ。このような演奏をしていた二人だが、共に80年代以降は大きく音楽性を変えて行く事になる。より深く音楽の深淵を求めた。高木はスティーヴ・レイシーと小杉武久に大きく影響を受け、それまでとはガラリと演奏を変えた。土取は、ピーター・ブルック劇団の音楽を担当し、世界じゅうを巡回していく内に、各地の民族音楽に魅せられた。そして、日本の有史以前の音楽を求めて研究を重ね、縄文鼓の復元・演奏を行った。また、添田唖蝉坊ら明治大正の演歌師の歌を研究しCDもリリースしている。土取の妻で三味線の桃山晴衣は、添田の息子、添田さつきの最後の弟子だった。（末冨）

234. 富樫雅彦：Spiritual Nature (EAST WIND/1975年)

1975年4月9日、新宿厚生年金会館小ホールで「富樫雅彦の世界」と題されたコンサートの模様を収録したアルバム。総勢10名からなるアンサンブル。渡辺貞夫（fl.as,sopranino）、鈴木重男（fl.ss）、中川昌三（fl）、佐藤允彦（p,marimba,glockenspiel）、翠川敬基（b,cello）、池田芳夫（b）、富樫雅彦（perc,celesta）の他,豊住芳三郎、田中昇、中山正治の計4人の打楽器奏者がいるのも特徴。蝶の採集が好きだった富樫の思い描く田園風景の一日を、音で表現した作品と言えるだろう。5曲収録されているが、5曲目の「エピローグ」は、後日スタジオ録音されてアルバム化に時点で付け加えられた。コンサートでは、「かすみ」と「暗闇の湖」という2曲が演奏されているが、当時のLPの収録時間の問題で未収録に終わったのか、アルバム化に際して不要と考えられたのか、聴いてみたい欲求に駆られる。「ビギニング」は、いかにも一日の始まりを描写する雰囲気で、朝霞の中から音が立ち上がって来る。続く「ムービング」は活発になった日中の喧騒だろうか。短い印象的な音の繰り返しのベースの導入から始まる。特に佐藤のピアノは、曲想に沿った範囲でありながらも、時に激しくインプロヴァイズする。「畦道にて」は、これもベースの繰り返す音型の上に各種打楽器が絡んで行く。その上で富樫のキレのあるソロが重なる。このコンサートの中核になった「スピリチュアル・ネイチャー」は、22分を超える。ブラスを入れず木管だけ、そしてフルートを3本並べたことで全体の雰囲気を霞みがかったような柔らかな印象にしている。霞の中から突如、ベースの力強いオスティナートが現れる。一気に活気立って来る。各自のソロが並ぶが、特に翠川の狂気の混ざったチェロが強烈。池田の弾き続けるベースのオスティナートも同時に熱を帯びて来る。田園の一日もそう安穏とはしていないといったところか。これを聴く度にベートーヴェンの交響曲第6番「田園」が次に聴きたくなる。（末冨）

235. Derek Bailey & Evan Parker : The London Concert (INCUS/1975年)

フリー・インプロヴィゼイション界の2大巨頭の二人による、1975年に行われたデュオ・コンサートの記録。二人は、66年にお互いが別々にロンドンのリトル・シアター・クラブで演奏を始めた。67年、二人はジョン・スティーヴンス率いる「スポンテニアス・ミュージック・アンサンブル」に参加。そしてデュオ活動も開始した。68年にはカンパニーの前夜の重要グループ「ミュージック・インプロヴィゼイション・カンパニー」を結成。二人共ギター奏者として、サックス奏者として前例のない革新的奏法を編み出し衝撃を与えた。それは単に技術面だけに終わらず、音楽の表現そのものを根底から覆すほどだった。MICは、ECMとINCUSに2枚のアルバムを残し解散する。グループとしてメンバーを固定化することで、音楽、演奏までも固定化して行くことを避けた為だった。フリー・インプロヴィゼイションの何たるかを常に問い続け、示し続けた彼等の功績は今後も永遠に残るであろう。87年以降二人は袂を分かち共演はないままに終わってしまった。最後の二人によるアルバムは「Compatibles」（INCUS/85年）。ジャケットのふたりの写真が当時のふたりの間柄を現しているようだ。何だかジャイアント馬場とアントニオ猪木とダブってしまうのは、私だけ？ その意味でも、本作は重要である。即興演奏の最も理想的な姿の一つがここにある。現在「インプロ」と称している音楽のオリジンはここにある。ここからさしてまだ遠くには来てはいないように思えるが？（末冨）

236. Famoudou Don Moye : Sun Percussion vol.1 (AEOC/1975年)

ドン・モイエ。1946年NY州ロチェスター生まれ。言わずと知れた「アート・アンサンブル・オブ・シカゴ」のドラム＆パーカッション奏者。大学で打楽器を専攻。あの顔のペインティングからは結びつかないが（失礼）、アカデミックな中で打楽器の基礎を学んでいる。デトロイト・フリー・ジャズというグループで活動をし、68年に渡欧。渡欧中、スティーヴ・レイシー、ファラオ・サンダースらと共演。69年にパリでAECに合流した。AECは彼の参加により、多彩で強力なリズムを獲得することとなった。75年録音の本作は、彼のソロ・アルバム。アフリカン・アメリカンの持つリズムを越え、汎アフリカ（いや汎地球というと大風呂敷になるか。）のリズムを、モイエ一人で叩き出す。所謂現代音楽の打楽器の演奏に見られる、整然としたクールさとは無縁。彼の血の中に流れるリズムが自然と表出されており、心地良い熱狂を伴う。とは言え、ジャズやロックの演奏途中に挟み込まれるショー・ケース的な「ドラム・ソロ」とは全くの別物。クリシェだけで構成された凡百のソロとは次元を異にする。豪快な連打もあるが、広く空間を意識した比較的静かな演奏の方が多いくらいだ。ジャズだ、現代音楽だのジャンルを越えた打楽器アルバムの傑作。71年4月、単身渡米しAACMに参加した豊住芳三郎は、モイエとスティーヴ・マッコールと三人でパーカッション・アンサンブルを結成していた。全く録音が残っていないそうで、残念。モイエは、今年（2016年）久しぶりの来日をし、梅津和時＆原田依幸の「生活向上委員会」と共演した。（末冨）

237. The Universal Jazz Symphonette Presents Sound Craft'75 (Anima/1975年)

アール・フリーマンは、１９３９年カリフォルニア州オークランド生まれのベース奏者。彼は、１９６９年フランス滞在中に、BYG のアルバムにサイドメンとして多数録音を残している。Archie Shepp、Claude Delcloo、Kenneth Terroade、Clifford Thornton、はたまた Gong 等で彼のベースを聴くことが出来るので、知っている人も多かろう。BYG 意外にも Sunny Murray、Noah Howard、特に Archie Shepp との共演は多い。本作は、彼が作曲、指揮をした７５年 NYC の教会でのコンサートを収録したアルバム。総勢３０人に及ぶオーケストラの怒涛の演奏。作曲といっても多分グラフィックなモノではなかろうか。大きな流れとソロ・オーダーが記されているくらいなのでは？　LP の収録時間もあって断片しか収録されてはいないようだ。おそらくソロを取る者は、それ用のマイクの前に立って演奏したのだろう。ソロの背後では常に音の奔流が渦巻いている。こういった演奏の時は、「俺について来い」的演奏をするやつが出てきて、一気にそっちに持って行かれてしまったりなんてことがよく起きる。ここまでのサイズじゃなくても、ちょっと編成が大きい即興アンサンブルだと、時々起こる。それが起こっていないということは、フリーマンのコントロールが効いているということ。これ、生で聴いてたらさぞかし興奮して家路についていただろうなあ。ところで、tenor sax（alto の間違いだろう）のクレジットに Kappo Umega（Umezu を間違えてる。Kappo は当時こう呼ばれていたそうです。）とあるのは、当時 NYC でブイブイ言わせていた（？）梅津和時さんのことです。本人に確認済。「え！こんなん持ってる人がいたんだー！」と驚かれた。（末冨）

238. Air:Air Song (Why Not/1975年)

１９７０年代は、ジャズ界はフュージョン旋風が吹き荒れた。クリエイティヴなシーンは地下に潜らざる得なかった。そんな時代の７５年、評論家・悠雅彦はジャズのポップ化に一撃を加えるべく自主レーベル Why Not を立ち上げた。ニューヨークに乗り込み、主にロフト・ジャズと呼ばれているジャズの中から新たな才能、日本ではいまだ知られざる才能を探し出し録音し多くのアルバムをトリオ・レコードからリリースした。正に快挙だった。そんな中に現在でも第一線で活躍し、シーンに大きな影響を与えているマルチ・リード奏者・作曲家のヘンリー・スレッギル、ベーシスト・フレッド・ホプキンス、ドラマー・スティーヴ・マッコールによる AACM のメンバーからなるトリオ・AIR（Artists In Residence の略。このレコーディング以前は「リフレクションズ」と名乗っていた。）がある。７５年録音の本作は、エアーのファースト・アルバム。Why Not では翌年もう一枚録音しリリースした。「エアー・レイド」だ。スレッギルの書く曲は、誠に多彩で、一曲の中に様々な表情が見て取れる。テーマは演奏のきっかけに過ぎず、後は一気に突っ走ると言ったプリミティヴな「フリー・ジャズ」は、ここには無い。より知的にコントロールが効いた、でも演奏の鮮度やパワーや速度を犠牲にはしないその後のクリエイティヴ・ミュージックの範たる音楽を三人で作り上げている。三人それぞれの演奏能力の高さにも舌を巻く。（末冨）

239. 阿部薫：なしくずしの死・Mort A Credit(ALM/1975年)

１９７５年、阿部薫がこの世にあったうちに発表された唯一のソロ・アルバムである。吉沢元治とのデュオ・アルバム「北」と対をなす作品であり、アルバムのタイトルはどちらも作家ルイ・フェルディナン・セリーヌの作品からとられている。フリー・ジャズの歴史のなかで、特異な位置を占める作品でありながら、阿部薫自身が納得していた録音だったかは疑わしい。実質的な主導権をもっていたプロデューサーの間章からして、のちにセリーヌのシャンソンを私家版として、頒布しており、セリーヌを冠した作品としては、そちらをより気に入っていたと思われる。しかし、冒頭のミシェル・シモンによるセリーヌの「夜の果ての旅」の朗読の抜粋が終わって、サックスの音が入る一瞬を聴くだけで、この作品の凄さは疑いようのないものとなっている。間章によるライナーノートは、いつも以上に衒学的となっている。ライナーノートに、阿部薫自身の言葉が欲しかったと残念でならない。阿部薫の最高傑作は、死後に発表されたソロ・アルバム、「光り輝く忍耐」であり、そのことから、レコーディングでなく、ライヴ、あるいは日常の行為においてこそ、彼の望んだ音が顕現したとしか思えない。（川口）

240. Evan Parker & Paul Lytton : At The Unity Theatre （INCUS/1975年）

このデュオには多くの録音があるが、駄作がない。管楽器と打楽器というデュオはいかにもフリージャズ以降のフォーマットだが、彼等の場合、各種民俗楽器、自作楽器、電子音、録音、声などを多用し、筆者がリットンに聞いた話では「最大時は自分の機材だけで重さ100キロ以上になった」という。演奏スタイルそのものは決して多様ではなく、むしろ瞑想的と言えるほど集中力がある。E.パーカーにとって最高の共演者の一人は間違いなくこのリットンだろう。そしてここにバリー・ガイのベースが加わり、フリーミュージック史上、最高のトリオのひとつが出現したのだった。（金野）

241. 坂田明：Counter Clockwise Trip（Frasco/1975年）

中村誠一から代わって、山下洋輔トリオの一員となったばかりの坂田が、ドイツで出会った技巧派ベーシスト、アデルハルト・ロイディンガーと盟友、森山威男（ds）を得てトリオとして録音したファーストアルバム。冒頭から小気味良い、切れ味鋭い演奏が聴く者をぞくぞくさせる。それが最後の一音まで途切れることなく、緩急自在、要所要所を締めて「これが俺のジャズだ！文句あるか！」と圧倒してくる。香具師の調子よい「たんかばい」に乗せられているような気分だ。童謡への回帰は当時の山下トリオに既に始まっていたが、森山脱退後に顕著となった。ハナモゲラ的自筆ライナーも面白い。（金野）

242. 一柳慧、マイケル・ランタ、小杉武久：Improvisation sep.1975
（Iskra/1975年）

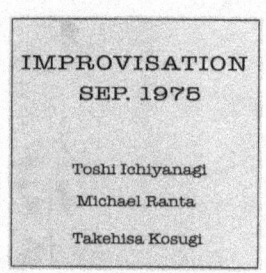

日本現代作曲家の代表格の一人、一柳と、アメリカ出身の打楽器奏者ランタ、それに小杉という組み合わせが一回だけ、NHKのプロデューサー上浪渡の企画でスタジオにて即興演奏を行った。この録音は非常に貴重であると同時に三者の音楽センスが見事に融合した超越的サウンドを齎している。聴き様によっては小杉のカラーが強いようにも思えるが、彼のソロやタジマハール旅行団にはない、硬質な異質さが横溢している。筆者は当時のNHKFMで放送されたこれを聴いて震撼したものである。その後ミュージック・リベレーション・センター「イスクラ」がLPリリースした。「イスクラ」は山崎泰弘のソロもプロデュースしていた70年代の証人である。
（金野）

243. Oliver Lake : Heavy Spirits (Freedom/1975年)

オリヴァー・レイクは1942年アーカンソー州マリアナ生まれのアルト・サックス奏者。一歳の時セントルイスに移住。高校ではレスター・ボウイと親しくしていた。これが、後にAACMを参考にして組織したセントルイスのBlack Artists Group(BAG)の原点か。72年渡欧。74年帰国し、ニューヨークに進出。75年録音の本作は、彼の三枚目のリーダー作になる。前半は当時ロフトで共演を重ねていた仲間のオル・ダラ（tp）、ジョセフ・ボウイ（tb）、ドナルド・スミス（p）、スタッフォード・ジェイムス（b）、ヴィクター・ルイス（ds）との演奏で、この時代の典型と言える演奏が聴ける。「ロフト・ジャズ」と聞くとまずこの様な演奏が頭に浮かぶ。ヨーロッパ・フリーほどの旧来からのジャズの逸脱はしないのが「ロフト・ジャズ」の方法論なのか。曲の枠組みはしっかりと存在するし、ソロの概念も存在する。続いては、三人のヴァイオリンとレイクとの共演。ヴァイオリン部分は書かれてあるようだ。続いて無伴奏アルト・サックス・ソロ。彼はこの前年無伴奏ソロ・アルバム「Passing Thru」（パリ録音）をリリースしている。最後は、ジョセフ・ボウイ（tb）とチャールズ・ボボ・ショウ（ds）とのトリオ。共にセントルイスで組織していたBAGの仲間だ。一枚のアルバムで、レイクの多彩な才能を窺い知る事が出来る。（末冨）

244. Hans Reichel : Bonobo (FMP/1975年)

個人的には最も影響を受けた一枚かもしれない。ネックが平行して、ではなく反対側にも伸びた奇妙なギター。それを全面的に両手のタッピング（指で弦を叩く）だけで弾くという離れ業。そのサウンドのユニークさは群を抜く。ユーモラスでありながら万華鏡のような眩暈を感じさせる。彼はこれ以前も以後も多種多様なギターの改造を行っており、その殆どを用いて演奏しアルバムを残している。フリーミュージックの特徴のひとつである、新しい奏法、サウンドという好例だ。さらにアナグマの鳴き声のようなダクソフォンという弓奏楽器を開発し、多様な音の出るそれだけを用いたアルバムも作っている。（金野）

Disk Guide of Open Music 125

245. 高木元輝：Mosura Freight! (Interval/1975年)

１９４１年大阪府泉佐野生まれ（育ったのは横浜）のテナー、ソプラノ・サックス、バスクラリネット奏者。吉屋潤とクールキャッツ、東京パンチョス等のバンド経験もあるが、早くからフリー・ジャズを指向し、６０年代後半にはシーンを代表するサックス、バスクラリネット奏者として頭角を現した。富樫雅彦、佐藤允彦、高柳昌行、豊住芳三郎、吉沢元治、小杉武久、沖至らと共演を重ねた。７３年に渡欧し一年間滞在し、ヨーロッパを震撼させた。「１０年に１度現れる怪物のようなミュージシャン。」と評す者もいた。帰国後は、精力的に演奏活動を行い、日本全国を演奏して回った。７５年３月２８日小倉のジャズ喫茶「Jazz Street52」での録音は、当時としては珍しい自主制作盤として「モスラ・フライト」はリリースされた。高木（reeds）と、徳弘崇（b）、小野勉（ds）のトリオ演奏が収録されている。Ａ面は高木のオリジナルが２曲続ける形で演奏され、Ｂ面はオリジナルからアート・アンサンブル・オブ・シカゴの「People in Sorrow」へとつながって行く。高木の演奏は、厳しく、激しく、素早い。音色も息を吹き込むと同時に声も出しているので、思いっきり濁る。とげとげしい程に濁る。かと思えばサックス本来の美しく柔らかな音色も突然現れたりする。音の表情の振幅が激しい。共演も二人も負けじと熱演だ。高木の正規の音源は非常に少なく、このアルバムは非常に貴重だ。現在ＣＤ化されている。（末冨）

246. 沖至：幻想ノート (OFFBEAT/1975年)

沖至は、１９４１年 兵庫県須磨の生まれ。幼少時に南里文雄にトランペットの手ほどきを受けたそうだ。６９年富樫雅彦ＥＳＳＧに参加したことでフリー・ジャズの道が開かれた。７４年にパリに移住し、以降はヨーロッパを中心に活躍を続けている。７５年録音の本作は、沖至（tp）、藤川義明（as）、翠川敬基（b, cello）、田中保積（ds）によるカルテットの演奏が聴ける。「黒い鉄ねこ面」、「サン・ドニ通りの子猫たち」、「ほほえむ南里さん」等、沖の個性が滲む楽しいタイトルの曲が並ぶ。演奏の方も曲名が表すように、トゲトゲしいものではない。間を生かし空間を意識した演奏だ。そんな中に「古代天文台」と言う曲が有る。これは詩人・吉増剛造のポエトリー・リーディングと沖のグループの共演なのだ。これが凄い！「演奏に乗っかって詩を朗読している」などと言うシロモノではないのだ。正に両者が正面向かい合っての真剣勝負。特に吉増の詩の朗読の気迫たるや、凄まじいテンションで聴いている方も身震いしてしまう。コトバと声の威力をまざまざと見せ付けられる。こうなるとミュージシャンもうかうかはしていられない。コトバと声に向かって切り込んで行くのだ。こんなに緊張を孕んだ録音もそうそう無い。（末冨）

247. 高柳昌行：侵蝕 （ISKRA/1975年）

日本のフリー・ジャズ/フリー・インプロヴィゼイションを、その創世記から牽引して来たギターリスト高柳昌行率いる「ニュー・ディレクション・ユニット」の、１９７５年録音のアルバム。「日本現代ジャズ音楽研究会（後、ミュージック・リベレーション・センター・イスクラに改名）」が、１００枚だけリリースした貴重なＬＰ（完売後カセット・テープで再発）のＣＤ化。この頃のユニットの演奏は「グラデュアリー・プロジェクション（暫次投射）」と「マス・プロジェクション（集団投射）」とに明確に分けられていた。前者は、漆黒の空間に音と光を点描的に放射することで、その空間を緊張状態に置くごとし。後者は、光速の音と光が飽和状態に至り、スーパー・ノヴァのごとく大爆発するかのごとし。と、でも形容出来ようか。集団投射は６９年の吉沢と豊住とのトリオでの録音でもすでに登場している（インディペンデンスに収録）。７５年は他にも「アクシス・アナザー・リヴォラブル・シングvol.1&2」と「エイプリル・イズ・ザ・クルエリスト・マンス」も録音されている。特に後者はＥＳＰが番号まで決めていながら結局リリースしなかったもの。近年ＣＤ化された時は歓喜！（末冨）

248. 富樫雅彦：Rings （East Wind/1975年）

富樫雅彦は、１９４０年東京都目黒生まれのドラムス、パーカション奏者。チャーリー石黒＆東京パンチョスのバンド・ボーイをしながらドラムの勉強をした。プロデビューは松岡直也トリオで、何と１４歳の時だ。６５年、山下洋輔、武田和命、滝本国郎をメンバーに初の自己のグループを結成し、日本初のフリー・ジャズを演奏した。が、たったの３ヶ月でグループは崩壊。６９年には日本のジャズ史に残るアルバムを多数残したが、同年半身付随になる出来事が起こりその後は車椅子の生活となった。だが、不屈の精神で、車椅子に座った状態でのドラムの演奏を可能とし、反面その為に彼以外では考えられない演奏の境地にたどり着いた。７５年録音の本作は、富樫最初のソロ作品だ。ドラムス、パーカッション、ヴァイブラフォン、マリンバ、チェレスタ、グロッケンを使っての多重録音を屈指して作られた「リング」と題した１２篇からなる音響詩と言った趣がある。富樫は自然を愛し、蝶の収集では日本でもトップクラスの収集家でもあった。蝶の採集の為に入った山野の心象風景を一枚（ＬＰでは２枚組）のアルバムに音響と言う形で収めた作品と言ってよい。「リング７」では、長野県糠地高原で収録した自然音や鳥の鳴き声が重ねられている。ジャケットの中には、録音風景の他、富樫自身が撮影した風景写真が収められたブックレットが収められており、正にトータルなアート作品だ。（末冨）

249. 土取利行&坂本龍一：Disappointment-Hateruma (ALM/1975年)

土取利行と坂本龍一は、1974年竹田賢一の仲介で、劇団自動座の女優、ルビ新子のシャンソンのコンサートの伴奏で初めて共演をした。当時土取は近藤俊則（その後は等則）のグループにいた。75年の本作の録音後、演劇の音楽の為渡仏し、その後ニューヨークで一年間ミルフォード・グレイヴスに師事した。坂本は、まだ一世を風靡したYMO結成以前の時期。すでに坂本とは「学習団」と言う運動体で共に活動を続けていた竹田賢一がプロデュースをし、坂本と渡仏前の土取とでデュオ・アルバムを制作した。A面の「綾」は、土取のアイデア主導になる演奏で、アコースティックな即興演奏。プリペアード・ピアノとドラムの演奏だが、所謂フリー・ジャズの「熱さ」はここには無い。そもそも二人は自分の音楽をジャズとは思っていない。乾いた音の粒子が高速に飛び交う。ユニークなのは、B面の方で、坂本はこの日用意されたEMSシンセサイザーやプリペアード・ピアノを主に使用する。更にここではジャズ的要素は微塵も無くなる。シンセサイザーと言っても、後のYMOの時の使い方とはまるで正反対で、メロディーの断片すら現れて来ない。土取のパーカッションにしても明確なリズムを感じる事は出来ない。ただ音が立ち上がる。4曲目では坂本が声を打楽器の様に使っているのが面白い。二人は、この音楽を「フリー・ミュージック」と呼んだ。（末冨）

250. Alan Skidmore, Mike Osborne, John Surman：SOS (Ogun/1975年)

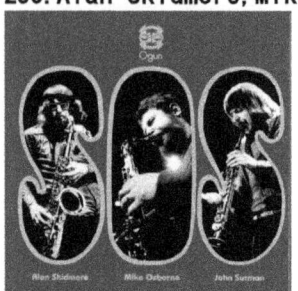

SOSは、イギリスの三人のサックス奏者、アラン・スキッドモア(ts,ds,perc)、マイク・オズボーン(as,perc)、ジョン・サーマン(bs,ss,b-cl,synth)と言う強者ばかりで1973年に結成された。サックスばかりではなく、スキッドモアのドラムや、サーマンのシンセサイザーも演奏に加わる。73年10月のブリュッセルでの演奏をかわきりにイタリアのツアーが続いた。73年と言えば、まだワールド・サキソフォン・カルテットもロヴァ・サキソフォン・カルテットも結成されてはいない時期だ。だが、A・ブラクストンやR・ミッチェルによるサックスだけの無伴奏ソロや、71年録音のJ・ジャーマンとA・ブラクストンのサックス（だけではないが）のデュオはすでに存在した。SOSの先見性はサックスどおしが集まって恒常的なアンサンブルを組織したことにある。一発のセッションに終わることなく、アンサンブルとして独自の個性やスタイルを創造することが出来た。Ogunから75年にリリースされた本作で我々はSOSを知ることが出来た。スキッドモアのドラムや、特にサーマンによるシンセサイザーが加わった演奏は、ただ三人のサックス奏者がサックスを演奏するだけに終わらないより重厚で濃密でカラフルな音響空間を創造することを可能にしている。そう言った意味ではサーマン色が濃いとも言えるだろう。サーマンは72年の「ウェスタリング・ホーム」ではひとりでサックスの他エレクトロニクス等々を多重録音した作品を作っている。（末冨）

251. Willem Breuker Kollektief : Live At The Donaueschingen Music Festival (MPS / 1975年)

ウィレム・ブロイカーは、ハン・ベニンクとのデュオで聴かれるように、サックス、クラリネット奏者としての実力はスーパー・ヘビー級なんだが、一方で作曲家としての実力も同様で、どちらかと言えば、作曲の方に重きを置いているように思える。このアルバムは、74年から現在と続く「コレクティーフ」と言う彼のラージ・アンサンブルのドナウエッシンゲンでのライヴ録音。曲はどれもマーチング・バンド風の愉快なもの。若い頃彼は、大道芸もやっていたそうだ。コレクティーフのコンサートは、笑いも誘うミュージック・シアター的なもの。その中に強烈なソロが加わる。レコードで聴くよりはライヴを体験してナンボの音楽なのだろうが、録音だけでも十分楽しめる。78年の「サマー・ミュージック」も良い。（末冨）

252. Guitar Solos 2 (Caroline/1975&76 年)

フレッド・フリスは、Caroline Records から1974年に「Guitar Solo」をリリース。翌75年から76年にかけて録音された自身と Derek Bailey、Hans Reichel、G・H・Fitzgerald の4人のギターリストの各々のソロを集めて「Guitar Solo 2」をリリースした。彼等が何者かもよく知らない頃、それどころかフリー・ジャズと言えばまだほんの数枚、それも山下洋輔トリオとか、セシル・テイラー、後期コルトレーン、オーネット・コールマンを一枚ずつくらいしか聴いた事が無かった頃に、ジャケットの面白さにつられて買ったアルバムだった。田舎に住んでいてどうやって買ったのかも覚えてはいないけど。どれもこれも、それまで自分の聴いていたギターの概念をはるかに越えた演奏ばかりだった。せいぜいジャズやロック、クラシック、フラメンコくらいしか聴いた事の無い者には衝撃以外何者でもなかった。4者それぞれがユニーク極まりない演奏だった。一体どうやって演奏しているのかも分からない。だが、裏ジャケットに、イラストや写真が掲載されており、どうにか理解出来た。ベイリー、ライヒェル、フリスはその後シーンを常にリードする役割を果たして来たが、G・H・フィッツジェラルドはその後どうなったかは知らない。だが、ここでの演奏はギターの音をピアノの内部に向けてスピーカーから発し、そこで生まれる複雑な倍音も演奏に取り込んだもので、凄く興味深い音響を作っている。ベイリーの演奏は、彼の語りにギター伴奏を加えた感じ。このアルバムと、これに続く「Guitar Solo 3」を聴くと、ギターと言う楽器の可能性の豊かさがよく分かる。現在では、もうギターを弾いているとは言えそうにない、ノイズ発生装置のような使い方をする者まで出て来ている。ベイリーとフリスの演奏は、今では彼等の CD に其々収録されている。フィッツジェラルドの演奏も、何らかの形で再発してもらいたいものだ。（末冨）

253. William Hooker : ...Is Eternal Life
(Reality Unit Concepts/1975&76年)

ウィリアム・フッカーは、１９４６年生まれのドラマー。現在でもアルバムのリリースを続けているバリバリのドラマー。それどころか、CDだけでも相当数をリリースしており、もはや何枚出ているのか把握不可能なほどだ。ドラムの演奏も比類なきアグレッシヴさを誇るが、アルバム制作においても類を見ないほどの勢いだ。あくまでも、Jazz/Free Improvisation においてだが。これは、１９７５＆６年のライヴ録音を集めた二枚組アルバム。これを買ったのは１９７９年頃だったのだが、リーダーのドラマーのことは全く知らず、David Murray と David S. Ware の名前と、フッカーのふてぶてしい面構えが気に入って購入したのだった。これが大正解！ フッカーの疾風怒涛のドラムと、サックス陣が一騎打ちと言う血湧き肉躍る正にエネルギー・ミュージックだったのだ。だが、彼は単なる「体力 JAZZ」？のノー天気なドラマーではない。自身の音楽の向かうヴィジョンが明確に有り、その場の勢いでドラムを叩いているだけのドラマーではない。ドラマー以前に彼は「音楽家」なのである。また、彼は、詩人でもある。ここでも詩の朗読が聞ける。Hasaan Dawkins, Les Goodson のサックスと自身の豪快なドラムの演奏に乗せて、声を張り上げることなく詩を読み上げている。彼の詩の朗読は、現在のアルバムでもよく聴くことが出来る。デヴィッド・マレイとデヴィッド・S・ウェアという現在最高峰のテナー・サックス奏者の若きし頃の演奏を聴き比べられるのも楽しいアルバムだ。現在はリトアニアのレーベル、No Business Records から、「Light, The Early Years 1975~1989」4CD セットの中に収録されて再発されている。フッカーの良いところは、フリー系の同じアフリカン・アメリカンのミュージシャンだけではなくて、Thurston Moore, Lee Ranaldp, DJ. Spooky, Zeena Parkins, Elliott Sharp ら、フリー・ジャズとは別のニュー・ミュージック（ユーミンとかじゃなくて・・）のミュージシャンとの共演が多いところだ。より、ノイジーな演奏が聴ける。（末冨）

254. Kent Carter:Solo with Claude Bernard
(SUN/1975&76年)

ケント・カーター。１９３９年ニューハンプシャー州ハノーバー生まれのベース奏者。６３年バークリー音楽院に入学。翌年の「ジャズ１０月革命」に参加した。ポール・ブレイ・トリオや、ジャズ・コンポーザーズ・オーケストラで活躍した後、７０年からは、フランスをベースに活動する。スティーブ・レイシーのグループで、６０年代の録音から、カーターの演奏を聞くことが出来る。７５、７６年録音の本作は、カーターのソロ・アルバム。一部クロード・ベルナールと、ミカーラ・マーカスが加わる。ソロと言っても、カーターのベースを多重録音したもの。ベース本来の美しい音色から、ノイジーな音まで、一人アンサンブルで変幻自在に操る。現代音楽の弦楽アンサンブルと間違いそうな程。ベース・アルバムの傑作。（末冨）

255. Peter Cusack: After Being Holland For TwoYears (Bead/1975, 76&77 年)

ピーター・キュザックは正体の掴めないギタリストだ。Bead レコードの一枚目ではサイモン・メイヨ（cl）と素晴らしいデュオを繰り広げ、S・ベレスフォードらと組んだ Alterations では何をしているのかわからない、ところがクライヴ・ベル（reeds）とのデュオではギリシャの弦楽器ブズーキをなかなか巧みに弾いている。「オランダに二年滞在後」では生ギター一本で位相のずれた録音を点描的に聴かせるが、全くドラマチックさはない。聞かせどころの無いのが狙いだ。B 面ではただ数人で動物の鳴き声を真似してるだけのトラックもあり、ある意味「凄い」即興だ。誰がこんなことを実際ソロアルバムに収録しようと思うだろう。その後も彼は環境音を主にした CD なども作っている。（金野）

256. CPU：ファースト・アルバム（日本コロムビア／１９７６年）

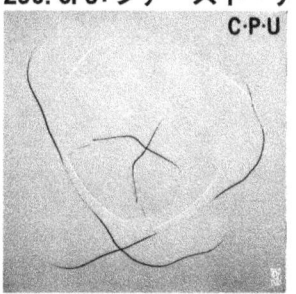

これは Central Processing Unit の意ではない。「宇宙的律動の一体性」の意味だ。この、たった一枚のアルバムしか残さなかったトリオは、世界に比類なき日本の即興演奏の美を体現した。同時期、アンソニー・ブラクストンが滞在中「捧げものとしての四つの小品」というアルバムを佐藤允彦、翠川敬基、田中保積と供に録音した。これは「日本の『CIRCLE』」とでも言うべき、いや、それ以上の名作だ。しかし CPU は、『CIRCLE』的「構造の音楽」とは全く異なる「間合いの音楽」を獲得している。三人各自が発する音、そして沈黙。『CIRCLE』がフリージャズの終焉だったとすれば、CPU は邦楽としてのフリージャズなのである。さらに富樫・佐藤のデュオ「カイロス」、翠川のデュオシリーズ「緑色革命」（ジョジョ高柳も含む）も聴くことでまた違う観点を得るだろう。「4：クァルテット」から「3：トリオ」へ、そして「2：デュオ」へ。要素の減少は、聴覚をプレイヤーに集中させる。さらに音達の「間合い」へと。この時期、本当に日本のジャズメンは素晴らしかった。そして私は CPU という「3」が最良の瞬間を記録していると感じる。（金野）

257. Albert Mangelsdorff/Gunter Hampel/ Pierre Favre/ Joachim Kuhn:Solo Now (MPS/1976年)

これは、1976年2月9、10日 A・マンゲルスドルフ（tb）、G・ハンペル（fl,vib,b-cl）、P・ファーヴル（perc）、J・キューン（p）の四人がスタジオに集結。全員無伴奏ソロが得意な腕達者ばかりだ。彼らに各々ソロを演奏させ、マンゲルスドルフ＆キューン、ファーヴル＆ハンペルの２つのデュオも挟み、最後は全員参加のカルテットを演奏すると言う企画物。キューンのソロはあらかじめ曲が用意してあり、デューク・エリントンの「イン・ア・センチメンタル・ムード」も演奏される。華麗で流麗な演奏だ。だが、一音一音の芯は太く強靭。マンゲルスドルフのソロは、とても一人でトロンボーンを吹いている感じではなく、一本の金属の管からいくつもの音が同時に出て来る。ファーヴルの演奏は、所謂ドラマーのソロから受けるステレオタイプな演奏では無い。「ドラマー」の枠は大きくはみ出していて、誠に多彩な演奏を聴かせる。９曲目の彼のソロは、どこかの民族音楽でも聴いているかのようだ。このアルバムで、特筆すべきは、ハンペルのソロだ。ヴァイブラフォン、フルート、バスクラリネットと言うそれぞれ全く違う楽器を巧みに扱い、表現の幅も非常に広い。特にフルートで２曲演奏をしているのだが、１曲はフルートのキーだけをパタパタと鳴らし、フルートに吹きかける息も効果的に使ったユニークなもの。カルテットは笑い声から始まり、お互いの探り合いから集団即興へと移る。（末冨）

258. Company 4 (INCUS/1976年)

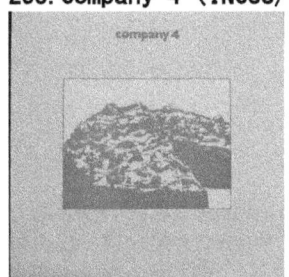

これは、20世紀の「即興演奏」を代表する一枚と言っていいだろう非言語的そして非対話的コミュニケーションを、サウンドにおいて、音楽の文脈で成しうるとすればこれ以上のコラボレートがありうるだろうか。ギターとサックス、そのデュオは無数にあるが、この二人の巧者ほどの組み合わせがあるだろうか。これはベイリーの言う「非イディオマティック即興」というよりも、「エフェメラルなイディオムの生成」そのものの即興だ。デレク・ベイリーとスティーヴ・レイシー。両者ともに鬼籍に入ってしまった現在、この録音の価値はさらなるものだ。ポトラッチ・レーベルに両者のデュオがもう一枚ある。（金野）

259. Area : Event 76 (Cramps/1976年)

イタリアの、というよりあまたのロックバンドー線を画す存在。どのアルバムのどの曲を聴いても、類い稀なセンスと、驚異的技巧と、熱気を感じる。その中で異色なアルバムがこれで、全面即興演奏である。それも偶然性に基づいた方法論で、52枚のカードを各演奏者が6枚ひいて、そのイメージに基づいて90秒ごとに演奏を変化させる。アレアの中心メンバー、デメトリオ、P.ファリセッリ(key)、P.トファニ(g)の三人（全員ソロを出している）の他に、S.レイシーとP.リットンが参加している。この即興巧者二人の参加は大きかったようだ。アレアはリーダー、デメトリオの急死によってその栄光の歴史は閉じたが、その追悼盤として79年にリリースされた。（金野）

260. East Bionic Symphonia （ALM/1976年）

76年、神田「美学校」の音楽教場を担当していた小杉武久が、そこに集う若き音楽家達を指導した。そして彼等はこの即興演奏集団を結成してALMにレコードを残した。これを第二のタジマハール旅行団と言う勿れ。当時のEBSは音を出す事にもっと躊躇しているようにみえる。多田正美、向井千恵、小沢靖、今井和雄ら、現在も活躍するメンバーが参加している。そして20年後、当時の面々が集い「マージナル・コンソート」を結成、CDを発表した。それも併せて聴いていただく事をお薦めする。それは遥かに集団即興としての充実感、手ごたえがある。（金野）

261. 佐藤允彦/宮間利之とニュー・ハード：那由侘現成
（日本コロムビア/1976年）

「那由侘現成」は、佐藤允彦が司馬遼太郎の小説「空海の風景」を読んだことによって、創作のヒントが閃き作曲された。演奏するのは当時保守的なビッグ・バンド界にあって常に斬新な作品を演奏していた宮間利之とニューハード。そこに佐藤自身と中川昌三、豊住芳三郎が加わった。空海が伝えた密教をさらに遡り、縄文時代にまで時間を巻き戻し、自己の原点を探り出そうと、そしてそれを音楽で表現しようとしたとてつもなくスケールの大きな作品なのだ。佐藤の音楽の基礎となっているジャズ（これもヨーロッパとカリブ海を経由したアフリカが衝突して出来たもの）に、日本を飛び越えて汎アジアの音楽の要素をそこに投入して、ひとつの「ジャズ・オーケストラ」作品に仕立て上げた。こうして見ると、正に地球を一周しているではないか。アルバム・タイトルの「那由侘現成」の「那由多」は、数の「千億」の単位。「現成」は「あるがまま」の意味。曲名は全て仏教用語から取られている。「日輪」、「塵界」、「諦」、「修」、「兜卒天」。基本的には「ビッグ・バンド・ジャズ」なのだが、そこに声明やケチャまでの要素が忍び込んでいる。これは日本人、いや佐藤允彦にしか創造し得ない音楽だ。ジャズ界を越えて世界最高峰に位置する作品のひとつ。共演するフルートの中川昌三とパーカッションの豊住芳三郎の熱演にも注目すべし。LPに付属されているブックレットも読み応え有り。（末冨）

262. Evolutionary Ensemble Unity : Concrete Voices
（EEU/1976年）

結成1年後の76年、近藤等則(tp)、高木元輝(sax)、吉田盛雄(b)のトリオだった時点で録音されたEEUのファーストLP。セロニアス・モンク、スティーヴ・レイシーらの曲の他、オリジナルも収録。間章の企画にはお馴染みの近藤、高木であるが、この当時は二人ともハードな演奏を脱し、個々の即興がいかに従来のジャズ的フレームに批判的な立場をとれるか、という方向に向いていたように思われる。それはジャズを内側から変えて行く闘争だったのかもしれない。時代がクロスオーバーだ、フュージョンだ、ロフトジャズだと動いていく中で、ドラムレスという編成は却って、ビート感やリズムだけがノリではないことを明確に示す宣言となった。（金野）

263. 翠川敬基：「緑色革命」（Offbeat/doubtmusic/1976年）

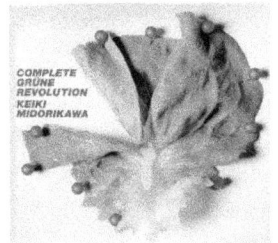

翠川敬基は、1949年長野県生まれのチェロ・ベース奏者。現在はチェロに専念している。69年プロ入り後、佐藤允彦、富樫雅彦、沖至らのグループにレギュラーで参加し、また自身もFMT, 緑化計画等のグループを作りユニークな演奏を続けている。特筆すべきはナウ・ミュージック・アンサンブル。音を出す以外に身体表現も伴ったパフォーマンス的な演奏を行っていた。76年に開催された「インスピレーション&パワー Vol.Ⅱ」の第4夜に翠川は出演した。翠川は、佐藤允彦、高柳昌行、富樫允彦と各々デュオを行い、高柳と佐藤との演奏がオブビートからLPとしてリリースされた。2009年doubtmusicからの再発CDで、富樫雅彦とのデュオも収録され二枚組で出されたのは有難い。高柳とのデュオは、彼のユニットで演奏される漸次投射のように、点描的で空間の感触を聴き取る。高柳はアコースティック・ギターで翠川と相対している。翠川はチェロを演奏。翠川は佐藤のグループのレギュラー・メンバーを務めている。息の合った発止としたやり取りで、瞬時に局面が変化する。翠川は富樫のグループのレギュラー・メンバーとして数多くの共演歴を持つ。お互いの音楽をよく理解し合った者通しの音での対話は美しい。透徹した美しさは、彼ら独自のものだ。よくぞリリースしてくれたものとdoubtmusicに感謝。（末冨）

264. Charles Tyler:SAGA of the OUTLAWS (Nessa/1976年)

チャールズ・タイラーは、1941年ケンタッキー州カディス生まれのアルト・サックス奏者。63年頃からニューヨークでフリー・ジャズ（ニュー・シングとも呼ばれていた）のセッションに顔を出すようになる。65年にはアルバート・アイラーのグループに参加し、ESPから「スピリッツ・リジョイス」と「ベルズ」がリリースされた。同じくESPからは66年自身のリーダー作「チャールズ・タイラー・アンサンブル」が、67年には「イースタン・マン・アローン」がリリースされた。共に彼の代表作だ。70年代は西海岸に移住し音楽教育に専念していたが、このアルバム「サーガ・オブ・ジ・アウトロー」は、76年NYCのサム・リヴァースのロフト「スタジオ・リヴビー」での演奏と言う事だが、演奏活動も継続していたのだろう。時は正にロフト・ジャズ・ムーブメントの最中。じっとしてはいられなかっただろうと思う。メンバーは、C・タイラー（as）の他、E・クロス（tp）、J・オー（b）、R・ボイキンス（b）、S・リード（ds）と言う強力な布陣。タイラーの参加したアイラー・グループも2ベースだったが、ここでも2ベースを採用している。ESPの初リーダー作ではベースとチェロを使っていた。グループの土台をどっしりと保ち、且つ自由に振舞わせ演奏の幅を広げている。彼のサックスの音は、60年代以上に雄弁で強力だ。36分50秒の一曲しか収録されていないのが残念。（末冨）

265. Rudu Malfatti&Stephan Wittwer；Thrumblin(FMP/1976年)

トロンボニスト、マルファッティはインカス・レコードの「バランス」というユニットにも参加。ソフトマシーンにいた故エルトン・ディーン（sax他）のバンド「ナインセンス」にも加わっていたが、最近では音響派に人気の作曲家でもある。つまり殆ど「音を出さない、出しても変化させない」ことが重要な「曲」を書いている。ギターのヴィトヴァーはスイス出身だがドイツのロックバンド DAF や、ロシア系ジャズメンとも共演した。ソロアルバムでは物凄い迫力で弾きまくっているロックセンスの人。この二人が７０年代に出会って FMP から二枚のデュオを出している。管と弦の組み合わせはいつも面白いのだが、ここでも対照的なサウンドのぶつかり合いが刺激的だ。（金野）

266. NOMMO："dans le caprice amer des sables"（Palm/1976年)

「NOMMO」は Gerard Siracusa/ジェラール・シラキューザ(perc)、Andre Jaume/アンドレ・ジョーム(sax)、Raymond Boni/レイモン・ボニ(g)の三人のフランス人によって結成されたトリオ。サックス、ギター、ドラムのトリオ演奏なのだが、これを当時のイギリスの、ドイツのミュージシャンの同じ編成での演奏を比べてみると、明らかに違った様相を呈すことになる。クラシックでもドイツ音楽とフランス音楽では明らかに違うように、ジャズ/インプロヴィゼーションでもそれは同じように感じられるものだ。「ノモ」の三人は、フリージャズには違いないが、三人ともある種のしなやかさ、柔らかさを音に有しており、優雅といってもあながち嘘ではないだろう。これをフランス的と言ってもいいのだろう。だが、決してヤワな演奏ではない。常にピーンと張り詰めた空気感が漂っている。変幻自在のアンドレ・ジョームもよいが、レイモン・ボニのギターは、他を見渡しても例が無いようなユニークさを持っている。ドラムのシラキューザは、１９５７年チュニジア、チュニス生まれ。この録音時はまだ１９歳だ。ジャン・ピエール・ドゥルーエとギャストン・シルヴェストルに師事していた。ジャズ、即興、現代音楽のどのフィールドでも対応出来るテクニックと幅の広い音楽性を併せ持った打楽器奏者だ。アンドレ・ジョームとは、マルセイユの GRIM の結成に立ち会った仲間だ。GRIM からは、８３年のパーカッション・ソロ・アルバム「Jardins De Paille」の他多くのリーダー作や参加アルバムがある。。（末冨）

267. David Murray:Low Class Conspiracy (Adlphi/1976年)

これは、今やジャズ界の大御所の一人に数えられる存在となり、貫禄の備わったデヴィッド・マレイ（ts）の１９７６年の録音を編集したアルバム。大御所とは書いたが、さてバップしか聴かない保守的なファンにとってのマレイの位置づけはどうなのだろうか。視野の外か。７０年代ロフト・ジャズ・ムーブメントにどっぷりと浸かったフリー・ジャズのファンにとっては、マレイは超大型新人と言った感じだった。なにしろ７６年の段階でまだ２１歳だったのだ。当時ニューヨークではミュージシャン同士が「マレイを聞いたか？」と言い合うくらいだったそうだ。マレイは、１９５５年カリフォルニア州バークレー生まれ。西海岸時代にブッチ・モリスと行動を共にしていた。７５年にニューヨークに進出し、一気に最前線に躍り出た。マレイのファースト・アルバムはインディア・ナヴィゲイション盤の「フラワーズ・フォー・アルバート」となっているが、この Adlphi 盤には録音自体は「フラワーズ・・」よりも一ヶ月前の演奏が含まれている。あとは「フラワーズ・・」と同じ６月の録音になる。同月の録音が二枚のアルバムとなってリリースされたと言う事だ。翌年になるとリーダー作だけでも７枚は出ている。まだ２０代前半の若者にいかに周囲が期待をかけていたかを如実に示している。彼の演奏はすでに十分な個性を備えていた。この時すでにホーキンス、ウェブスター、ゴンザルベス、アイラーと言った先達の直系の線上にどっしりと立っていたのだった。一曲目は名刺がわりの無伴奏テナー・ソロ。（末冨）

268. Jacques Berrocal:Paralelles (D'avantage/1976年)

72～79年のソロからオクテットまで多様なセッションを編集した作品集。フランスのフリーシーンに鬼才は多いが、このジャック・ベロカールも本性が掴めない一人である。主に金管楽器を奏するのだが、演奏力を誇示するよりは曲毎のアイデアに応じて様々な楽器（このアルバムではテープ、打楽器、自転車まで）のサウンドを構成してみせる。しかしどの曲も決してヴァイタルではなく、メランコリックかつニヒルな雰囲気を湛えている。いわば意識的にフリージャズへの接近を排除しているのだ。これらの演奏を聴いた人は、そこにメッセージやシニフェなど見い出す事はないだろう。また、多重録音による短いソロ作品は、85年、nato レーベルから発表されたアルバム"hotel hotel"の曲調の萌芽があり、ロマンティックかつエキゾティックな絵画的イメージを見せている。（金野）

269. Eugene Chadbourne:Solo Acoustic Guitar Volume.2 (Parachute/1976年)

ユージン・チャドボーンは、1954年NYマウント・バーノン生まれのギターリスト。17歳の時カナダに移住し、音楽活動を行ったが、5年後NYに戻った。そこから本格的なプロ活動を始めた。年代的にもロックの洗礼を受けており、ジミ・ヘンドリックスに影響され、さらに決定的なのがデレク・ベイリーの影響だ。それと同時に、70年代のアメリカの即興シーンに大きな影響を受けており、本作に収録されている各トラックに（To 誰それ）と書き込まれているが、ロスコー・ミッチェル、レオ・スミスの名前が見える。オリヴァー・レイクの曲「Rocket」も演奏している。「アコースティック・ギター・ソロ」なのだが、「ギター・ソロ」と聞いて想像する演奏もサウンドもここには微塵も存在しない。使用しているアコースティック・ギター自体が、どこかのジャンク・ショップで安く手に入れたシロモノらしく、普通考える「いい音」「美しい音」を出そう、作ろうと全くしていない。それどころか、そう言った音から出来るだけ遠くに行こう行こうとした演奏なのだ。ある意味デレク・ベイリー達とも大きく外れた演奏と言えるだろう。一聴素人にも出来そうに聞こえるし、確かに出来はする。が、やってみて分かるが、シロートではものの3分ともたないし、アイデアが瞬間に枯渇してしまう。何よりここで聴ける演奏には、音に対する鋭い洞察力が備わっている。でないと今日まで聴き続けられない。（末冨）

270. Charlie Haden:Closeness （A&M/Horizon/1976年）

チャーリー・ヘイデンは1937年アイオア州シェナンドゥ生まれのベーシスト。LAに移った後、アート・ペッパーらと共演をした。ニューヨークに移って、58年にはオーネット・コールマンのグループに参加し62年まで在籍した。69年に「リベレーション・ミュージック・オーケストラ」を結成。インパルスからアルバムをリリースした。1976年録音の本作は、ヘイデンの敬愛するミュージシャンを集めてのデュオ・アルバム。共演相手は、キース・ジャレット（p）、オーネット・コールマン（as）、アリス・コルトレーン（harp）、ポール・モティアン（ds）。キース・ジャレットとアリス・コルトレーンとの演奏は共に美しいとしか言葉が出ない。「甘味な」ではなく厳しい美しさだ。オーネットとのデュオは、オーネットが素早いテンポでグイグイと迫る緊迫感のある演奏。注目はポール・モティアンとのデュオだ。ヘイデンは「リベレーション・ミュージック・オーケストラ」で分かるように「戦う音楽家」だ。モティアンとの演奏は「リベレーション・ミュージック・オーケストラ」のデュオ版と言った感じの演奏。曲の冒頭、ポルトガルのフェスティヴァルに出演時のヘイデンが、アフリカの黒人民族解放運動支援の立場を表明した時の彼の声と、アンゴラ黒人民族解放運動支援表明をした時の声と、アンゴラ解放人民運動のテーマ・ソングと、ポルトガル軍と人民運動軍が交戦した時の銃声の音が演奏に重なる。ヘイデンのベースは叫ばない。重々しく訴えかけて来る。（末冨）

271. Tristan Honsinger+ Maarten van Regteren Altena:Live Performance (FMP/ SAJ/1976年)

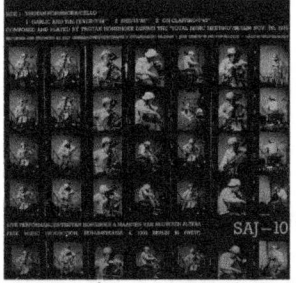

オランダのベースの鬼才アルテナと、アメリカ出身のチェロ異端児ホンジンガーが、片面づつを分け合って自主制作したアルバム。この二人の演奏は対照的である。アルテナはいつも何らかのアイデアを準備して、それが即興演奏によってどのように変化して行くかを見せる。ホンジンガーは全くその場における彼の意志、情動、共演者の反応などによって終始する。しかしどちらのソロも、ぐんぐんと演奏の流れに引き込まれて行く快感を十分に味わうことができる。機械的に、しかしユーモラスに進行するアルテナの秘めた緊張感と、のっけから奔流のような弓弾きと何やら喚き散らすホンジンガーの躍動感。同じステージに立たせたらどういう反応があっただろうか。(金野)

272. Sam Rivers:The Quest (Red/1976年)

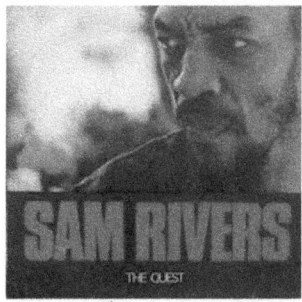

サム・リヴァースは１９３０年オクラホマ州エル・レノ生まれのテナー・サックス奏者。ボストンを中心に活動していたところを、64年にマイルス・デイヴィスのグループに誘われ、日本にも来てアルバムも残されている。65年ブルーノートに吹き込んだ「フューシャ・スウィング・ソング」が初リーダー・アルバム。少々遅いリーダー作だ。このアルバムは、76年イタリア、ミラノでの録音。デイヴ・ホランド (b)、バリー・アルトシュル (ds) とのトリオ。リヴァースはテナー＆ソプラノ・サックス、フルート、ピアノを演奏している。解説がイタリア語なので詳細は分からないが、多分この三人でイタリアをツアーしていたのだろう。吹き込まれたのが「Red」と言う事もあって、ほとんど話題に登る事もないアルバムだが、これを素通りするとリヴァース・ファンは後悔する事になる。ホランド＆アルトシュルと言う鉄壁のコンビとリヴァースの真剣勝負が聴ける。ピアノの演奏も彼なりの良さは勿論あるのだが、ホランド＆アルトシュルが相手となると、聴く方は二人とも参加していたチック・コリアのサークルが頭に浮かぶ。さすがにコリアとは勝負にならない。だが、本業ではない事を差し引けばこれはこれで立派。本業のサックス、フルートとなるとそこは貫禄を見せる。再発は難しいかも。見付けたらたら即購入を薦める。(末冨)

Disk Guide of Open Music 139

273. 中村達也 : Song Of Pat (Trio/1976年)

中村達也は、1945年栃木県大田原生まれのドラマー。高木元輝、高柳昌行、沖至、今田勝らとの共演を重ねた後、74年単身渡米。当時は所謂ロフト・ジャズの全盛期に当たる。全米各地から血気盛んな若いミュージシャン達がニューヨークに集まった。彼らはソーホー地区辺りのロフト（屋根裏部屋）を借りて、商業主義とは無縁の自分自身の音楽を創造した。だが、そこはニューヨークでも、ちょっと観光客程度では入り込むのには勇気がいる様な地域だった。だが、中村は一人で乗り込んで行った。当時そんな日本人ミュージシャンは極稀だった。彼の勇気、負けん気、探究心は、ロフトで活躍する黒人ミュージシャンに受け入れられ、仲間として扱ってくれた。それからは、レスター・ボウイ、サニー・マレイ、フランク・ロウ、アンドリュー・シリル等々数多くのミュージシャンと共演を重ねて行った。滞在も1年半になり、とうとう帰国となった。この間の音楽的成果を記録に残そうと76年3月にスタジオで収録されたのが本作「ソング・オブ・パット」だ。参加したのは、大の親友テッド・ダニエル（tp,Flh,etc）、オリヴァー・レイク（as,fl,）リチャード・デイヴィス（b）。ロフト・ジャズと言う言葉を聞くと想像する様な熱い演奏から、レイクのフルートが美しい音色を奏でる曲。そして、タイトル曲「ソング・オブ・パット」は中村とベースの名手、R・デイヴィスの即興デュエット！（末冨）

274. Wild Flowers (Douglas/1976年)

70年代後半、ニューヨークを中心にロフトジャズの興隆があった。多くのビルの屋根裏部屋（ロフト）のような場所に、黒人ミュージシャン達は演奏と学習と交流の拠点～スタジオを得、優れたミュージシャンが輩出した。ダグラスレコードとサム・リヴァースは、20以上のコンボのライブを5枚のLPに収録した。オリヴァー・レイク、ジュリアス・ヘンフィル、ハミエット・ブルイエット、AIR、オル・ダラ、マイケル・G・ジャクソン、デヴィッド・マレイ等。古株ではレオ・スミス、マリオン・ブラウン、デイヴ・バレル。ランディ・ウェストン、アンドリュー・シリル、サニー・マレイ、アンソニー・ブラクストン、ジミー・ライオンズ、ロスコー・ミッチェルはじめAECの面々、カラパルーシャ、ケン・マッキンタイア等。60年代後半に米国で恵まれなかったジャズメンに機を与え、かつ彼らが若手を育ててきた様を捕らえたというべきか。このムーヴメントはどうなったか。ジャズが、そしてフリーが迎合的な芸術でない限り主流になることはない。前衛勢力に求心力があるなら、それは結党する。確かにAACMやBAGなどは地道に活動してきた。この有様はサブ豊住の報告に生き生きと描写されている。今この録音を聴くにつけ、フリージャズとロフトジャズの違いを。超新星（爆発）と、まき散らされた物質が再び凝集して輝き始めるのを観察するかのようでもある。（金野）

275. Gruppo Di Improvvisazione Nuova Consonanza: Musica Su Schemi (Cramps/1976年)

フランコ・エヴァンジェリスティの主宰により、イタリアの作曲家達が新しい音楽を演奏するために集合したグループ。映画音楽で有名なエンニオ・モリコーネも最初から参加している。即興だけでは無くメンバーによる作曲作品も演奏する。作曲家達の集団のせいかサウンドの選び方が恐ろしく冷徹で鋭利。つまり演奏家のクリシェやジャズ的イディオムへの傾斜が一切無い。逆に非音楽家集団であれば安易に融和的中心を求めるだろうが、それも無い。ところが、彼等が映画音楽をやったアルバムでは、素晴らしくノリのいいジャズやフリージャズをやってみせてくれた。脱帽。(金野)

276. Barry Guy : Statements Ⅴ-Ⅵ for double bass&violone (Incus/1976年)

バリー・ガイは、1947年イギリス、ロンドン生まれのベース奏者。トラッド・バンドでトランペット、ヴァルブ・トロンボーンを吹いていたが、後ベースに転向。67年建築関係の仕事をするかたわらに、ギルドホール音楽院で学んだ。ロニー・スコット・クラブのハウス・バンドで演奏。それと同時にスポンテニアス・ミュージック・アンサンブル、アマルガム、デレク・ベイリーらと共演を重ねて行った。これは、彼の1976年のスタジオ録音。ベースの無伴奏ソロ・アルバム。だが、一人で弾いてはいるが、ジャケット裏の写真では立てかけた二本のベースをアルコで演奏している姿がある。このアルバムの端から端まで、ベースという楽器から普通に発せられるような音はどこからも聴こえて来ない。ベースを「弾く」と言うのからも逸脱しているようだ。一体全体どうやってこの音を出しているんだろうと想像させられる音のオンパレードに、初めて聴いた時はさすがに？マークが10個くらいついた。その頃はせいぜいフリー・ジャズ止まりのリスナーだったから、このアルバムは衝撃だった。意地になって聴き続けていたら、いつの間にやらスーと体に入り込んで来るようになった。そうなると逆に、「普通」が面白くなくなって行く。しかし、ここまで来ると、楽器を使うことにこだわる必要もないような・・・。他の何かでもいいような気もしてくるが、そこはこのベースという楽器からどれだけ色んなサウンドが取り出せるかというテーマから逸脱してしまうのだろう。相当に即物的な演奏だ。このような演奏とは、まるで逆にきっちりと作曲されたオーケストラ・サウンドも追求しており、70年以来「London Jazz Composers Orchestra」を率いて、多くのアルバムをリリースしている。このソロ・アルバムからは想像できないような、叙情的なメロディーを持った曲が結構あるところが面白い。(末冨)

277. Bobby Naughton : The Haunt (Otic/1976年)

ボビー・ノートンは、、１９４４年ボストン生まれの、ヴァイブラフォン奏者。７歳からピアノを始めた。アート・スクールでは絵画を学んだ。６６年からヴァイブラフォンを始める。６９年に自身のレーベル「Otic Records」を設立。アンソニー・ブラクストンのアンサンブルやオーケストラに参加。共に CD でリリースされた。ジャズ・コンンポーザーズ・オーケストラでも演奏をしている。ワダダ・レオ・スミスのグループでは、「Mass On The World」（７８年）、「Divine Love」（７８年）、「Budding Of A Rose」（７９年）、「Spirit Catcher」（７９年）、「Go In Numbers」（８２年）、「Procession Of The Great Ancester」（８９年）の６作品に参加している。７６年録音の本作は、そのワダダ・レオ・スミス(tp)と、ノートンの７１年の前作にも参加していたペリー・ロビンソン(cl)も加わったノートンとのトリオで演奏されている。全てノートンが書いた曲が５曲収録されている。ベースもドラムも入れないジャズでは変則的な編成。そして、トランペット、クラリネット、ヴァイブラフォンと言う、これまた変則的な楽器の組み合わせ。ジャズのグループや迫力、熱気、スピード感といった特徴をわざわざ避けて通っているような、近頃の流行り言葉で言えば「ウルトラ・クール」な演奏だ。これは、７０年代半ばのワダダ・レオ・スミスの音楽の強い特徴のひとつだった。このアルバムの演奏の主導権はノートンにあったのではなくて、レオ・スミスが握っていたのではないだろうかと勘ぐりたくもなるような演奏なのだ。ロビンソンも郷にいれば郷に従えなのか、彼もひんやりとした演奏に終始している。けっしてひとりで走らない。お互いの無伴奏ソロになるところがある。そこも聞きもの。ノートンは、７９年イタリア、ピサのジャズ・フェスティヴァルで、無伴奏ソロ・コンサートを行っており、Otis Records からリリースをしている。（末冨）

278. JeanCharlesCapon, Lawrence"Butch"Morris, PhilipeMate, SergeRahoeson (Palm/1976年)

これは、８０年代以降は即興を指揮するシステム、コンダクションで有名になったローレンス・ブッチ・モリスが、フランス滞在中に吹き込んだ、彼の最初期の演奏を聴くことの出来るアルバム。７６年といえば、デヴィッド・マレイの初リーダー作の吹き込みの年。モリスは７０年代マレイのグループに長く参加していた。その前夜に当たる。共演のフランス勢三人は。マテは BYG の Acting Trio でジャズとも現代音楽ともつかないようなユニークな演奏を聴かせたテナー・サックス奏者。エンジニアとしての顔も持つ。カポンは、３６年生まれのチェリスト。この中では世代がひとつ上のベテラン。ラホーソンは、４７年マダガスカル生まれのマルチ奏者で、このアルバムではドラムを叩いているが、テナー・サックス、ピアノも演奏する。テナー・サックス奏者としての活動が主だろう。全体的に、多重録音も含めて、きっちりと構成されている。あまりフリーキーにならず、しかし自由にモノを言うといった感じ。誰かが突出してソロを取るような所はない。四人のコレクティヴ・インプロヴィゼイションだ。なんだか、ニューオリンズ・ジャズの香りがしてくる。チェロのシャルル・カポンが面白い。ベースの役割を越えて、絶えずモリスやマテに対話を仕掛けていく。しかも、ラホーソンのドラムと一緒に全体をスウィング（彼等なりの・・）させている。私の密かな愛聴盤。後年、まさかこのブッチ・モリスと会えるなんて思いもしなかった。吉沢元治さんとのデュオ・ライヴは衝撃だった。コンダクションの折には、新宿の焼肉店で、金大煥さんとブッチとで昼から焼肉を食べたのもいい思い出だ。ブッチはこの LP をみたら懐かしそうにしていた。LP を手に取って眺めながら、共演した者達の名前を声に出していた。（末冨）

279. Edward Vesala : Rodina (LOVE/1976年)

エドワード・ヴェサラは、1945年フィンランド（スオミ）、マンティハソウ生まれのドラマー。シベリウス音楽院で打楽器を学んでいる。自ら音楽学校を運営したこともある。弟子達の中から精鋭を選び「サウンド＆フュアリー」を結成。ECM から多くのアルバムをリリースしている。このアンサンブルでの来日もあった。76年ヘルシンキ録音の本作は、ラージ・アンサンブルにストリングス、合唱、詩の朗読も加わった曲もあるスケールの大きな作品。フィンランド人のサックス奏者 Juhani Aaltonen/ユアニ・アールトネンの他、ポーランド人のトランペット奏者 Tomasz Stanko/トマシュ・スタンコ、同じくポーランド人のテナー・サックス奏者 Tomasz Szukalski/トマシュ・スカルスキも参加。素晴らしいソロを取っている。演奏時間は3分から12分にかけての曲が並ぶが、1曲の内、ソロを何人もが取るような曲は無く、一人か二人のミュージシャンが、きっちりと書かれたアンサンブルの上で、協奏曲のごとくソロを取る。ソロを取るのは、前記した Aaltonen,Stanko,Szukalski に Esa Helasvuo(p), Pekka Rechardt(g)の5人。どの曲もシベリウスの音楽に通じる、柔らかく明るい曲なんだが、どこか仄かな光加減なのだ。これは、どう転んでもアメリカのアンサンブルでは出せない味だ。グローバルに広がったジャズの良い所だ。隠れ名盤。（末冨）

280. Elton Dean's Ninesense : Oh! For The Edge (Ogun/1976年)

エルトン・ディーンは、1945年イギリス、ノッティンガム生まれのアルト・サックス奏者。サクゼロも。幼少時からピアノとヴァイオリンを演奏していたが、18歳でサックスに替えた。66年から67年「ブルーソロジー」に参加。そこにはジョン・ボルドリーとレジナルド・ケネス・ドワイトがいた。ドワイトは、ボルドリーの名前ジョンと、ディーンの名前エルトンを拝借して、「エルトン・ジョン」と名乗り大スターになって行った。（余談でした）68年ディーンは、キース・ティペット・グループに参加。69年から71年まで「ソフト・マシーン」に参加。3枚のアルバムを残す。彼の参加で、それまでアート・ロックのバンドが、ジャズ・ロックのバンドに変貌したのだった。バンド内で、フリー・ジャズの許容を巡り対立。ディーンは脱退した。そして自己のグループ「Just Us」を結成し、アルバムもリリース。ジャスト・アスの次なるグループが、75年に結成された、この「ナインセンス」だ。グループと言うよりも、その響きはビッグ・バンドと呼べそうな厚みのある演奏だ。ディーンの他、アラン・スキッドモア(ts)、ハリー・ベケット(tp, fh)、マーク・チャリグ(tp, t-horn)、ニック・エヴァンス(tb)、キース・ティペット(p)、ハリー・ミラー(b)、ルイス・モホロ(ds)の8人。だけどナインセンス？ 翌年のアルバムには、ラドゥ・マルファッティ(tb)が加わり9人編成になっている。ロンドンのジャズ・クラブでのライヴ録音。フリーもストレートなジャズも出来るメンバーなので、きっちりと構成された曲の中で、各自がインプロヴァイズする。概ねジャズのラージ・アンサンブルと言った演奏で、ことさらフリーキーなソロは少ないが、そんな中でもキース・ティペットのソロは群を抜く。他には形容しようがないユニークなソロを聴かせる。80年 JAPO に吹き込んだ「バウンダリーズ」も推薦。（末冨）

281. Heiner Goebbels&Alfred Harth : Hommage : Vier Fauste Fur Hanns Eisler (FMP/SAJ/1976年)

ハイナー・ゲッベルズ(p、accordion)、１９５２年生まれ。Alfred Harth/アルフレッド・ハルト（sax、cl）、１９４９年生まれ。共にドイツのフリー・ミュージック・シーンでは第２世代のユニークなミュージシャン。７０年代半ば、H・ゲッベルズは「いわゆる左翼過激派ブラス・バンド」を結成。A・ハルトも参加した。このバンドと並行して二人でデュオ活動を始めた。このデュオは、「引用のアナーキズム」と称された。７６年の本作は、その第１作目。ハンス・アイスラーのブレヒト・ソングが素材。彼等のオリジナルと交互に配置されている。この二人が素直に演奏するはずもなく、原型は何とか止めながらも、少しずつ、そして大きくズレて行く。演奏にキレとスピードがあって一瞬たりとも澱むところはない。この時代は、ベイリーらの全くの即興演奏や、同じドイツだとブロッツマン達のエネルギーが爆発するような過激なフリー・ジャズが主流とも言ってよい状況だったが、ゲッベルズとハルトは、共にそちらへは向かうことなく、演奏の素材は用意しながらも、そこからのズレを目指す演奏を行った。今ではゲッベルズは、インプロヴァイザー以上に作曲家としての地位が重要になっている。彼等はその後、「カシーバー」を結成。ここではもう即興すらも行わなくなって行く。ハルトは脱退。ハルトは現在韓国に住んでおり（ハルト夫人は韓国人画家）、演奏活動も活発に行っており、特に崔善培とは緊密に交流し、デュオのみならず、二人でグループも結成している。自己のレーベルも設立し、崔善培も参加したCDをリリースしている。（末冨）

282. Haazz&Company : Unlawful Noise (KGB/1976年)

Kees Hazevoet(読み方不明)は、１９６３年から活動を始めたオランダのピアニストで、６０年代から７０年代にかけて活躍した。６６年録音の「Contemporary Jazz From Holland(Relax)」と言うアルバムが彼の初録音。ヴィレム・ブロイカー、ミシャ・メンゲルベルク、ハンス・ダルファー、アルジェン・ゴルターらの名前も見えるオランダ・ニュー・ジャズ最初期のアルバムだ。７６年録音のこのアルバムは、シベリアかモンゴルあたりの人物写真のジャケットと「KGB」なる異様な名前のレーベル名と、読めない名前のリーダーらしいミュージシャンに、少し購入に躊躇するも、K・Hazevoet(p、cl)以外は Peter Brotzmann(ts、cl)、Johnny Dyani(b)、Louis Moholo(ds)、Peter Bennink(as、ss、Bagpipes)&Han Bennink(cl、b-cl、perc)の兄弟と言う豪華版。正直、これを買った頃はこのメンバーでさえ、どんな人達かそんなには分かってはいなかった頃だった。だが、面白そうに感じて購入した。演奏はと言うと、これはもう全編「せーのっ！　いてまえー！」のノリ。よく比喩される猫の喧嘩。いや、猫どころじゃなく猛獣の。それも集団での大喧嘩。ハン・ベニンクも、ドラムはルイス・モホロに任せてもっぱらここでは、クラリネットを吹き倒す。「Unlawful Noise」がぴったりの演奏だ。時代が時代だけに全員アコースティック楽器だが、コンセプト的には現代のノイズ・ミュージックに近いのではなかろうか。騒音をひたすら撒き散らし、展開なんかあえて考えないようにしようとしたとしか思えない。批判しているのではありません。聴いて気分爽快！K・Hazevoet は、８０年代以降は生物音響学？の研究者となって、演奏からは遠のいた。彼にはもう２枚アルバムがある。「Pleasure One」(Peace/1970年)と「Calling Down The Flevo Spirit」(Snipe/1978年)こっちは、ハン・ベニンクとのデュオ！（末冨）

283. Joseph Jarman : Sunbound （AECO/1976年）

ジョセフ・ジャーマン、言わずと知れた Art Ensemble Of Chicago（アート・サンサンブル・オブ・シカゴ、略して AEC）のメンバー。これは、１９７６年に行われたシカゴ大学でのソロ・コンサートを収録したアルバム。アルト・サックス、バス・クラリネット、ソプラニーノ、フルート、ヴァイブラフォン、シンバル、ベル、ゴング等々を演奏。ゴング類はサックス等を吹奏しながら同時に鳴らしている。正に AEC の「多楽器を操る」という特徴のよく出た演奏だ。日本人でも知らない人は多いと思うが、ジョセフ・ジャーマンは仏教徒だった。日本にも度々来てはライヴもし、レコーディングもした。望月由実のプロデュースで、沢井一恵（箏）、栗林秀明（十七弦箏）、吉野弘志（b）、斎藤徹（b）、板谷博（tb）との「Poem Song」が有る。結構日本との接点が多かった人だった。特に豊住芳三郎とは長く深い付き合いだった。なにしろ71年に単身 AACM に乗り込んで行って以来の付き合いだ。このことは「フリー・ミュージック １９６０～１９８０；開かれた音楽のアンソロジー」に収録されている「豊住芳三郎；AACM 突撃日記」にくわしく書かれています。そんな先入観で聴くせいか、ジャーマンの演奏には精神性の高さ深さを感じるところがある。ここでは特にバスクラの演奏のとき。片や彼の盟友ロスコー・ミッチェルやアンソニー・ブラクストンには、スピリチュアルな部分は希薄で、もっとそこから意識的に離れた覚めた感覚を感じる。どっちがいいという問題ではない。その違いが同居していたからこそ AEC の面白さが有るのだ。７０年代のジャーマンのアルバムはこれを含めて多分４枚くらいしかリリースされていない。AEC の活動に重きを置いていたのか、７０年代というフュージョン全盛だった時代のせいなのか。これをリリースしたのは AEC の自主レーベルからだった。当時でも入手は困難で、都内でもすぐに店頭から消えていた。（末冨）

284. Friedrich Gulda:Nachricht Vom Lande （Brain/1976年）

１９７６年ザルツブルクでの豪華メンバーによる野外でのライヴ録音。なにしろフリードリッヒ・グルダ（el-clavichord,block-fl,p）、ウルスラ・アンデルス（perc）、セシル・テイラー（p）、ジョン・サーマン（ss,bs,synth）、バール・フィリップス（b）、スチュ・マーティン（perc）、アルバート・マンゲルスドルフ（tb）だ！ F・グルダがこうしたフリー・ミュージックも演奏していると言う事をどれだけの日本のクラシック・ファンが認知し、聴いている人がいるだろうか？ グルダをクラシックのピアニストとしてだけ聴いていると、彼の作る音楽の半分しか理解していない事になる。彼はベートーヴェンを弾くと同時に、ジャズや自作の曲の演奏、フリー・ミュージック、はたまた変名をし付け髭までして歌を歌ったりもしていた。ちょっと他には見当たらないくらいの変化ぶりなのだ。フリー・ミュージックのアルバムだけでも４枚は出ているはずだ。そのどれもが、規格外れの破天荒さを見せてくれる。さて、アルバムでの最初はアンデルス、グルダ、バールのソロが並ぶ。ここでのグルダはエレクトリック・クラヴィコードを弾いているのだがほとんど内部奏法でノイズを撒き散らすと言う過激さ。その後は色んな組み合わせで演奏が続く。全員参加の集団即興でも破綻をきたす事は無い。セシルとの２台のピアノの時、どっちがどっちか分からなくなるくらいグルダも熱演している。全体的には少し行儀が良すぎるか？（末冨）

285. Irene Schweizer:Wild Senoritas&Hexansabbat （FMP/INTAKT/1976&77年）

欧州へのフリージャズ襲来に対し、最も早く反応した一人がスイスのシュヴァイツァーだった。マニ・ノイマイヤー、ウリ・トレプテ、ヤキ・リーベツァイトら後にはロックで有名になった人々も彼女の初期トリオに参加していた。マニとイレーネは97年にも強烈なデュオを発表している。そのピアノの迫力と技術はライブで接して圧倒されるばかりであったが、70年代からそれは全く変わる事が無い。タッチの強さと確実さ、多様なスタイルを枠として全体を構成する力もさる事ながら、内部奏法の美しさは決して裏技ではないことを思い知らされる。彼女はピアノをピアノとして鳴らしきる。タイトル「魔女の休日」は彼女のフェミニズム史観を象徴しているようである。蛇足：ヘンリーカウ最後のアルバム「ウェスタン・カルチャー」でも彼女の参加トラックは光っている。（金野）

286. Michel Waisvisz:Crackle （FMP/SAJ/Claxon/1976&77年）

ICPテンテットにも参加した、オランダ即興シーンと関わりの深い電子音楽系作曲家・演奏家。ピッチの不安定な自作のタッチセンサー型シンセサイザーを主に用いたユーモラスな演奏。しかし非常に構築的、かつ時に暴力的でさえある。まさにユニーク！ほんとうに数少ない、シンセサイザーによる即興演奏アルバムとしてもっと聴かれて欲しい作品だ。彼のパームトップシンセをS.レイシーが演奏したこともある。後には四肢にセンサーをつけてその動きがサウンドを変えるシステム「モンキーハンド」を発表し、独ヴェルゴから一部紹介されている。（金野）

287. GAP (ALM/1976-77年)

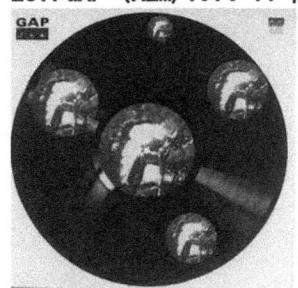

佐野清彦、曽我 傑、多田正美によって70年代半ばに結成された集団GAPは、現代曲の演奏、屋内、屋外でのパフォーマンス、機関紙出版、レコード自主制作、学習会、セミナーなど多様な活動を展開した希有なグループだった。その演奏は私的録音の他に殆ど無く、このアルバムが唯一と思われる。後に三人はそれぞれの音楽活動をLPやCDにしているし、佐野は91年に、音楽史を総括するような書「音の文化誌 東西比較文化考」（雄山閣）も著わした。このALMレコードからのアルバムでは、決して硬質ではない素材感のあるサウンドが、それぞれの間を保って響いている。それを日本的というか構築感の衰退というかはリスナーの意識によるだろう。日本の集団即興演奏のグループは70年代にかなり存在したが、タジマハール以外、記録が極端に少ないので貴重だ。（金野）

288. Roscoe Mitchell : Nonaah(Nessa/1976年&77年)

ロスコー・ミッチェルは、1940年シカゴ生まれのサックス奏者。ソプラノ、アルト、テナーからバス・サックスまで、さらにはフルート、クラリネット、パーカッション等々とAACMを特徴付ける他楽器主義を正に体現する代表的なプレーヤーで作曲家。アート・アンサンブル・オブ・シカゴのメンバーでもある。63年にムハール・リチャード・エイブラムスのエクスペリメンタル・バンドに参加し、AACMの中心メンバーとなって行った。1976年と77年の録音を集めた本作は、全14曲中10曲が無伴奏ソロ（CD再発の際に5曲のソロが追加収録された。）になった。たくさんの楽器を操るロスコーだが、ここではアルト・サックス一本に絞って演奏している。アルバム冒頭を飾る「Nonaah」を初めて聴いた時の衝撃が忘れられない。短いフレーズがこれでもかと繰り返される。そうとは知らずに聴いていたものだから、LPに傷があって同じところを繰り返しているものと思ってしまった。だんだんと音が変化をし始める内にいつの間にか22分も経っていた。ソロの他は、A・ブラクストン（sopranino sax）とのデュオ。AECの盟友マラカイ・フェイバース（b）とのデュオ。AACMの若き同僚ジョージ・ルイス（tb）とドンのムハール（p）とのトリオ。同じくAACMのメンバー、J・ジャーマン、W・マクミラン、H・スレッギルとのアルト・サックスの四重奏が収録されている。そのどれもが、音数の少ない演奏ばかりだ。（末冨）

289. Alexander Von Schlippenbach&Sven-Ake Johnsson:Live1976/77
(FMP/1976&77年)

FMPの創設者の一人、欧州を代表するピアニスト、シュリッペンバッハと、スウェーデン出身のフリージャズ・ドラマー、ヨハンソンのデュオ。グローブ・ユニティという大部隊での作戦行動に比して、デュオは気のあった友人同士の遠乗りとでもいった風な気軽さがある。ヨハンソンはアコーディオンもやるが、それはいきなり中断し、プリペアされたピアノとドラムの交錯へと進む。そしてヨハンソンは「虹の彼方へ」を美声での無いのだが披露する。これを演劇に例えれば、ブレヒト的異化効果にさえ匹敵する。そうした意味ではこのデュオはフリージャズの解体へと向かっていた。シュリッペンバッハは、その師であるアロイス・コンタルスキーと、ジャズの哲人モンクを止揚せんとしていた。（金野）

290. Günter Christmann:・・off・・・
(Moers Music/1976～79年)

これはデトレフ・シェーネンベルクとのデュオや自己のグループVario,そしてグローブ・ユニティ・オーケストラでの活躍で知られるギュンター・クリストマンのソロ・アルバム。彼のソロと言うとトロンボーンやベース、チェロによる無伴奏ソロ・アルバムと思われようが、さにあらず。勿論、彼流のユニークなトロンボーンとベースのソロ演奏も聴く事が出来る。そんな中に混ざって、ブレス音だけの曲や、サウンド・コラージュ作品が聴けるのだ。これが大変面白いし興味深い。六カ国語でトロンボーンの解説をしゃべらせ、これを重ねたテープ作品が有ったり（日本語は、ジャズ評論家の副島輝人氏）、79年の新宿の街で録音した街頭の色々な音を短く切り取って、繋ぎ合わせ編集したテープ作品が有ったりと、単に「即興演奏集」に終わっていない。このアルバムがリリースされてすぐ買って聴いて、相当影響を受けたのだった。勿論、ちょっと他に似た演奏を思いつかないほどのユニーク極まるトロンボーンやベースの演奏も大好きなのだが、テープ作品に強く惹かれたのだった。私も、カセット・レコーダー（ソニーのデンスケと呼ばれていた）とマイクを持って、きっとクリストマンも歩き回ったに違いないだろう新宿の街をグルグル回りながら街の音を録音したのだった。私の場合は45分間の無編集のまま現在も録音が残っている。クリストマンとシェーネンベルクのデュオの演奏は、初来日の時、新宿の「タロー」で聴いた。佐藤允彦がゲストで参加したトリオ演奏だった。最後に、ヴァイオリンが少し入ったような記憶がある。クリストマンの、超個性的なトロンボーンの演奏に驚き、トリオのスピーディーでキレのある演奏を堪能したのだった。客席は超満員。（末冨）

291. Arthur Blythe:In Concert/Metamorphosis・The Grip
(India Navigation/1977年)

アーサー・ブライスは、１９４０年 LA 生まれのアルト・サックス奏者。彼のサックスの音色は独特で、一聴彼とすぐ判るほど。１３歳の頃地元ブルース・バンドで演奏。６３年から７３年までの間、ホレス・タプスコットのグループに在籍していた。それと同時に、６７年から７３年の間は、スタンリー・クロウチ＆ブラック・ミュージック・インフィニティにも在籍していた。自己のグループも７０年に結成している。７４年ニューヨークに進出。ロフト・シーンで頭角を現す一方、７６年から８０年の間ギル・エヴァンス・オーケストラでも活躍した。８０年のダウンビート誌の国際評論家投票・アルト・サックス部門新人賞を授賞するなど、高い評価を得ている。本作は７７年 NYC の The Brook でのライヴ録音。インディア・アヴィゲイションから、まず「The Grip」としてリリースされ、後残りの録音から「Metamorphosis」がリリースされた。CD「In Concert」では、その両方を収録してある。メンバーは、ブライス（as）、B・スチュアート（tuba）、A・アブダラ（tp）、A・ワダド（cello）、S・リード（ds）、M・アブダラ（perc）。ニューオリンズ・ジャズを想起させるチューバ、アフリカを想起させるコンガ、ヨーロッパと新大陸をまたぐチェロ、ジャズの伝統楽器と言えるアルト・サックス、トランペット、ドラムスが渾然一体となってブラック・ミュージックとしての、今日のジャズを表現した演奏となっている。（末冨）

292. Hamiet Bluiett:Resolution
(Black Saint/1977年)

ハミエット・ブルーイェットは若い頃ボストンでデューク・エリントン楽団のハリー・カーニー（bs）を聞いたことで触発され、バリトン・サックスを始めた。今やハリー・カーニー以降最高のバリトン・サックス奏者と言ってもよいだろう。６９年にチャールズ・ミンガスのバンドに参加し大きな注目を集めた。７６年からはワールド・サキソフォン・カルテットに参加。リーダー作も多い。７７年 NYC で録音された本作は、ドン・プーレン（p, org）、フレッド・ホプキンス（b）、ビリー・ハート（ds）、ドン・モイエ（perc）と言う強力な布陣。ブルーイェットもバリトン・サックスの他、クラリネット、フルート、バンブー・フルートも演奏している。フルートで見せる落ち着いた表情以外は、強靭なパワーとバネを持つリズム陣の上に乗っかって、バリトン・サックスを豪快に吹き放つ。（末冨）

293. Abdul Wadud : By Myself (Bishara/1977年)

アブドル・ワダドは、数少ないチェロのインプロヴァイザーの一人。今でこそ即興演奏をするチェロ奏者は結構な数を見るようになったが、７０年代はまだまだ少なかった。彼は楽譜にも強く即興の腕もあるのであっちこっちで引っ張りだこだった。アーサー・ブライス「The Grip」他多数参加、ハミエット・ブルーイェット「Orchestra,Duo,Septet」、アンソニー・デイヴィス「Of Blues And Dreams」、ジュリアス・ヘンフィル「Raw Materials And Residuals」、オリヴァー・レイク「Shine!」、ジェームス・ニュートン「Paseo del Mar」、ジョージ・ルイス「Shadowgraph」、ムハール・リチャード・エイブラムス「Rejoicing With The Light」、バリー・アルトシュル「Another Time/Another Place」等々の多くのアルバムで７０年代のワダドの演奏を聴くことが出来る。「By My Self」（７７年 NYC 録音）は、その名の通り彼の無伴奏ソロ・アルバム。ジュリアス・ヘンフィルとのデュオ・アルバム「Live in New York」（７６年）と、リロイ・ジェンキンスとのデュオ・アルバム「Straight Ahead/Free At Last」（７９年イタリア、クレモナでの録音）もある。活躍の割には７０年代の彼名義のリーダー作はこれら３枚か。本作は、彼の持つテクニックと音楽性がストレートに聴くことの出来る貴重なアルバムだ。時にギターのように。時にアラブのウードのように。美しく豊かな音から、弦を軋ませるノイジーな音まで実に多彩。そして、実に多彩な音楽性を持ったミュージシャンであることか。このソロを聴くだけでも、彼が色々なミュージシャンに引っ張りだこなのが理解出来るだろう。中には、マイケル・フランクス「Tiger In The Rain」に参加していたりもする。（末冨）

294. Alexander Von Schlippenbach : Piano Solo'77 (FMP/1977年)

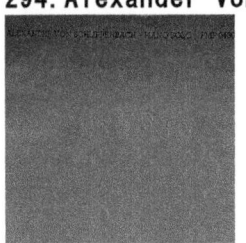

アレキサンダー・フォン・シュリッペンバッハは１９３８年ベルリン生まれのピアニスト。ドイツを代表するというよりも、ヨーロッパを代表するピアニスト、作曲家。いや、前衛ジャズの世界では世界でも屈指の存在。この７７年録音のピアノ・ソロ・アルバムは７２年 Enja からリリースされた「Payan」に次ぐソロとしては２作目のアルバム。今回は自身のお膝元 FMP からのリリース。７０年代前半突如としてジャズ界にピアノ・ソロ・ブームが巻き起こった。きっかけは７１年のチック・コリア「ソロ」、キース・ジャレット「フェイシング・ユー」という ECM からリリースされたアルバムだった。その後「ソロの必要が有ったの？」というようなのまで粗製濫造された。シュリッペンバッハやセシル・テイラーらのピアノ・ソロ・アルバムがそのようなブームに乗ったシロモノの訳がなく、彼らの場合はソロは必然だ。そもそもピアノは単旋律の楽器ではなく、クラシックの場合を見れば一目瞭然で、ピアノ一台あれば音楽は十分成り立つ。シュリッペンバッハの場合、ドラムやベースなんかいなくたって、一人ピアノに向かえばひとつの大きな世界を構築出来る音楽家なのである。セシル・テイラー然り。さて、このアルバムだが、ドイツの音楽だなあーとしみじみ思う。こう言えばステレオタイプと言われても仕方がないのだが、質実剛健というか、「ベートーヴェンの血」というか、音楽のブロックをどんどん積み上げて最後に大きな建造物が出来たというイメージをこの演奏から感じるのだ。即興は過程を聴く音楽で、全体の構造を見る必要が無いとも言える。始めも無ければ終わりも無い様な演奏も多い。だが、「終わらせ方」が大事な即興も有る。ここで聴かれる演奏は、部分部分の過程を追うのも楽しく、聴き終わった後大きな構造物を眺めている気分にもさせられる。ジャンルを超越したピアノ・ソロ・アルバムの傑作。（末冨）

295. Leroy Jenkins : Solo Concert (India Navigation/1977年)

リロイ・ジェンキンスは、１９３２年イリノイ州シカゴ生まれのヴァイオリン奏者。8歳からヴァイオリンを始め、フロリダの A&M 大学で学んだ。６１年から６５年は、学校などで弦楽器を教えていた。６５年から６９年にかけては AACM で活躍したが、６９年にアンソニー・ブラクストン、レオ・スミスと渡欧した。パリで、スティーヴ・マッコールと、クリエイティヴ・コンストラクション・カンパニーを結成。一旦シカゴへ戻り、７０年２月 NY へ移住した。オーネット・コールマンの家に３ヶ月間同居していた。ブラクストン・トリオの他、アルバート・アイラー、セシル・テイラー、アリス・コルトレーン、アーチー・シェップ、ローランド・カークらとも共演した。７１年シローン、ジェローム・クーパーと「リヴォルーショナリー・アンサンブル」を結成。７７年まで活動した。これは、１９７７年 NYC のワシントン・スクウェア教会で行われたリロイ・ジェンキンスによる無伴奏ヴァイオリン・コンサートの様子を収録したライヴ・アルバム。彼のオリジナル曲５曲は、どれもアブストラクトなテーマ・メロディーからなっている。それに続くインプロヴィゼイションは、上下運動の激しいものや、逆にスムースな部分も混ぜ合わせながら進行して行く。かなりオンマイクで録ったのか、ヴァイオリンにマイクを取り付けていたのか、ヴァイオリンの発する直接音が弓の擦れるノイズまで拾って生々しい。他は、エリントン・ナンバーでビリー・ストレイホーン作の名曲「Lush Life」と、ニグロ・スピリチュアルの「Nobody Knows de Trouble I Seen」を演奏している。これが滲みる演奏だ。教会の中でこのような演奏が聴けるのが羨ましい。この他、Black Saint から「The Legend Of Al Glatson」、「Feeling Ambitions」with Muhal、「Mixed Quintet」、「Urban Blues」が、Survival からは、ラシッド・アリとの素晴らしいデュオ・アルバム「Swift Are The Winds Of Life」（７５年）が有る。（末冨）

296. Arthur Doyle Plus 4 : Alabama Feeling (AK-BA/1977年)

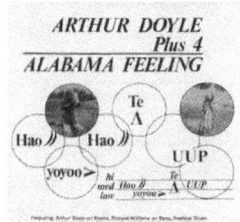

アーサー・ドイルは、１９４４年アラバマ州バーミンガム生まれのテナー・サックス奏者。私は彼の７０年代あたりまでの演奏は、このアルバムと、ミルフォード・グレイヴスの「BABI」（７６年、ヒュー・グローヴァーとのトリオ）と、ノア・ハワードの「ザ・ブラック・アーク」（６９年）でしか知らない。レコードは無いが、デイヴ・バレルやビル・ディクソンらとも共演していたようだ。テネシー州立大学で作曲を学んでいるそうだが、それを俄かに信じられないような、ひたすら吠えまくる熱演型。ここでも、Rashied Sinan & Bruce Moore の二人のドラムと、Richard Williams のエレクトリック・ベースの迫力のあるビートに乗っかってテナー・サックスを吹き倒している。もう少し冷静な Charles Stephes のトロンボーンが演奏に幅を持たせている。これはこれで、アフリカン・アメリカンの血のざわめきをよく現したアルバムだ。実は結構この盤には愛着があるのです。このまんま消えてしまったかに見えた彼が、突如９０年代に復活して、CD も何枚かリリースされ来日もしたことがあった。９７年の来日では、「裸のラリーズ」の水谷孝のギターと、豊住芳三郎との吉祥寺マンダラ２で行われたトリオの演奏が、イタリアのレーベル QBICO から LP でリリースされている。よくぞこんな考えられないような組み合わせでライヴが企画されたものだと驚いたり感心したり。突如この世に戻って来た感のあるドイルだが、千鳥足のまま吠えているようなカワユイおじさんになっていた。これはこれでほほえましくもあった。９０年代の周囲による彼の取り上げ方は以上とも言える加熱状態で、彼の声だけでつくられた CD まであった。また、そんなこともさもありなんと思わせるドイルのキャラクターも摩訶不思議であった。（末冨）

297. Company 6&7 (INCUS/1977年)

デレク・ベイリーは、７７年から即興の場と演奏の多様化を目指し、世界中からインプロヴァイザーを集め「カンパニー・ウィーク」を始めた。予め演奏の組み合わせを決めるのではなく、カンパニー・ウィークの現場でミュージシャン同士で、「彼と彼と俺」とか言い合って、その日の組み合わせを決定していたようだ。何人集まろうと、全員での演奏はしないのがルールだった。それと、同じミュージシャンが再度集まるのも極力避けていた。カンパニー・ウィークは、７７年から９４年まで続いたようだから、延参加人数は凄い数になる。本作は、７７年のカンパニー・ウィークから選曲された１０組の演奏が聴ける。参加メンバーは、デレク・ベイリー(g)、ハン・ベニンク(ds,viola,cl,banjo,etc)、スティーヴ・ベレスフォード(p,g,etc)、アンソニー・ブラクストン(ss,as,fl,cl)、ロル・コックスヒル(ss)、トリスタン・ホンジンガー(cello)、スティーヴ・レイシー(ss)、エヴァン・パーカー(ss,ts)、マールテン・ファン・レグテレン・アルテナ(b)、レオ・スミス(tp,fl)と言った豪華な面々が揃った。カンパニーにアフリカン・アメリカンの参加は珍しい。ブラクストンとスミスの二人は、こうした即興も自在なのだ。これに、デヴィッド・マレイとかでは考えにくい。また、スティーヴ・レイシーもこうした演奏はその後やめているので、そう言った意味でも貴重だ。ホンジンガーとレオ・スミスとか、そこにロル・コックスヒルが加わったりとか、考えにくい組み合わせが起こるのもカンパニーの面白さだ。ホンジンガー、ベレスフォードが行儀悪くかき乱すのも面白い。「Company 5」も同じメンバー。９３年日本で「カンパニー・ウィーク・白州 '93」が行われた。竹田賢一、大倉正之助、吉沢元治、大熊ワタル、井上敬三、一噌幸弘、永田砂知子、巻上公一、沢井一恵、デレク・ベイリーが揃った。残念ながらCDは作られていない。(末冨)

298. Jerome Cooper, Kalaparusha&Frank Lowe : Positions 369 (Kharma/1977年)

ジェローム・クーパー (ds,perc,wooden fl,gong-bell,saw,bike-horn) ,Kalaparusha Maurice Mcintyre カラパルーシャ・モーリス・マッキンタイヤー (ts,cl,wooden fl,indian-bells)、Frank Lowe フランク・ロウ (ts,indian-bells,whistle) の三人による１９７７年のライヴ録音。聴くまでは、さぞかし三人が過激に豪快に演奏しているのだろうと思っていたら、全く予想に反して、各自のソロ、デュオ、トリオと組み合わせを替え、変化を付けてのライヴだった。それに、いかにもパワープレイも得意そうな二人のサックス奏者も、特にデュオの時がそうなのだが、お互いが思慮深く会話をしているかのごとし。むやみにパワープレイには走らない。そして、ジェローム・クーパーのドラムは、ジャズのドラムと言うよりは、どこかアフリカの太鼓を思わせる独特なものだ。所謂フリー・ジャズのドラムとは相当趣が違う。短いパターンを高速で繰り返し、二人のサックス奏者を鼓舞している。特にクーパーのソロは圧巻！ 普通のジャズ・ドラムのソロとは一味も二味も違う。アルバム最後は、三人の怒涛のエネルギー・ミュージックで締める。が、これもどこか余裕のあるものだ。額に血管を浮き上がらせるようなものではない。時代はすでに、１９７７年。６０年代のようなパワープレイだけで（勿論、皆が皆なそうではなかったが）事足りる時代じゃなくなっていたのだった。エネルギー・ミュージックをフリー・ジャズだと狭義で捉えるのなら、ロフト・シーン華やかりし７０年代の音楽は、すでに「フリー・ジャズ」とは呼べないかもしれない。「クリエイティヴ・ミュージック」と呼ぶ者もいた。そこから脱して次の段階に入っている時期と言える。この時期のロフト系と言われたミュージシャンの演奏のどこを取っても、６０年代に聴いたパワフルで疾走するフリー・ジャズは、ほぼ聴けないだろう。より進化・深化した表現が花開いたのが７０年代のロフトを中心にしたシーンだった。残念ながら、音質はあまり良くない。(末冨)

299. David Rosenboom:On Being Invisible
(Music Gallery Editions/1977年)

最近、CD化され評判になっているアルバム。解説を要約するだけでもかなりの行を割いてしまうが、つまりは増幅された脳波の入力によってシンセサイザーやサイン波発振機を持続的に鳴らし続けるということが眼目である。出て来る音響がそのまま脳波と直結している訳ではない。ここに聴く音響の印象は決して構成的でもないし、即興演奏として興味深い訳でもない。1面ではアクセントを欠いたサボトニック風だし、2面は眠りかけのサンラのシンセソロのようだ。こう書くと貶しているようだが、音楽家としてのローゼンブームはピアノ即興のアルバムも凄いし、ブラクストンとの共演は名演である。バイオフィードバックの理論家としても名高い論文を残している。(金野)

300. 湯浅譲二個展(EX-HAUSE/1977年)

湯浅譲二は1929年福島生まれ。武満徹、佐藤慶次郎、山口勝弘などと実験工房を結成し作曲活動に入る。以来、オーケストラ、室内楽、電子音楽、劇場用音楽など幅広い分野で世界的に活躍。2010年にはISCM(国際現代音楽協会)の名誉会員に選ばれている。(ちなみに名誉会員は現在まで70数名、ラベル、ストラビンスキー、バルトーク、シェーンベルグ、ジョン・ケージ、クセナキスなど蒼々たるメンバーが名を連ね、日本人は湯浅譲二、武満徹、松平頼暁の3名である。) 本アルバムは森本恭正プロデューズによるEX-Houseの制作。収録は2曲。「インター ポジプレイションⅠ」は71年の作曲。この前年湯浅は彼にとって重要な作品の一つ「弦楽四重奏曲のためのプロジェクション」を作曲している。それは微分音で動く雑音的なペダル音や音程の幅を変化させるグリッサンドなどこれまでの弦楽四重奏では見られない技法によって、固定した実在ではない原初的な現象素材を現動化させ、自己を生成の世界へと投企する試みであった。それは湯浅が後に「クロノプロスティック」などで試みた広大なコスモロジー世界へのターニングポイントとなったが、この「インター・ポジ・プレイションⅠ」もそれと同様のポジションにある。この作品では佐藤允彦、豊住芳三郎、藤川善明の3人のジャズ・ミュージシャンに吉原すみれが加わっている。音高は自由であるが、音数は規定されている。作曲家から見れば、即興性を含んだ作品と言えるが、演奏家にとっては規定された即興と写るだろう。そのためかこの音楽からはたとえフリージャズであっても感じることの出来る、ジャズ特有のスイング感、ドライブ感じられない。湯浅にとっては時間に充足される音楽からの開放を意味し、秩序からの差異への試みと言えるであろうが、逆にジャズミュージシャンにとっては差異からの秩序となり、時間によって運動が充足されるとも言える。しかしそれが、記憶のイメージを混乱させるなら、結果的に多くの差異と差異という最小回路が瞬間的かつ直接的現前となって喚起し、彼らにとっても新しい経験と言えなくもない。「演奏詩:呼びかわし(1973)」は端的に言えば固定したシニフィエとシニフィアンからの開放である。湯浅はこの作品以前にもホワイトノイズや擬声語・擬態語を用いることでそれを試みたが、ここでは寺山修司率いる「天井桟敷」の役者達による発話が身体の生命エネルギーをよりダイレクトに露にし、固定したシニフィエとシニフィアンの関係と思考のイメージは脱根拠化されるのである。ところで、なぜフリーミュージックに湯浅譲二?と思われる向きもあろうが、実はこのような貴重かつユニーク(?)なアルバムも作っていたのである。(河合)

301. Gerd Dudek, Buschi Niebergall&Edward Vesala : Open
(FMP/1977年)

ゲルト・デュデクは1938年ドイツ、グロス・デーベルン生まれのサキソフォン奏者。Buschi Niebergall/ブシ・ニーベルガルは、1938年ドイツ生まれのベース奏者。色々な楽器を習得する中で最終的にベースを選択。一方医学も学んでいたそうだ。Edward Vesala/エドワード・ヴェサラは、1945年フィンランド、マンティハソウ生まれのドラマー。シベリウス・アカデミーで学んでいる。この三人が集まって、77年のFMPが主催するフェスティヴァル「Workshop Freie Musik」に出演した。これは、その録音から編集されたアルバム。デュデクは、テナー、ソプラノ・サックスの他フルートとインドの笛シャナイも吹いている。彼は現在までリーダー作、サイドメン参加を含め数多くのアルバムを残して来ている。European Jazz Quintet, Sextet, Ensemble の諸作。Albert Mangelsdorff, Peter Brotzmann, Manfred Schoof, Wolfgang Dauner, Joachim Khun, Globe Unity Orchestra, Don Cherry, Tony Oxley, Knut Kieswetter, Oscar Pettiford 等々。「本田竹彦&ゲルト・デュデク：Flying To The Sky」は、71年にジャーマン・オールスターズの一員で来日した折に制作された日本盤。デュデクは器用なミュージシャンで、オーソドックスからゴリゴリのフリーまで演奏するので、あっちこっちから及びがかかるのだ。そんなデュデクの激しい演奏を聴きたければこれが最も適している。激しいと言っても、ブロッツマンのような暴力性は、彼には無い。コルトレーンをベースに自身の音楽を築き上げているのは確かだ。シャナイまで持ち込んで演奏の局面を多彩にしている。ベースのニーベルガルは、亡くなるのが早かったせいもあって、ヨーロッパ・フリーの第一世代のわりには録音が少ないし、リーダー作も無い。トリオ編成で、彼のベースをしっかりと聴くことが出来ることも、このアルバムのいいところだ。何しろグローブ・ユニティのボトムを支えて来たベースは力強いに決まっている。でも、この二人、日本では相当地味な存在には違いない。ドラマーのヴェサラの方がECMからアルバムがリリースされたりしているから知名度は勝っているだろうなあ。（末冨）

302. Peter Brötzmann&Han Bennink : Schwarzwaldfahrt
(FMP/1977年)

ペーター・ブロッツマンとハン・ベニンクはドイツの「黒い森」の中を度々ドライヴしていた時、「この自然の中に入って演奏したい。」と思うようになった。77年5月9日から11日の三日間、それは現実のものとなる。曇り空の寒い日に楽器を持ち込み、自然界の音とのセッションは開始された。「黒い森に怪獣出現」とか「黒い森に猛獣出現」といった表現が似合う演奏から、バードコールを吹いて森の住人と同化する演奏。子供が川の中にドボンと入って石を投げたり、水をバシャバシャやったりしているような「演奏」まで、様々な「演奏」がCD2枚（LPは1枚だった）に収められている。二人は終わって帰って、ブロッツマンは大酒を飲み（イメージ通り）、ベニンクはホット・ミルクを飲んだ。さて、この状況での演奏を他の国、地域の民族が行ったら、どんな演奏をするのかを考えると面白い。そのミュージシャンが、普段どんな音楽をやっているかで、相当違ってっては来るだろうが、インプロヴァイザーを共通項にするのが、とりあえずここでは公平だろう。人間を自然界を超えた存在として見るか、人間も自然界の同等な一員として見るか。これは、「演奏」をする側も、それを「聴く」側の問題でもある。今現在の私（日本人）の立場で言えば、人間が自然を超えたと存在として見るキリスト教文明に生きているブロッツマンとベニンクの演奏を、人間は自然と同等と見る私（日本人も？そうは考えない者も当然いるだろう。）が、それを聴いている図式になっている。さて、では私はこれをどう聞いたかとなる。「怪獣出現」も「森の住人」もアリだ。どちらかでは、つまらない。「怪獣出現」だけではここで演奏する意味も無かろう。「森の住人」だけでも「縄文時代に帰りますか？」となる。演奏の仕方も、聞き方も千差万別なのが良い。（末冨）

303. Harry Miller's ISIPINGO : Family Affair (Ogun/1977年)

ハリー・ミラーは1941年南アフリカ、ケープタウン生まれのベーシスト。R&B、ロック・グループのマンフレッド・マンに参加。61年バンドはロンドンに移った。ロンドン時代は、マイク・ウェストブルック、クリス・マクレガー、ジョン・サーマン、ルイス・モホロ、マイク・クーパーらと共演。夫人のヘイゼル・ミラーは、レーベル「OGUN」を設立し、南アフリカ出身のミュージシャンや、ヨーロッパのミュージシャンのアルバムを多数制作しリリースした。イギリスのジャズ・シーン、即興シーンの記録を大量に残した最重要なレーベルのひとつ。77年録音の本作は、ハリー・ミラー率いる「ISIPINGO/イシピンゴ」。ハリー・ミラー(b)、マーク・チャリグ(tp)、マイク・オズボーン(as)、マルコム・グリフィス(tb)、キース・ティペット(p)、ルイス・モホロ(ds)のセクステット。イシピンゴとは、ズールー語で、レッド・ベリーのこと。また、南アフリカ、ダーバンの美しいビーチの名前。ミラーとモホロの南アフリカ勢のリズムに支えられて、イギリス勢達の魅力的なソロが飛び交う。曲は全て、ミラーによるもので、どこか故郷南アフリカの香り漂うメロディーが印象的だ。私は、ハリー・ミラー、クリス・マクレガー、ドゥドゥ・プクワナ、アブドゥラ・イブラヒム達の作る曲と言うよりもメロディーに強く惹かれる。これが鳴り始めると問答無用で気持ちよくなる。このイシピンゴは、それに加えて、メンバーが凄い。淀みなく次々とフレーズが湧いて出る連中ばかりだ。やはりここでもキース・ティペットのピアノは独特で、ロバート・フリップが彼をキング・クリムゾンのレギュラー・メンバーにしたがるのがよく分かる。世界中見渡してもこんな個性は存在しない。ミラーも、ティペット共々キング・クリムゾンのアルバム「Island」に参加している。近年イシピンゴの未発表録音が発掘されたが、モンゲジ・フェザの参加が嬉しい。（末冨）

304. Brother Malachi Favors Magoustous : Natural&Spiritual (AECO/1977年)

マラカイ・フェイヴァースは、1937年ミシシッピ州レキシントン生まれのベース奏者。ディジー・ガレスピー、フレディ・ハバードらのサイドメンを務めた後、58年にはアンドリュー・ヒルとレコーディングをし、彼とは2年間共演を続けた。その後ロスコー・ミッチェルやムーハー・リチャード・エイブラムス（ムハールと表記されているが、実際はムーハーやムーホーに近い。豊住芳三郎の証言。）と出会い、61年にムーハーの実験的なバンド、エクスペリメンタル・バンドに参加。AACMの創設メンバーの一人。66年ロスコー・ミッチェル・アート・アンサンブルに参加。これがアート・アンサンブル・オブ・シカゴへと発展する。これは、77年シカゴ大学における彼のソロ・コンサートを収録したもの。AACMやAECの他楽器奏者としての一面を強く現した演奏になっており、ベースの他各種打楽器や声を使ってのソロ・パフォーマンスを繰り広げている。8分半の1曲目は、全くベースを弾かず小物打楽器や声のパフォーマンスなのだが、これだけで十分聴かせる。森の中のざわめきのようだ。続くベース・ソロ（ベースはアンプリファイされていない生音）は、聴き手の心の奥底に問いかけてくるような深い表現。彼のベースの音は、この楽器の素材である木材の香りまで匂ってきそうなオーガニックな響きがある。ベースの演奏中に時折響く鈴の音や、ベースから離れて鳴らされるゴングの音、ホイッスルの音、声等々がシカゴという都会の喧騒から、聴衆をマラカイが導く深い精神世界へと誘った。（末冨）

305. Mark Charig : Pipedream (Ogun/1977年)

マーク・チャリグ（と読むのか？）は、１９４４年生まれのイギリス人コルネット奏者。これは、多分彼唯一のリーダー・アルバムのはずだ。この「唯一」というのが不思議でしょうがない。エルトン・ディーン、キース・ティペットらのアルバムで多数聴ける他、ロック・ファンなら御存知キング・クリムゾン、ソフト・マシーンでも彼の演奏を聴くことが出来る。ロック・ファンの方がはるかに多いと考えると、ジャズ・ファンよりもロック・ファンの方がチャリグの演奏を耳にする機会は多いと言える。まあ、そんなにコルネットの音に注目するロック・ファンて少ないだろうけど。元々Ｒ＆Ｂ畑から出て来た人なんだが、それが「嘘だろう？」と思わせる程彼のコルネットの音色は澄み切った美しい音だ。ヨーロッパらしい音と言える。ドン・チェリーやレオ・スミスやレスター・ボウイのようなノイズ成分の多い個性的な音ではない。このアルバムは、各種キーボードを操るキース・ティペットと、ヴォイスのアン・ウィンターとのトリオ演奏を収録。アフリカン・アメリカンや日本人には絶対出せないであろう音の響きは、彼等ならではのもの。背景にヨーロッパのクラシック音楽の伝統をこういうところで感じる。当人達は逆にそれを否定するかもしれないが。「それに反発して俺達は音楽を作ってるのだ。」と。ステレオタイプな見方をしているのかもしれないが、現在のヨーロッパのインプロ・シーンを見ていると、逆に伝統の底力を感じたりもする。ともかく、このアルバムは、ピーンと張り詰めた空気感が漂う。地味な人の地味なアルバムだが、知らないと絶対損をするぞ。（末冨）

306. Norbert Möslang&Andy Guhl : Deep Voices (FMP/1977年)

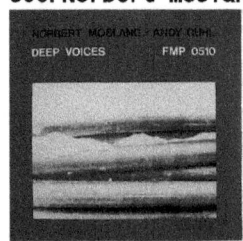

多種の管楽器、打楽器、自作楽器そしてベースを用いたデュオの、典型的フリー・ミュージックではあるが、そのレベルはかなりのものだ。しかし８０年代に入って、メスラングとグールの演奏は全く変貌する。壁から壁に張り渡したワイヤーを二人で叩いたり擦ったりする演奏や、日用の家電製品が生み出す多様なノイズ、壊れかけたラジオやアンプなどを多数使ってノイズの集積を作り上げ Cracked Everyday Electronics と称した。さらに NY の怪物ノイズトリオ Borbetmagus と合体して、さらに強力なユニットとなる。メスラングは０５年にスイスの即興演奏家としてライヴをするため公的な来日をしている。（金野）

307. Un Drame Musical Instantane : Trop D'adrenaline Nuit (GRRR/1977年)

ジャン・ジャック・ビルジェは、パリの国立映画学校に学び、卒業後同校で講師を勤めた。ゴング、ソフト・マシーンらのコンサートのライト・ショー担当をしていた。パーカッション、ピアノ、シンセサイザー、アルト・サックス、フルート、その他色んな楽器を扱う。その頃ギターリストのFrancis Gorge/フランシス・ゴルジェと共演し始めた。そして75年、どのジャンルにも属さないような不思議なアルバム「Defence De」をリリース。その後この二人にトランペット奏者のBernard Vitet/ヴェルナール・ヴィテが加わり、「Un Drame Musical Instantane/アン・ドラム・ミュジカル・アンスタンタネ」を結成。マルチ・メディアを含むこのユニークなグループは、その後も多くのアルバムをリリースして行った。77年の本作は、彼等のファースト・アルバム。心象風景を音で具現化していった感じ。ピンク・フロイドとアート・アンサンブル・オブ・シカゴが合体したらこんな感じになるかも。もっとスケール・アップしそうだが。実際映画の一場面の音を使った曲もある。次々と展開する演奏は、音の万華鏡を見ているようで楽しい。耳で見る映画というところか。その後は、コレット・マニー、フランソワ・テュスク、ブリジット・フォンテーヌ、リュック・フェラーリらも巻き込んで、さらに実験的かつ、多面的な活動をして行った。その中でも、空爆中のサラエヴォに乗り込みBBCと共同で映画を撮影したり（ファシズムに対抗し、それに無知なヨーロッパに警告を与える趣旨で）、CD「Sarajevo Suite」を制作した事は特に重要。（末冨）

308. Philipp Wachsmann, Richard Beswick, Tony Wren : Sparks Of The Desire Magneto (Bead/1977年)

イギリスにはフリー・インプロヴィッゼイションでは有名なINCUSというレーベルが有る。もう一つ特筆すべきレーベル「Bead」はINCUSから4、5年後にLPのリリースを始めた。アンダーグラウンド中のアンダーグラウンドで、私のような者には美味しいレーベルなのだ。全く知らないミュージシャンの演奏を初めて聴くということが何より楽しい。
インカスを追いかけて行く内にBeadの存在を知り、Peter Cusack? Simon Mayo? Roy Asubury? Harry de Wit? etc と、一体どんな演奏をするのか想像しては楽しんでいた頃もある。なにしろ入手困難なLPばかりだったから。これは、そんなBeadの1977年録音。P・Wachsmannは、その後も活躍を続けているのでご存知の方も多いだろう。即興の世界でもそんなにはいないヴァイオリン奏者だ。T・Wrenは近頃でもCDを見かける。しかし、R・BeswickはBead盤の4枚、1977年から1980年にかけての短い間しか少なくとも録音上では私は知らない。が、そのBeswickが面白いのだ。即興の世界では極端に少ないオーボエを吹く。このアルバムでは、半分以上はギターを弾いているが、オーボエに惹かれてこのアルバムを購入したのだった。ソプラノ・サックスより線が細い音なんだが、ここでの音の細切れを撒いていくような演奏には合っている。クラシックでは、オーボエと言えば甘味な音色で甘いメロディーを担当するような感じだが、私はハインツ・ホリガーの吹く、現代曲、とくにユン・イサン作曲「ピリ」を聴いて衝撃を受けた。そして、オーボエの新たな響きを追いかけて行った時期があった。そんな時にBeswickに出会ったのだった。さすがに、ホリガーとはいかないものの、数少ないオーボエの即興演奏が聴けるだけでも私には興味深いのだ。Wachsmannはその後多用するようになるエレクトロニクスをすでに使っている。この三人の演奏には、JAZZ的な熱狂はどこにも無い。しかし、キレがある。瞬発力がある。だから未だに頻繁に聴いていられる。（末冨）

Disk Guide of Open Music

309. Warren Smith&Nakagawa Masami/中川昌三：邂逅・彩雲 （RCA/1977年）

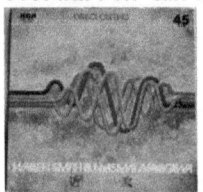

ウォーレン・スミスは、１９３４年シカゴ生まれのドラムス/パーカッション奏者。ニューヨーク州立大学に、ケン・マッキンタイヤーと共にジャズ・黒人音楽を正課として取り入れさせた功労者でもある。ジャズ、クラシック等々幅広く活躍している。中川昌三は、１９４７年生まれのフルート奏者。クラシック、現代音楽、ジャズと演奏の幅は広い。富樫雅彦のグループでは、アルト・サックスも演奏していた。これは、１９７７年に幅広い音楽性を持った二人が、インプロヴィゼイションを行ったスタジオ録音。当時最も音質が良いとされたダイレクトカッティング盤。そのため収録時間が少なくて、両面とも８分くらいしか演奏していない。しかし、演奏は凄いとしか言いようがない。とにかく上手い。当時、フルートで即興演奏となると、アイデアに技術が追いついていないような者が多かった。ほとんどがサックスの持ち替えばかりだったのだ。フリー・ジャズ/フリー・ミュージックのフルート専門で、さっと思いつくのは James Newton くらいかと言うほど少なかった。そんな中でも、中川昌三（クラシックを演奏するときは昌巳と書く）は群を抜くテクニックの持ち主だった。同じく W・スミスもティンパニ等の技術は一級。二人共バックグラウンドそのものが幅広いので、演奏中にアイデアがどんどん湧き出て行っているのが分かる。それをリアルタイムに具現化出来る技術も合わせ持つし、即興のセンスも抜群なのだ。W・スミスは、７６年まさかのギル・エヴァンス・オーケストラの防府公演に来て、各種パーカション、マリンバ等を演奏していた。ホール・コンサートと言うのに、客席はガラガラで悲惨だったが、まさかスミス本人が、この日のことを覚えているらしく驚いてしまった。（末冨）

310. Henry Kaiser：Ice Death （Parachute/1977年）

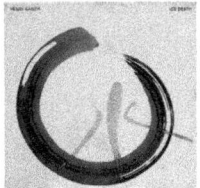

ヘンリー・カイザーは、１９５２年カリフォルニア州オークランド生まれのギターリスト。７０年代からフリー・ジャズとは違う新感覚の即興演奏を開拓して来た。また、フリー・インプロヴィゼイションのギターの表現領域を拡張して来たひとりでもある。７７年 Rova Saxophone Quartet の Larry Ochs(ts)と Greg Goodman(p)と共同で自主レーベル Metalanguage Records を設立した。１９７７年録音の本作は、彼を中心とした９名によるデュオやトリオの演奏を１７曲収録されたアルバム。同じく新しいギター・ミュージックを追求していた Eugene Chadbourne が７５年に設立した自主レーベルの Parachute Records からのリリースと言うのが面白い。１５分と１０分の演奏も有るが、あとは１分そこそこの短い演奏が多い。「もっと長く聴いていたい。」と感じるものもあるのだが、この時点のショウケース的意味合いのあるアルバムなのかもしれない。共演は、Eugene Chadbourne(acoustic-g)、Evan Cornog(el-g)、John Gruntfest(as)、Henry Kuntz(ts)、Loren Means(tb)、Chris Muir(el-g)、John Oswald(as)、Kaurel Sprigg(cello, voice)。初めて聴いた時は、まだ即興と言えばせいぜいロフト系、ヨーロッパ・フリー止まりだった頃で、「これもアリか？」と衝撃を受けた。INCUS や BEAD あたりで聴ける演奏に近いのは間違いなかったが、名人芸に陥らないある種のシロート臭さが逆に新鮮だった。本当にシロートでは出来ないのだが、いかにも名人芸をあえて避けて演奏しているような風情が彼らにはあった。後、みんなおそろしくテクニックを持っていることがやっと理解出来たと言う体たらく。１９歳くらいの頃のことです。当時は、７０年代フリー・ミュージックは、ヨーロッパが中心といった感じだったが、カイザー、チャドボーン、ジョン・ゾーン、エリオット・シャープらの出現で、アメリカがヨーロッパから主導権を奪還しそうな雰囲気が漂って来だした頃だった。（末冨）

311. Joe McPhee : Graphics (hatHut/1977年)

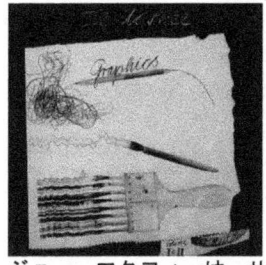

ジョー・マクフィーは、サックスとトランペットと言うまるで発音原理の違う楽器を同じレベルで演奏すると言う稀有なミュージシャン。マルチプレーヤーは結構いるが、せいぜい同族の楽器か、ピアノや打楽器もやりますといった具合だ。これは、そのJ・マクフィーが1977年に行った無伴奏ソロ・コンサート（2日続けて同じ場所で行われている）から収録した2枚組LP。使用する楽器はトランペット、ソプラノ＆テナー・サックス、ポケット・コルネット、ベル類、貝殻で、これらを使い分けながらのソロ演奏となっている。テナー・サックスはベン・ウェブスターがフリーをやったらこうなるかもと思わせるところがある。図太い音色にズルズルともれたブレス音を混ぜ合わせている。トランペットの音も太くたくましい。ソプラノ・サックスでシドニー・ベシェに捧げた曲もある。テナー・サックスでコルトレーンに捧げられた曲も演奏されている。彼の先鋭性と、ルーツを垣間見ることの出来る多彩なアルバム。HatHutの記念すべき第1弾は、マクフィーのグループの70年のライヴ録音だった。最初の4枚までは全てマクフィーのアルバムが占めている。70年代だけで合計10枚という破格の扱いだ。そのおかげで我々も彼の存在に気がついたし、自主制作アルバムにも目が行ったのだった。それにしても、この頃のHatHutは売れそうにない無伴奏ソロ・アルバム、それも2枚組でリリースするという商売度外視的なところがある。聴く側とすればその意気込みが伝わって来て嬉しい。まさか、後年スイス銀行やルフトハンザ航空のバックアップが付くとは！しぶとく続けていれば何かいいことがあるもんだ。（末冨）

312. Milford Graves:Meditation Among Us(Kitty/1977年)

1977年、間章が土取利行を通じて知り合い、日本に招聘したミルフォード・グレイヴスと、阿部薫、近藤俊則、高木元輝、土取利行、吉沢元治が共演した、後に録音される「デュオ・アンド・トリオ・インプロヴィゼーション」へと続く、日本のフリー・ジャズを変えた重要な作品である。録音にあたって、ミュージシャンが合宿し、そのうち何人かは、ミルフォード・グレイヴスとヤラという武術を勉強したり、当時の雑誌「ジャズ」「ジャズ・マガジン」が、多くの情報を提供するなど、逸話の多い作品である。ミルフォード・グレイヴスのパーカッション演奏は、およそ尋常な人間の能力を超えた圧倒さであるが、この作品では、ミルフォード・グレイヴスの演奏は、さほど支配的ではなく、唐突なピアノの演奏など、リリシズムすら漂わせている。そのぶん、ミルフォード・グレイヴス特有のユーモアが、いくぶん欠如しているように思える。また、少なくとも作品においては、共演者の貢献は限定的なものにとどまっているように思える。そのことが、全人的なミュージシャンの代表格である、ミルフォード・グレイヴスの作品群のなかで、この作品を別格に繊細なものとしている。（川口）

313. David S.Ware/Apogee:Birth Of A Being
(HAT HUT/AUM/1977年)

デヴィッド S. ウェアは、1949年ニュージャージー州プレインフィールド生まれのテナー・サックス奏者。彼のアイドルはソニー・ロリンズで、60年代半ばはヴィレッジ・ヴァンガード、ファイヴ・スポット等ロリンズを聴く為に通っていたが、ついに共演の機会を持った。ふたりの交流は70年代に入っても続き、不定期だが一緒にサックスの練習に励んでいた。ボストンのバークリー音楽院では同期にマイケル・ブレッカーもいた。マイケルはウェアの演奏が彼のインスピレーションの元だったと話し、ウェアのアルバムのライナー・ノートも書いている。その頃マーク・エドワーズ (ds) とジーン・アシュトン（現クーパー・ムーア）(p) と「アポジー」と言うグループを結成した。77年に録音され、79年に HAT HUT からリリースされた本作が、彼らのファースト・アルバム。ウェアのテナー・サックスの音は、ベン・ウェブスターからロリンズに流れるテナー・サックスの王道を行く芯の太い厚みのある音で、その演奏はテナー・サックスでフリー・ジャズを演奏するとこうだろうと言う程の熱く激しい、正に王道を行くものだ。セシル・テイラーも彼の演奏が自己のユニットに必要と考え、彼を従えてヨーロッパ・ツアーを行い、傑作サルバム「ダーク・トゥ・ゼンセルヴズ」をリリースした。その後、DIW や COLUMBIA も含め大量のアルバムをリリースしている。あれだけ DIW から出ているのに、何故か来日経験は無い。（末冨）

314. ICP-Tetterett:Tetter Ettet (ICP/1977年)

A.V. シュリッペンバッハが主宰するグローブユニティがFMPの関係者を主にしているように、同じくピアニスト、ミシャ・メンゲルベルクを中心とするICP関係者で結成したのがこのバンドである。グローブユニティよりも懐かしいジャズ、ワルツ、タンゴなどのモチーフを感じさせ、ライブを見ても「メンゲルベルク座長のICP一座」という雰囲気。P. ブレッツマン、H. ベニンク、J. チカイ、T. ホンジンガー、A. シルヴァといった大御所の他、ミシェル・ヴァイスヴィッツ (syn) らも参加。その電子音がユーモラスかつ異化的だ。メンゲルベルクの曲が主ということもあり、いつもぶつぶつとモンクを言うような彼のピアノはいつになくのっている。来日時のライブアルバムもリリースされているが、メンバーはかなり変わり、近藤等則 (tp)、ケシャバン・マスラク (ts) らが加わった。（金野）

315. 白石かずこ：Dedicated To The John Coltrane(Musicworks/1977年)

詩人白石かずことサム・リヴァースの歴史的共演。詩の朗読と音楽によるコラボレーションの最高の瞬間を捉えた録音だ。白石かずこは日本を代表する詩人であるだけでなく、日本におけるポエトリー・リーディングのパイオニアであり、現在も第一人者。リヴァースらのミュージシャンとは、この録音で初めて会った。詩は文字から解き放たれ、音韻となり、フリー・ジャズと相見える。コトバと音楽によるインタープレイは、詩を立体的に浮かび上がらせ、活字にはないリアリティで時代の空気と共に蘇る。共演者達は日本語を解さない筈だが、完璧に白石の詩を理解し、演奏しているかのよう。リヴァースの録音でも五指に入る出来だ。そんな奇蹟ともいえる時間を切り取った貴重なドキュメント。（横井）

316. Richard Teitelbaum:Hiuchi-Ishi （日本コロムビア/1977年）

リチャード・タイテルバウムは、シンセサイザーが産声を上げた時から、この「最も原始的な楽器」（と、彼は認識していた）を操って来た第一人者の一人。なにしろモーグが製作した第2号機を使っていたくらいだ。その彼が民族音楽の研究をし、異なった地域・文化の音楽家を集めた「ワールド・バンド」を結成していたのは興味深い。1976年秋に日本の伝統音楽の研究の為に来日。横山勝也に弟子入りし尺八の習得に励んだ。その間、日本のフリー・ミュージック・シーンを見て回った。そして、富樫雅彦との増上寺ホールでのコンサートが実現した。その後、加古隆（p,perc）と中川昌三（fl,as）を加えた4人で演奏した録音がこのアルバム「Hiuchi-Ishi」になる。シンプルなリフが、四人の名手によって静的に時に激しく複雑に増殖し、時間とともに濃密な空間を形成する。おそらく用意された楽譜はシンプルなスケッチ程度のものなのだろう。シンセサイザーから発せられる電子音がアコースティックな楽器と出会うと、水と油の様に反発し合ってうまく混ざり合わない場合が多いものだが、そこは百戦錬磨のタイテルバウムの手にかかれば、混ざるも離れるも自由自在にその状況次第にコントロールが効く。彼はツマミの1mmの動きも修練すべき「道」なのだ。シンセサイザーと言えども単なる電子楽器に非ず。尺八と同等の「道」を極める為の楽器なのだ。最後の曲はピコに捧げられている。（末冨）

317. Spontaneous Music Ensemble:Biosystem (Incus/psi/1977年)

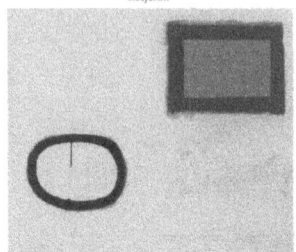

故ジョン・スティーヴンスは全く多才な人物だった。アマルガムでは当初フリージャズだったのが次第にロック的になり、free bopでは大編成を指揮し、自らのカルテットではハードバップとも思えるようなノリの演奏を見せ、またワークショップを率いて若手や素人に集団即興演奏の指導を行った。ドラムセットを拡大するのではなく、より繊細な指向のサウンドを出すよう縮小し、またコルネットも吹いた。彼のライフワークとも言うべきSMEではジャズとは異なる即興演奏を指向した。このアルバムでは、それまでのメンバーを一新しスティーヴンス以外の三人は英国即興界では第二世代である。ある意味、より室内楽的な傾向を強めた傑作である。
（金野）

318. Claude Bernard&Raymond Boni:Pot' Pourri Pour Parce Que (Hat Hut/1977年)

クロード・ベルナールは、１９４６年フランス生まれのアルト・サックス奏者。６１年から３年間コンセルバトワールの教授についてサックスを学んだ。７０年からプロとして活動を始めた。スティーヴ・レイシー、高木元輝、ケント・カーターらと共演を重ねる。特に高木元輝には大きく影響を受けた。参加アルバムに「ケント・カーター：ソロ」（７５＆７６年）、「加古隆：巴里の日」（７６年）が有る。レイモン・ボニは、１９４７年フランス、トゥーロン生まれのギターリスト。ジプシー・ギターリストについてギターを学んだ経験を持つ。本作はベルナールとボニのデュオによる７７年のライヴ録音。スイスのレーベル、HatHut 初期の LP で、いまだ CD 化がされていないのが不思議な傑作アルバム。この頃の HatHut 盤は手書きのジャケット・デザインでいかにも自費出版レーベルの匂いを醸し出していたものだ。演奏は同時期のINCUS、FMP、ICP で聞くことの出来たフリー・ミュージックとは相当に趣の異なった響きをしている。彼らに暴力的な演奏は似合わない。ギターも破壊的な演奏はしない。エコーを深めにかけて丸みを帯びた音色。サックスも同様にエコーを深めにかけている。ライヴの時点でそう処理を施していたのか、マスタリング時に処理を施したのかまでは不明。だが演奏そのものが甘くヤワな訳では決してない。即興演奏ならではの、スリリングな緊張感を孕んでいる。
（末冨）

319. Phillip Wilson : Esoteric (hat Hut/1977, 78年)

フィリップ・ウィルソンは、1941年セントルイス生まれのドラマー。AACM のメンバーで、初期のアート・アンサンブル・オブ・シカゴに参加し演奏していたこともある。67年に Paul Butterfield Blues Band に参加し、ウッドストックにも出演し、録音されアルバムにも入っている。ジャズ、ブルース、ファンク、R&B と何でもござれのドラマーだ。その彼の77年と78年のパリ録音（Jef Gilson が録音）の hutHat-Q というレコード番号の付いた、まだまだレーベル初期のこのアルバムは、Olu Dara/オル・ダラ(tp)とのデュオ。オル・ダラは1941年ミシシッピ州ナチェズ生まれ。63年に NYC に移住している。P・ウィルソンと同じく、ジャズ、ブルース、ファンク、R&B、レゲエに精通する。こんな二人がデュオをするとどうなるか？ オル・ダラは、現在の彼の姿とはまるで別人。98年にアフリカン・アメリカンの音楽を全部混ぜたようなアルバムを出して驚かせてくれたが、この頃はフリー・ジャズのトランペット奏者として、大活躍していたのだった。76年5月、Studio Rivbea で10日間演奏された当時のロフト・シーンを代表するグループを集めた Wild Flowers と言う LP5枚に渡る貴重な録音が有るが、ダラもウィルソンも複数のグループを掛け持ちする忙しさだ。彼らはそれだけの幅広さと柔軟性を併せ持っている。この二人の演奏は、フリー・ジャズと言えども、パワープレイは引っ込めて、トランペットとドラムで会話をしているかのようなもので、実際オル・ダラのトランペットからは、本当にしゃべっているかのような音が出ている。いかにもレスター・ボウイの影響が濃いなと思ったら、「Lester B Ⅰ・Ⅱ・Ⅲ」という曲だった。hatHut の中でもこのアルバムは相当地味な存在だろうが、近年 CD で再発された。78年オランダのノース・シー・ジャズフェスティヴァルで収録されたレオ・スミス、ジョニー・ディアニとのトリオ作「Fruits」(Circle)も傑作。（末冨）

320. Lol Coxhill : Coxhill on Ogun (Ogun/1977年&78年)

コクスヒルは芸歴が長いだけに共演者も多く、演奏スタイルも多彩であるが、飄々とした雰囲気だけは不変で、まるで鼻歌のようにソプラノを吹く。M.フィッシャー、ザ・ダムド、突然段ボールなどとも共演している。最近 emanem からリリースされた二枚組 CD では1954〜99年に及ぶ彼の活動が一望できる。英 ogun からの"Divers"（77年）は、A 面が「軋む床とのデュオ」というソロ。B 面では D.グリーン(b)、C.ウッド(cello)、J.ミッチェル(per)というメンバーで、様々なリズムにのって、無調と調性の間を彼のフレーズが自在に遊弋する。ウッドがとまどっているのが面白い。レイシー亡き今、E.パーカーと並び、即興演奏におけるソプラノサックスの「達人」として貴重な存在である。（金野）

321. Steve Beresford : The Bath Of Surprise
(Piano/1977〜80年)

ピアノ、各種管楽器、家庭用キーボード、オモチャ、ベースなどなんでもこなすベレスフォードのソロ。壊れたテープレコーダーによる歪んだ再生や、自ら風呂に入ってる様のそのまま録音、なども独立したトラックになっている標本箱のような小品集。これらを「音楽ではない」と思うのは自由だが「これは楽しい、私もやってみよう」というならそれこそ狙い通りだろう。プロデュースは、フライングリザーズで名を馳せたデヴィッド・カニンガム。実は巧者ベレスフォードは、チャールズ・ヘイワード（This Heat）とともにフライングリザーズのメンバーとしても参加しているし、日本人女性デュオのフライング・チキンズ、ダブバンドのニューエイジ・ステッパーズにも加わっているのである。（金野）

322. John Zorn : The Parachure Years 1977-1980
(TZADIK/１９７７〜８０年)

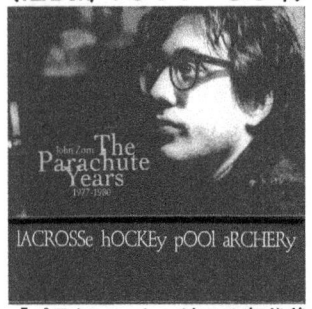

「パラシュート」は７０年代後半、J・ゾーン、E・チャドボーン、P・ブラッドフィールド、H・カイザー等の当時のNYC最先端を走る若きミュージシャンのアルバムをリリースしていたレーベル。このCDボックスは、ジョン・ゾーンがこのレーベルに録音した「プール」、「ホッケー」、「アーチェリー」、「ラックロス」の４作品、７枚のCDが納められている。８０年頃初めて「プール」やユージン・チャドボーンの「スクール」を聴いた時、これまでのフリー・ジャズともフリー・ミュージックとも違うユニークさに驚いたり戸惑ったりもした。新たな即興の在り方がアメリカからやって来たと思った。何やら新しい時代の到来の予感もした。ここで聴ける音楽は、音の断片が目まぐるしく変化するものだ。編集作業によるのではなく、ライヴで行われている所が驚かされる。元々のアイディアは漫画映画の音楽を作っていたカール・W・スターリングにJ・ゾーンが触発されたもので、７４年から作曲を始めていた。今では「ゲーム・ピース」と呼ばれており、８４年作曲の「コブラ」が有名。（末冨）

323. Allan Jaffe : Soundscape (Kromel/1978年)

時々リーダーは知らないが、サイドメンが有名どころが揃ったアルバムと言うものが結構有ったりするものだ。私にとってはこれがその一枚。リーダーはギターリストの Allan Jaffe。サイドメンは、James Newton(fl),Ray Anderson(tb),Anthony Davis(p),Rick Rozie(b),Gerry Hemingway(ds),Pheeroan ak Laff(ds)と豪華な面々。正直言うと、リリースされてあまり間がない頃に買ったのだが、その時は私にとっては全員がほとんどよく知らない存在に近かったものだった。その後全員がリーダー格となり（すでにリーダーとしてロフト・シーンを牽引していた者もいる）知名度も増して行った。肝心なリーダーは、残念ながらこのアルバム以外は知らなかった。しかし、このアルバム自体は大変素晴らしい。当時の NY の最先端を行くジャズが繰り広げられている。サックスが入らず、フロントにフルートとトロンボーンのアンアサンブルは、響きのエッジに少し丸みを与えている。各人のソロは、さすがにこのメンバーならではのレベル。さて、リーダーはと言うとジャズと言うよりも少しロック・テイストなサウンドが特徴なんだが、何しろ耳がサイドメンに向いてしまい、いまひとつ印象に乏しいのは否めないか。だが、作曲面ではリーダーとしての仕事ぶりは評価出来る。彼は、この時期自己のAvan/Funk グループ「Slickaphonics」(Mark Helias,Ray Anderson も参加)も立ち上げており、８０年代は多くのアルバムを出していた。そのことを知ったのは大分後からだった。彼の顔はこれだけに収まらず、ジャズ、ブルース、ファンク、オペラの作曲にまたがり、特にラグ・タイム・ギターと呼んでいる、ラグ・タイムのピアノをギターに置き換えたような演奏も行っている。共演歴も、Julius Hemphill,Bobby Previte,Tim Berne,Marty Ehrich のような NY の気鋭のミュージシャンから、George Russell、はたまた James Brown,Maceo Parker までに及ぶ。（末冨）

324. The Rova Saxophone Quartet : Cinema Rovate (Metalanguage/1978年)

サキシフォン・カルテットは、西洋クラシック音楽における弦楽四重奏のジャズ版と捉えるとそんなに間違ってはいないと思う。７０年代の中盤をすぎてワールド・サキシフォン・カルテット（WSQ）が現れて、大変注目を浴びた。彼等のメールス・デヴューは１９７７年だった。時を同じくして西海岸ベイエリアを中心に活躍していた白人のサキシフォン奏者、Jon Raskin(bs、as、ss、cl)、Larry Ochs(ts、as、sn)、Andrew Voigt(as、ss、sn)、Bruce Ackley(ss、cl、a-cl)もサキシフォン・カルテットを結成し活動を開始していた。ほとんど同時期に結成されていたのだった。ロヴァ・サキシフォン・カルテットの結成は７７年だ。７８年録音のこのアルバムは彼等のファースト・アルバム。リリースしたMetalanguage は、メンバーのオークスが、ヘンリー・カイザー、グレッグ・グッドマンと設立したレーベル。WSQ とはメンバーの人種の違いが有る。そこは同じ形態のアンアサンブルでも大きな音の違いとして現れる。WSQ はドゥーワップも視野に入れた自分たちの血に忠実で且つ先鋭的な表現を求めた。ロヴァ（メンバーの頭文字を取って並べた名前）にはブラック・ミュージックの要素は希薄だ。かと言って現代音楽とも一線を画する。正に彼らが興味を抱いていたジョン・コルトレーン、オーネット・コールマン、アンソニー・ブラクストンらのフリー・ジャズと、エドガー・ヴァレーズ、チャールズ・アイヴス、ジョン・ケージらの現代音楽を混ぜ合わせたような感覚か。いずれにせよ、インプロヴィゼイションが音楽を創造する土台として有るのは間違いないところだ。メンバー各人のサキシフォン奏者としての技量も相当高度で、聴いていて爽快だ。後に、A・ヴォイトが脱退し Steve Adams/スティーヴ・アダムスに替り今に続いている。アルバムのリリース枚数も膨大。（末冨）

325. Barry Altschul : "Another Time/Another Place" (MUSE/1978年)

バリー・アルトシュルは１９４３年 NY ブロンクス生まれのドラマー。１１歳の時ドラムを始めた。６３年ヴァルド・ウィリアムス・トリオでプロ・デビュー。６４年から７０年までの間、チャーリー・パーシップに師事していた。ポール・ブレイとの交流から、彼もジャズ・コンポーザーズ・ギルドに参加した。７０年～７２年、チック・コリア、アンソニー・ブラクストン、デイヴ・ホランドとの「サークル」のメンバーだった。サークル解散後もアンソニー・ブラクストンとの交流は続いて、ホランド共々７４年～７６年にかけてブラクストンのグループに参加し、「The Complete Braxton」、「Town Hall 1972」、「Five Pieces 1975」、「The Montreux/Berlin Concerts」等々多くのアルバムに参加している。さて、本作は７８年の録音の５組の組み合わせが聴けるアルバム。Arthur Blythe(as)、Ray Anderson(tb)、Bill De Arango(g)、Anthony Davis(p)、Brian Smith(b)とは、三曲のモンク・チューンを。アンソニー・デイヴィスと Abdul Wadud(cello)とのトリオは、一見ピアノトリオだが、チェロ・トリオと呼んでもよさそうなくらいアブダル・ワダドのチェロが活躍する。メロディアスなドラム・ソロの次は、デイヴ・ホランンド(b)、ブライアン・スミス(b)、アブダル・ワダド(cello)、Peter Warren/ピーター・ウォーレン(cello)といった重心の低い弦楽器とのユニークな共演。最後は、レイ・アンダーソン、アンソニー・デイヴィス、ブライアン・スミスとのカルテット演奏。バリー・アルトシュが子供の頃ブロンクスで聴いていたようなリズミカルな音楽になっている。彼の多面性を凝縮したようなアルバムになっている。（末冨）

326. Free Music Trio:You Got A Freedom (ALM/1978年)

フリー・ミュージック・トリオは、藤川義明(sax,fl,etc)、翠川敬基(cello,etc)、豊住芳三郎(ds,perc,etc)の頭文字、FとMとTを合わせ、Free Music を演奏することから付けられたグループ名。藤川義明は、１９４９年秋田県生まれ。自己のトリオで PIT INN ニュージャズ・ホールへ出演。後、身体表現、ハプニングも含む破天荒なグループ「ナウ・ミュージック・アンサンブル」に発展する。このグループは、日本音楽史上突出した存在だが、録音は「インスピレーション＆パワー」に１曲収録されているだけだ。音だけでは捉えられないのだから、仕方がなかったか？　藤川は、その後これまた日本では屈指のオーケストラを編成した。「イースタシア・オーケストラ」だ。翠川は、藤川にとっては欠かせない音楽的パートナーで、そんな二人に豊住芳三郎と言う屈指のドラマーが加わってこのトリオが出来た。これは７８年録音の、トリオの初アルバム。と言っても、セカンド・アルバムは、１９９７年まで待たなければならなかったが。彼らは、この録音後にメールス・フェスティヴァルに登場し、メールの大観衆の度肝を抜き、アンコールに次ぐアンコールが起こった。彼の地の聴衆や評論家やメディアは、東アジアからやって来た何の予備知識も無いグループでも、聴いて判断し、よければ大歓声、悪ければ大ブーイング、または途中で帰る。そんな連中の怒涛の拍手と歓声が大きな会場じゅうに巻き上がったのだった。その後のメディアでの取り上げられ方も、この年のメールスのステージでも屈指のパフォーマンスとの高い評価が並んだのだった。スピードとキレと爆発的パワーと瞬発力。それにプラスして、”The Laugh Is Impotant"だ。実は、この原稿は、レコードではなくて、このメールスのライヴ録音（音質は悪いが）を聴きながら書いている。観衆の中で録られたテープには、演奏中に起こる客席の中の大勢の人の歓声や感嘆の声や、興奮して話し合っている様子も聴こえて来る。（末冨）

327. Evan Parker&Greg Goodman：Abracadabra
 (Metalanguage/The Beakdoctor/1978年)

グレッグ・グッドマンは、80年頃レコード店（都内のごく一部の店だが）の店頭に並び始めた「Beak Doctor」と言ういかにもマイナーなレーベルからリリースされた3枚のLPで始めて知ったピアニストだった。Break Doctor も、おそらくは、グレッグ・グッドマンが主宰するレーベルなのだろう。とは言うもののここでアルバムのプロデュースをしているのはヘンリー・カイザーだが。Break Doctor と Metalanguage は、業務提携の間柄のような感じだ。とにかくグッドマンについてはネット上でも情報が希薄。1978年11月1日と2日、バークレーにある「フィンガー・パレス」で、グレッグ・グッドマンとエヴァン・パーカーのコンサートが行われた。当時すでにフリー・ミュージック界では大物視されていた感のあるエヴァン・パーカーを、アメリカ西海岸のミュージシャンが三顧の礼をもって招待し、ホールで二日間コンサートを開いた。と、言ったところではなかったのか。当時では、日本でもそんな感じだった。そこで演奏された二人のデュオを選曲して一枚に収められたのがこのアルバム。2日に演奏されたエヴァン・パーカーのソロは、「At The Finger Palace」として、E・パーカーの数あるアルバムの中でも特に評価の高いものだ。このデュオでは、E・パーカーはテナー・サックスだけを吹いている。G・グッドマンは、内部奏法も多様（おそらくプリペアードしている。）しながら E・パーカーに対抗している。おそろしく集中した演奏で、当時よく聴けた拡散して行く演奏ではない。その意味ではかなりジャズ的な演奏と言ってもいいだろう。エヴァン・パーカーがテナー・サクスを演奏するときは、この楽器の特性なのか、ぐっとジャズに引き寄せられる。ここでは、せわしなくピアノを鳴らしている彼が、ヘンリー・カイザーとワダダ・レオ・スミスのプロジェクト「Yo! Miles」に参加していたのには驚いたし嬉しかった。正直「まだ、やってたんだ！」でした。（末冨）

328. Tristan Honsinger&Günter Christmann：Earmeals
 (Moers Music/1978年)

トリスタン・ホンジンガーのチェロと、Gunter Christmann/ギュンター・クリストマンのトロンボーンとベースのデュオ・アルバム。1978年録音。こんなに人を苛立たせ、嘲り、不愉快にさせ、笑わせ、呆れさせ、楽しませ、感激させてくれる音楽は、そうは無いだろう。二人は、美しい音、綺麗な旋律、華麗な音の振る舞い等々と言うヴォキャブラリーなんて、自分の中にこれっぽっちも存在していないが如く、音を軋ませ、破裂させ、切り刻む。聴き手は、バラバラにされた音の断片が飛び交う空間の中、ニタリとして薄笑いをしながら聴き入る。う〜ん、これでは演奏する方も聴く方もビョーキではないか。音楽なり芸術にどっぷりハマるってことは、傍から見ると、そうビョーキなのです。我々ビョーキ持ちは、この演奏を聴いてより症状を重くしては喜んでいる訳なのです。こんな事を書きたい衝動に駆られる音楽が正にこの二人の演奏なのです。と、こんな事を書かせてしまうクリストマンも、元々はジョージ・ルイス（cl）やキッド・オリー(tb)を聴いてバンジョーを弾き始めたり、こんな音楽をやりたくてトロンボーンを吹き始めたのだった。その後、コルトレーンやオーネット・コールマンに触発されて、今のスタイルにたどり着いた。だが、そこからも前進し、トロンボーン、チェロ、ベースの演奏だけではなくて、俳優、舞踏家、音楽家、映像（自らも映像制作を行っている）をステージに上げたミックスド・メディアの作家になって活動している。フリー・ミュージックにデュオ・アルバム数々あれど、これは屈指の傑作！（末冨）

329. James Newton : From Inside (BVHAAST/1978年)

ジェームス・ニュートンは、1953年ロス・アンジェルス生まれのフルート奏者。17歳の時フルートを始めるが、それ以前はエレクトリック・ベースでジミ・ヘンドリクスなどを演奏していた少年だった。フルートの前は、アルト・サックスとバス・クラリネットを演奏していた。エリック・ドルフィーのフルートを聴いてジャズにのめり込んで行った。カリフォルニア州立カレッジで音楽を専攻し、ジャズだけではなくクラシックも習得。75年に NY に移り、デヴィッド・マレイ、アンソニー・デイヴィスらと共演をした。マレイとは、Circle にデュオ・アルバムが有る。さて、1978年アムステルダムにおいて、携帯録音器で録音された本作は、無伴奏のフルート・ソロ・アルバム。よって、音質に少々難が有るのはご勘弁。リリースしたのが BVHAAST というのも興味深い。当時のニュートンは、デヴィッド・マレイなんかとは共演していたものの、まだまだ無名の存在。特に日本では。78年といえば、まだ自費出版のアルバムと Circle 盤が2枚あるのみ。しかし、その演奏は驚異だった。とかくジャズ系のフルートと言えば、ハービー・マン、サム・モスト、ヒューバート・ロウズ等数得るほどしか専業はおらず、せいぜいサックスの持ち替えが関の山で、技術的にもなかなかひどいものも多かった。そんな中エリック・ドルフィーだけが突出していた。そこに久しぶりに現れたのがジェームス・ニュートンだった。アルバムは「Take The " A " Train」で始まり、盟友マレイの「The Hill」で締めくくる。途中自作曲が4曲挟まるが、その中の1曲は「Toru」という武満徹に捧げられた曲もある。ジャズの伝統から、武満に捧げる曲までと幅の広い、そして地に足をつけた彼の音楽は、この後、ECM や Blue Note と言った場所を得て、大きく羽ばたいて行った。（末冨）

330. Johnny Dyani Quartet : Song For Biko (Steeple Chase/1978年)

ジョニー・ダイアニは、1945年南アフリカ、イーストロンドンのタウンシップ、ダンカン・ヴィレッジ生まれのベース奏者。64年 Chris McGregor(p)率いる南ア初のジャズ・バンド「The Blue Notes」に、Mongezi Feza(tp),Nikele Moyake(ts),DuduPukuwana(as),Louis Moholo(ds)と共に参加。そして、南アフリカを離脱し渡欧。66年スティーヴ・レイシーのグループに、ルイス・モホロと共に参加。イタリアのトランペッター、エンリコ・ラヴァも参加したグループは、アルゼンチンで、名作「森と動物園」(ESP)を残す。71年、ロンドンで「Earthquake Power」と言う自己のグループを結成。初リーダー・アルバムは72年ストックホルムで録音された Okay Temiz(ds,perc),Mongezi Feza(tp,perc)とのトリオの「Music For Xaba vol.1&2」(Sonet)。翌年、同じ南アのピアニスト、ダラー・ブランド（アブドゥラ・イブラヒム）とのデュオ作「Good News From Africa」(enja)をリリース。当時コペンハーゲンに居を構え、A・イブラヒム、ドン・チェリー、ハン・ベニンク、マル・ウォルドロン、スティーヴ・レイシーらと度々共演をしていた。78年、ドン・チェリー(cor)、ドゥドゥ・プクワナ(as)、Makaya Ntshoko (ds, マカヤ・チョコの発音が一番近いようだ。）と、南アの反アパルトヘイトの活動家 Stephen Bantu Biko（77年警察の拷問のため脳挫傷で死亡。全く救命措置がとられなかった。）に捧げるアルバムを制作。アルバムのテーマは非常に重いものなれど、やみくもに抗議を示すような表現や、死を悼むような暗い表現はここには無い。ビコの事を何も知らずに聴いたとしても、アフリカの大地の熱気や、地平線から登ってくる太陽（1曲目のタイトルは、Wish You Sunshine。この場合の太陽は希望を表す。）を想像するだろう。共感を訴えるための、これも彼らの戦略なのだ。当時の南ア出身者は、政治的にならざるを得ない。だが、その表現の仕方は様々。ここでの演奏は、チェリーのいた頃のオーネット・コールマンのグループの音楽を下敷きにしたもの。CD では、20分を超える「Lonely Flower In The Village」を追加収録。（末冨）

331. Keshavan Maslak : Buddha's Hand (Circle/1978年)

ケシャヴァン・マスラクは、１９４７年ミシガン州デトロイトで、生まれたマルチリード奏者。親はウクライナからの移民。ノース・テキサス州立大学等で音楽を学び、卒業後は様々なジャズ・バンドやR&Bバンドのツアーをこなした。６８年ダラス・シンフォニー・オーケストラ。６９年モータウンでも仕事（シュープリームスやテンプテイションズ）をしていた。７０年ハンニバル・マーヴィン・ピーターソン、ローランド・カークと共演。サンフランシスコに２年間滞在し、チャールズ・モフェット、デヴィッド・マレイ、レイ・アンダーソンらと共演。７２年NYに移住。ロフト・シーンでは、各所に顔を出し、サム・リヴァース、バリー・アルトシュル、デイヴ・ホランド、ジャック・ディジョネット、デイヴ・リーブマンと共演をしていた。キッチンでは、フィリップ・グラス、ギャレット・リスト、ローリー・アンダーソン、ジョン・ケージらのサポートもした。７８年から８１年にかけて、アムステルダムに滞在し、ICPのメンバー達、ミシャ・メンゲルベルク、ハン・ベニンクらとも共演し、ICPオーケストラのメンバーとして来日したこともある。オランダ時代は、毎年コンスタントにアルバムを制作しリリースしていた。このアルバムもその内の一枚。７８年アムステルダムのBim-Huisにおける、The Keshavan Maslak Trio のライヴ録音。マスラクの他、Mark Miller(b)とSadiq Abdu Shahid(ds)。全員アメリカ人のトリオ。ケレン味の無いストレートなフリー・ジャズ。一瞬たりとも演奏が淀むことなく、スピーディーにパワフルに駆け抜けて行く感じで、聴いていて爽快。彼は、その後益々一筋縄でいかないミュージシャンに変貌を遂げて行く。その中でも、セルゲイ・クリョーヒンとの邂逅は重要。奥さんは日本人で、フロリダで寿司店を経営していると聞いた。（末冨）

332. Lesli Dalaba : Trumpet Songs&Dances (Parachute/1978&79年)

トランペット奏者（近頃はビリンバウも）、Lesli Dalaba/レスリー・ダラバは、７０年代はカリフォルニアを中心にラリー・オークス(ts)、グレッグ・グッドマン(p)らと活動していた。７８年頃NYに移住。フレッド・フリス(g)、ジーナ・パーキンス(harp)、エリオット・シャープ(g,ss)、ジョン・ゾーン(as)そしてラ・モンテ・ヤングらと共演。本作は、１９７８年＆７９年録音の無伴奏トランペット・ソロ・アルバム。内２曲ほどDUOも含まれる。Wayne Horvits/ウェイン・ホーヴィッツがなぜかベースを弾いたものと、ヴァイオリン奏者のPolly Bradfield/ポリー・ブラッドフィールドとの演奏だ。あのトランペットの輝かしい音色を想像、期待されると肩透かしを食うだろう。大きく、強く吹き放つ音とは正反対のくぐもった音がほとんどだ。ルイ・アームストロングとは正反対の音。昔のニューオリンズでは全く相手にされなかっただろう音だ。大きな口を開けて話すのではなくて、口先だけでブツブツ小言を言っているような感じ。勿論意図的にそうしているワケだ。１曲共演しているポリー・ブラッドフィールドのヴァイオリンも、ダラバのトランペットと趣味を同じくする演奏で、よくウマがあっている。近年も、ジーナ・パーキンスやイクエ・モリ等のアルバムで演奏が聴ける。９０年以降はシアトルに住居を移した。地元のミュージシャン達と「Land」を結成し、紅一点活躍している。バンドは、CDも出し、中国公演も行っている。彼女は、漢方医学に興味を示し、漢方薬、鍼を習得したらしい。（末冨）

Disk Guide of Open Music 169

333. Maggie Nicols&Jullie Tippetts : Sweet And S'ours (FMP/SAJ/1978年)

マギー・ニコルズは、1948年スコットランド、エジンバラ生まれのヴォーカリスト。彼女が最初に歌ったのは、16歳の時マンチェスターのストリップ・クラブでだった。その後ジャズを歌い始め、パブ、クラブ、ホテル等で歌っていた。68年にロンドンに移住。スポンテニアス・ミュージック・アンサンブルに参加。キース・ティペットのビッグ・バンド「Centipede」にも参加した。そこにはジュリー・ティペットもいた。ふたりともイギリスの即興シーンで初期から活躍する先駆的存在。これはそんなふたりがデュオを繰り広げた何とも楽しく大変愉快なアルバムだ。78年ロンドンのスタジオでの録音。二人は、ヴォイスだけではなくて、ボンゴ、シンバル等の打楽器、空き瓶に加え掃除機（ジャケットには、どこかのパブだかクラブで"演奏中"の写真が写っている）まで使ってのパフォーマンスを繰り広げている。多重録音も使い、多彩な表現を聴かせてくれる。まず、1曲目から笑わせてくれる。二人が、何やらしゃべくりながら鼻歌を歌ったり、大笑いをしているだけなのだ。こっちも聴いて楽しくなって来る。と言うか笑ってしまう。空き瓶に息を吹き込みながらリズムを取ってみたり、掃除機の吸引で声を変えてみたり（これ、みなさん、子供の頃やったことがあるでしょう？）と、なかなかオチャメな二人でした。とかくフリー・インプロヴィゼイションだの、インプロヴァイズド・ミュージックと言うと、ストイックで聴く側も集中力を求められるところがあるが, The Laugh Is Important！(末冨)

334. Louis Moholo : Spirits Rejoice! (Ogun/1978年)

ルイス・モホロは1940年南アフリカ、ケープタウン生まれのドラマー。Chris McGregor/クリス・マクレガーのグループ「ブルーノーツ」に参加した。その後グループは南アフリカを出国。65年ロンドンに行くも、スティーヴ・レイシーのグループに参加し南米に渡り、アメリカにも行った。67年にロンドンに戻り、以降はイギリスで活躍をする。同じく南アフリカ出身のクリス・マクレガー率いる「ブラザーフッド・オブ・ブレス」、エルトン・ディーン、スタン・トレーシー、キース・ティペット、マイク・オズボーンらイギリスの主要なミュージシャンと数多く共演した。70年代に入るとより広くヨーロッパのミュージシャンと共演を重ねた。彼と同じく Dudu Pukwana(as)、Johnny Mbizo Dyani(b)、Mongezi Feza(tp)ら南アフリカ出身の者達と、ヨーロッパのフリー・ジャズ/フリー・ミュージックにアフリカの血を注入した。この78年録音のアルバムは、同じく南アフリカ出身の Harry Miller(b)が設立したレーベル「OGUN」からリリースされたもの。モホロ、ディアニ、ミラーの南アフリカ勢に加え、Evan Parker(ts)、Kenny Wheeler(tp)、Keith Tippett(p)、Nick Evans(tb)、Radu Malfatti(b)のイギリス勢が加わったアンサンブル。アフリカの空や空気や太陽や大地を感じさせるメロディーが流れた後には、熱く激しい演奏が続く。トロンボーンを二人入れたことでアンサンブルに厚みが出た。エヴァン・パーカーはテナー・サックスに専念して、ここでは豪快な「フリー・ジャズ」を演奏している。モホロのドラムは特有のバネを感じさせる。同じ「フリー・ジャズ」をやっても、他のヨーロッパのドラマーとは違いが出る。イギリスの最先端のフリー・ジャズと南アフリカの豊かな響きが混ざり合った傑作。(末冨)

335. Evan Parker : Monoceros (INCUS/1978年)

　エマネムに残された初期の SME の録音では、P・コヴァルトを迎えて緊張気味のエヴァン、J・スティーヴンスの演奏が聴ける。この当時のエヴァンはまだテナーが主で、あまり個性的ではない、迷えるサックス奏者だったこともわかる。しかし、2 年程経て ECM や INCUS に残る初期 MIC（この名前は「カンパニー」へ継承されたと思う）では、遂にソプラノサックスで前人未到の境地へ達した勇姿が伺える。つまりトレーン流の延々たるソロに、アイラー的な倍音の響きが、そして循環呼吸という「原始的奏法」への回帰によって、INCUS に初の無伴奏ソプラノアルバムを録音する（「エアロバティックス」1975）。そこではまだ荒削りのノイズに溢れているがゆえに素晴らしい。それから 3 年してこの二枚目が発表された。それは遥かに洗練された、「エヴァン様式」が確立されていた。耳障りさは減衰し、循環呼吸は滑らかになり、同時に倍音が鳴り響くマルチフォニックなテクニック。ディジュリドゥ、バンダ族のポリフォニー、ピグミーの合唱、そしてホーミーを同時に聴くような快感が有る。そしてこの後、さらに彼のソロは様式美を磨き上げて行く事になる。（金野）

336. Circadian Rhythm （INCUS/1978年）

　「日周期リズム」というのは生物の体内にある時間感覚のようなもの。そのタイトル通り、一日中演奏するというD. トゥープの企画から生まれたアルバム（実際は13時間の演奏）。参加者の中には演奏では無く、担当が「火」となっている者もあり、一体どういう状況で演奏されたのか極めて興味深い。P. リットン、D. トゥープ、M. イーストリー、P. バーウェル、E. パーカー、H. ディヴィーズ、P. ローフェンス、A. ニコルソン8名が参加しているが、写真にはもう一人見える。メンバーからするとインカス、欧州派とbead派の結節点のようでもある。捕らえ所がないが、それゆえに注意して聴くほどに面白い演奏である。（金野）

Disk Guide of Open Music　171

337. Keith Tippett's ARK:Frames(Music For Film) (Ogun/1978年)

キース・ティペットは１９４７年生まれのイギリスのピアニスト。ジャズ教育新人セミナーで最優秀ピアニストに選ばれるほどのジャズ・ミュージシャンだったが、所謂「ジャズ」の狭い範疇に収まる人でもなかった。彼の名前は、保守的なジャズ・ファンよりもロック・ファンの方が馴染みがあるかも知れない。キング・クリムゾンに参加して数枚のアルバムを残している。レギュラー・メンバーへの誘いは断わり、その後５０人ものメンバーを要するオーケストラ「センティピード」を結成した。アルバム「セプトーバー・エナジー」が残されている。次は一転してジュリー・ティペットら４人で「オヴァリー・ロッジ」を結成。そして７８年、ARKが結成される。総勢２２人。ティペットがこれまで組織して来た色々なグループを総まとめ合体し出来上がったオーケストラと言っていいだろう。イギリスのそうそうたるミュージシャンに加え、当時ヨーロッパのフリー・ミュージックの交流の中心にいたペーター・コヴァルトも参加し、チューバのソロがフィーチャーされている。全体は４つのパートに分かれている。正に音の万華鏡を覗いているがごとく、次々と演奏が展開し、様々な要素が交錯する。幻想的な交響詩から爆発的な集団即興まで目まぐるしく変化する。傑作！（末冨）

338. Derek Bailey:New Sights,Old Sounds (Morgue/1978年)

デレク・ベイリーは、１９３０年イギリスのヨークシャー州シェフィールドの生まれのギタリスト。５２年から６５年まで様々なタイプのコマーシャルな音楽を演奏して来たが、６３年からフリーにも関心を示し出し、６５年以降はコマーシャルな音楽は一切演奏をやめた。彼は単に「フリー・ジャズ」ギタリストに留まらなかった。即興演奏家として新しい道をこの手で切り開いて行ったのだった。即興演奏の地平を一気に拡大したのだった。今ではフリー・インプロヴィゼイション界のグルとして亡き後も君臨し続けている大きな存在だ。ヴェーヴェルンに影響されたと言われる彼のギター演奏は、あまりにランダムな音の選ばれ方に、誰しも最初は戸惑いを隠す事は出来ない。フリー・ジャズ的感覚を持ってしても、彼のギターから発せられる音達はあまりにも既製の制度から逸脱しアナーキーな荒野を我々に見せるのだった。７８年デレク・ベイリーは、来日し数回の演奏する機会を得た。内一つが一枚目のスタジオ録音で、ライヴではアンプの不備の為使用出来なかった二台のアンプを使った演奏を収録している。二枚目は名古屋でのライヴ録音と、町田市にあったカラヴィンカでのライヴ録音を収録。特に名古屋での演奏は、本作をプロデュースした間章もデレク・ベイリー本人も認める最高の演奏が聴ける。（末冨）

339. TOK : TOK-LIVE (TRIO/1978年)

TOK（トーク）は、加古隆がフランス滞在中に、ケント・カーター、オリヴァー・ジョンソンと結成したトリオ。73年から75年までの間は、この三人はスティーヴ・レイシーやノア・ハワードのグループのリズム・セクションを務める間柄だった。レイシーの「ジ・オウル」と、ハワードの「ベルリン・コンサート」で聴く事が出来る。このアルバムは、トークの行なった78年の日本コンサート・ツアーの最終日のライヴ録音。レイシーの曲「ジ・オウル」で始まる。加古のピアノが、マル・ウォルドロンを思わせる。次の加古の曲「ドリップス」では、激しいインタープレイを見せ、「ドリームス」では、緊張感の有るバラード・プレイを見せる。カーターの曲「ザ・チューン」は、目覚しく展開が変わる。名盤です。（末富）

340. Jean Dubuffet : EXPERIENCES MUSICALES DE JEAN DUBUFFET/COUCOU BAZAR TURIN 1978 (Subrosa/1978年)

1901年生まれで、1985年に没したフランスの画家（ベルナール・ビュッフェと間違わないでほしい）。デュビュッフェの画業については、あまりにも有名だから、ここでは語らない。彼は、既に50年代から即興で多重録音を行い、西欧楽器から各種民族楽器、そして水音やら非楽音まで投入して、膨大な録音を残した。彼の言葉、「私は五万年前の人間の気持で音楽をやる。そこでは何物も彼を制約しなかった」というのが実に爽快だった。彼の音楽にもし似ているものを挙げろと言われればカーゲルの「エキゾティカ」だろう。しかしデュビュッフェのそれは、もっと強烈なテンションをもっている。それはまさに限りない衝動によって音を出している驚くべき作業ではある。

「クークー・バザール」は一種のオペラである。登場するのはデュビュッフェが全てデザインした、おかしな歪んだ人物たちである。彼らはデュビュッフェの音楽とともに、彼の作った舞台で、もたもたと動き回る。デュビュッフェは建築？も手がけている。晩年の作品は多少マンネリの感がないでもない。家業のワイン販売を続け、45歳を過ぎて改めて絵を志し、彼の芸術は「爆発」した。（金野）

341. Tamia (T/1978年)

タミアは、1949年生まれのヴォイス・パフォーマー。ピエール・ファーヴルとの活動歴は長くECM等のアルバムでデュオ演奏が聴ける。78年のパリ録音の本作は、アルバム・タイトルが「TAMIA」とだけ。レーベルの名前も「T」とだけ。彼女自身が設立したレーベルなのだろう。シンプルなだけに逆に主張の強さを感じる。そして、これが彼女のファースト・アルバムのはずだ。それでいてこの完成度、音楽のレベルの高さには舌を巻かざるを得ない。全編彼女の声(と言うか、直接「喉」と言いたくなる曲も有る)だけを使って、これだけのヴァリエーションを聴かせてくれる。鳥の鳴き声。森の中から聞えて来る声。祈りの声。はたまた声で模した尺八の音色。「ファースト・ポリフォニー」と言う曲だけは、タミア以外にも多くの声が参加し、声だけのオーケストラを作っている。合唱ではない、ここまで来ると「オーケストラ」だ。人間の声が持つ情報量の何と多い事か。なんと表現力が有る事か。なんと創造性が豊かな事か。そして彼女の声はいくら激しい表現をしようとも暖かい。「T」からは、その後3枚のアルバムをリリースしている。81年録音のセカンド・アルバムもヴォイスのソロで「Senza Tempo」。82&83年録音のサード・アルバムは、その後長く続くピエール・ファーヴルとのデュオ・アルバムで「Blues For Pedoro Arcanjo」。これはジャケット・デザイン共々美しいアルバムだ。(末冨)

342. Vyacheslav Ganerin, Vladimir Tarasov, Vladimir Chekasin: Live In East Germany/Catalogue (Leo/1978年)

旧ソ連にフリー・ジャズが存在していたことだけでも十分衝撃的だったのに、このアルバムの内容たるや、当時の西側諸国の想像をはるかに越える代物だった。旧ソ連といっても、今ではバルト三国の一つリトアニアを活動拠点としていたというのも面白い。周辺であったことも幸いしていたのだろうか。デュオで活動していたガネリンとタラソフのコンビに、サックスのチェカシンが加わることで、ガネリン・トリオは結成された。多楽器を使い、エレクトロニクスも動員し、ジャズ以外の要素も取り入れ、演劇的なステージ・パフォーマンスと書くとなんだかAECみたいだが、既成の形を乗り越えようとすれば、こうなるのか。地下で蠢くマグマのようなエネルギーに満ちた音楽だ。トリオは87年に解散。ジャケット写真は、再発されたCD「Catalogue」。内容は同じ。(末冨)

343. Environment For Sextet (Ictus/1978年)

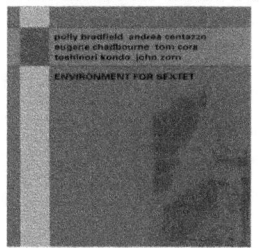

アンドレア・チェンタッツォは、１９４８年イタリア生まれの打楽器奏者、作曲家。２０００年以降はアメリカの市民権を得てロサンゼルスに住んでいる。彼は演奏家、作曲家以外にも教育者、プロデューサーとしても多くの業績を上げているが、中でも７６年に設立した自主レーベル「ICTUS」は重要。７８年チェンタッツォは渡米し、コロンビア大学で行われた当時の NY ダウンタウンの先鋭的若手ミュージシャンの総決起集会のようなコンサートに出演。同年１１月また渡米し、今度は自身のツアーを組んで各地を演奏して回った。そのツアー中の録音から「U.S.A. Concerts」「Environment For Sextet」「The Rova Saxophone Quartet With Andrea Centazzo : The Bay」(ICTUS)、「Henry Kaiser:Protocol」(Metalanguage)がリリースされた。「Environment For‥」は、チェンタッツォの他、P・ブラッドフィールド (vln)、E・チャドボーン (g)、T・コラ (cello)、近藤等則 (tp)、J・ゾーン (reeds) が参加。今でこそ強力なメンバーばかりに映るが、当時は全員見知らぬ若手にすぎなかった。我々にとっては無名に近い者達が、それまでに聴いた事の無い音楽を聴かせてくれるのだから痛快だったし、驚きもした。明らかにデレク・ベイリーの言う「ノン・イディオマティック・インプロヴィゼイション」をさらに先に押し進めた驚異の演奏を繰り広げていたのだから！　もはやここにはフレーズ、リズム、パルスすら存在しない。細切れの音の断片が目まぐるしく交錯する音響空間。自然発生的に奏者の組み合わせも素早く変わる。（末冨）

344. Demetrio Stratos : Cantare La Voce (Cramps/1978年)

アレアのリーダー、ボーカリスト、作曲家として有名。その声の可能性を最大限に展開したのがこのアルバム。幾つかの特殊唱法（ホーミーなど）を自らのものとし、それらを組み合わせて多様な「曲」を構成した。声の即興に興味ある方には是非聴いてもらいたい。アレキサンドリアに生まれ、建築を学んだ後にテクニック、パワー、センスを持つロックバンド「アレア」を結成。左翼シンパとして、また現代音楽における歌手としても活躍したが、惜しくも79年に脳腫瘍のため他界。逞しい彼のボイスは一度聴けば忘れられない。しかしもうディスク以外で聴くことはできないのだ。他に二枚のソロがある。（金野）

345. George Lewis&Douglas Ewart:Jila-Save! Mon-The Imaginary Suite (Black Saint/1978年)

ジョージ・ルイス(現在はジージ・E・ルイス)とダグラス・ユアートの1978年録音のデュオ・アルバム。二人共 AACM のメンバーだ。71年以降二人の共演は続く。D・ユアートは、ジャマイカのキングストン生まれのアルト・サックス、フルート奏者だが、手製のバンブー・フルート等も使い、尺八も吹く。80年代はしばらく日本に滞在し、中村明一(尺八)や斎藤徹(b)らと度々共演をしている。ジョセフ・ジャーマン、D・ユアート、中村明一、富樫雅彦でのコンサートもあった。G・ルイスはトロンボーンの名手としてフリー・ジャズ以外にもカウント・ベイシー・オーケストラへの参加経験もある。現在は、コンピューターが即興演奏をする「ヴォイジャー」の他コンピューター・ミュージックの第一人者でもあり、コロンビア大学の学部長の職にも就いている。前半の二曲はルイスのテナー・トロンボーン、打楽器とユアートのフルート、アルト・サックス、打楽器のアコースティックなデュオ。一部ルイスがエレクトロニクスを加える所もある。総じて落ち着いた演奏で、短い組曲のように場面が展開して行く。後半は、ルイスによるエレクトロニックな音響が全編に渡って鳴り響く。持続する電子音とユアートのバスクラ、フルートが、ルイスの電子変調を加えたトロンボーンが絡み合う。ジャズ的な熱狂はここには無く、全体に落ち着いた音の流れが続く。演奏された時代を考えれば相当斬新な演奏だ。(末冨)

346. 阿部薫&豊住芳三郎:Overhang Party(ALM/1978年)

1978年、阿部薫の死後発売された、豊住芳三郎との二枚組みのデュオ・アルバムである。両者の音は、どちらの演奏だかわからなくなるほど、非常に似通って響きあっている。フリー・ジャズの笛と太鼓による、音圧のある掛け合いを期待すると裏切られる。豊住芳三郎の演奏は、ワダダ・レオ・スミス、ミシャ・メンゲンベルクなどとの、多くのデュオ・アルバムでの音と同様に、非常に開放されていて、阿部薫が、ブローイングを控えざるを得ないほどの緊張感を与えている。とはいえ、堅苦しさを与えないのは、晩年の阿部薫が衰弱することがあったとはいえ、その音響を、豊住芳三郎にあずけて、フレージングに頼ることなく自在に繰り出すことを楽しんでいることにあるからで、阿部薫の足跡がここで途切れることによって、阿部薫といえば、激しい演奏ばかり、という印象が決定的となってしまった。ライナーノートの阿部薫の写真の一枚を見て友人が、ランボーじゃないか!と叫んだことがあり、まったく私的なことだが忘れられない。豊住芳三郎と阿部薫のデュオではさらに、特典版となってしまった、「アカシアの雨がやむとき」があり、こちらが両者にとっての代表的傑作である。(川口)

347. The World Saxophone Quartet;Steppin With
(Black Saint/1978年)

The World Saxophone Quartet(以下 WSQ)は、Hamiet Bluiett(bs)、Julius Hemphill(as)、Oliver Lake(as)、David Murray(ts)という、当時ロフト・ジャズ・ムーヴメントを牽引していたそうそうたるサックス奏者だけで結成されたグループのセカンド・アルバム。ファースト・アルバムはこの前年７７年のメールス・フェスティヴァルでの録音。ドイツとイタリアでリリースされたことが、アメリカでの彼らが置かれていた状況が分かろうというもの。ライヴがロフトを中心に数多く行われていただろうが、ではその録音を大手レコード会社が取り上げるかとなると話は違って、ほとんど相手にされなかったのだ。それは今も昔もそんなには変わってはいない。だが、現在では、自費で制作するのが当時ほどは難しくはないので、たくさんのレーベルが乱立しているが、７０年代はまだまだ困難だった。それをヨーロッパでは、FMP. INCUS. ICP がやっていたことでいかに重要な活動をしていたかが分かるだろう。当時のアメリカのジャズ界はクロスオーヴァー、フュージョン旋風が巻き起こり、逆にオールドタイマーの復古主義的人気が起こるという、クエイエイティヴな活動には厳しい時代だった。だからこそ、自主的な活動がロフトで起こったのだ。さて、WSQ は、サキソフォン奏者４人によるカルテットだが、ジャズ版弦楽四重奏と言えるだろう。前衛派とみなされている彼等のイメージのワリには、あまり過激な表現は無い。同時期に結成された同じくサキソフォン・カルテットのROVA の方が先鋭的に聴こえたものだった。メンバーのひとりが、あるインタヴューで語ったことで、その謎が解けた。「WSQ は、サックスだけでドゥー・ワップをやってみたくて集まったんだ。」との話だった。どこまで本音なのかは知る由もないが、アフリカン・アメリカンでなければ作り得ないサウンドであることは間違いない。その後は手を変え品を変えて、たくさんのアルバムをリリースしている。（末冨）

348. Derek Baily:Duo & Trio Improvisation(Kitty/1978年)

１９７８年、間章が日本に招聘したデレク・ベイリーと、阿部薫、近藤等則、高木元輝、土取利行、吉沢元治が共演した、日本のフリー・ジャズを決定的に変革してしまったアルバムである。例によって間章の横槍があるにせよ、カンパニーに近い、ミュージシャンの、さまざまな組み合わせによる、スタイルにとらわれない即興演奏がおさめられている。後のＣＤでの再発にあたり、未発表音源が加えられ、さらに充実したものとなった。デレク・ベイリーが日本のフリー・ジャズに与えた影響は絶大で、多くのミュージシャンにフリー・ジャズという概念の見直しを迫ることとなり、フリー・ジャズは、ジャズのとらわれから、ようやく開放されることとなった。同時期に、デレク・ベイリーの二枚組みのソロ・アルバム「ニュー・サイツ、オールド・サウンズ」が、間章のモルグ舎から発表された。また後に、「アイダズ・コール」という、あまり録音の優れない作品も発表されているが、貴重な記録となっている。この後、間章は夭折により、シーンを去るが、デレク・ベイリーが間章に捧げた、ソロ・アルバム「アイダ」は、デレク・ベイリーの最高傑作となった。（川口）

349. Paul Lytton&Paul Lovens:Moinho Da Asneira・A Cerca Da Bela Vista A Graca (Po Torch/1978年&79年)

パウル・ローフェンスは、１９４９年ドイツ、アーヘン生まれのドラマー。７０年代からシュリッペンバッハ・トリオのドラマーとして、グローブ・ユニティのドラマーとして、その他FMPを含む数多くのアルバムに名前を連ねる、ヨーロッパ・フリーにおける屈指のドラマー。グローブ・ユニティやベルリン・コンテンポラリー・ジャズ・オーケストラでも来日している。INCUSからリリースされた２枚のエヴァン・パーカーとのデュオ作「コレクティヴ・コールズ」（７２年）と「アット・ザ・ユニティ・シアター」（７５年）で大きく注目を浴びたイギリスのドラマー、ポール・リットン。すでに、楽器のクレジットには、エレクトロニクス、ノイズ、サウンド・エフェクトの表記が見えるように、ライヴでエレクトロニクスを動員してフリー・インプロヴィゼイションを行った先駆的存在で、多くのミュージシャンに影響を与えている。Po Torch Recordsは,二人が共同で設立したレーベル。７７年と７８年録音のデュオが収録されている。ドラマーふたりのアルバムなんだが、そう感じられる所は極めて少ない。オーケストラに入っても、全体をぐんぐん押し上げる力を持っている二人だが、ここではそれをどこかに置いて、ドラマーから大きく逸脱したノイズ発生器と化している。リズムもビートも、聞き分けられるようなパターンも皆無。部屋中で散らばってるオモチャを放り投げ合っているが如し。（末冨）

350. Guitar Solos 3(RIFT/1978&79年)

ヘンリーカウのリーダー的存在だったフレッド・フリスのギターソロプロジェクト第三作。１は彼のみ、２は彼の他、Ｄ・ベイリー、Ｇ・Ｆ・フィッツジェラルド、Ｈ・ライヒェルの４名。そしてここでは８名（Ｋ・ロウ、Ｈ・カイザー、Ｅ・チャドバーン、飯島晃、Ｃ・ハンディ、Ｐ・キュザック、Ｄ・ウィリアムスそしてフリス）のそれぞれのユニークな即興ソロが収録されている。飯島晃は何もギミックなしの静謐な演奏で最後を締めくくっている。フリス自身の作品は、１本のギターを三人で演奏するという反則的なもので、サウンドは想像にお任せする。これは一種の批判的表現だろう。ジャケットはＲ・ワイアット夫人のアルフレダ・ベンジによる。（金野）

351. Max Eastley, Steve Beresford, Paul Burwell, David Toop : Whirled Music(QUARTZ/1978, 79年)

音響彫刻作家イーストリー、奇才ベレスフォード、研究家・編集者でもあるトゥープ、多彩な打楽器奏者バーウェルが集まって「振り回す楽器」だけで演奏した奇妙なライヴ。例えば「精霊の声を出すブルロワー」（うなり板、アフリカ各地に見られる）などを用いた。危険なので演奏者達は異様な仮面をつけ、客席との間には金網を張ったという。この時期の Bead レーベルの連中は非常に実験的な試みをしていた。後にトゥープ、イーストリーが電子音を用いるアンビエント風に走った理由がよくわからない。確かにこのアルバムの音楽にも始めも終わりもないのだが。
（金野）

352. Henry Kaiser&John Oswald : Improvised (Music Gallery Editions/INCUS/1978, 1996年)

米西海岸の即興演奏の中心、メタランゲージ・レコードを、ピアニストのグレッグ・グッドマンと共に設立したカイザーは、そのデヴュー当時から非常に注目された。いわばロック世代の即興演奏が頭角を顕して来た感があった。彼の変幻自在なエレキギターサウンドに対して、ひたすらアルトサックスでフレーズにならないサウンドを斬り付けるオズワルド。その彼が後にサンプリングを多用した音楽「プランダーフォニック」を生み出すというのも面白い。７８年のデュオから１８年経て二人は再び同じ状況で演奏した。それはインカスから CD でリリースされ、１トラックだけ最初のデュオが収録されている。その差異は？　ご自分で検分してはどうだろうか。（金野）

353. 小杉武久&鈴木昭男：New Sense Of Hearing （ALM/1979年）

「音の仙人」鈴木は、近年海外でも評価が高いが、1979年に小杉と二人で録音したアルバム。完全にアコースティックな演奏であるが、鈴木の自作楽器アナラポスなどがアナログリバーブサウンドを演出して、深く、心地良い空間感を作っている。小杉は例によって声と、あの独自のバイオリンを奏で、両者は不即不離、和而不同といった距離感を見せている。融通無碍とでも言うべき境地に達した二人の「疑似対話」は水墨画か山水図のような趣がある。そう感じさせる理由の一つは、各々のサウンドがくっきりしたアタックと余韻によって象られており、それは色彩の平面というより、筆さばきの美しさを思い出させるからだ。ALMレコード、コジマ録音の名品。（金野）

354. 山本邦山：無限の譜 （日本フォノグラム/1979年）

山本邦山は1938年生まれの都山流尺八の名手。本曲等の純邦楽のみならず、現代邦楽、ジャズ、はたまたラヴィ・シャンカールとも共演する等、彼にとってジャンルは存在しないかのようだった。特にジャズには深い理解と行動を示した。70年の菊地雅章、ゲイリー・ピーコックらとの「銀界」は日本ジャズ界の誇る名盤のひとつ。この「無限の譜」は、1979年山本邦山自身の希望で演奏・録音されたもの。共演に選ばれたのは佐藤允彦（p,synth）と富樫雅彦（perc）と言うこれ以上考えられない日本を代表する名手二人。佐藤允彦は曲によってピアノとシンセサイザーを使い分ける。曲のクレジットは全て三人の連名になっている。副題にも「インプロヴィゼイション」とある。だが、完全即興と言う訳ではないようだ。シンセサイザーが効果的に使われている「海の彩」は、正に海面がたゆたうがごとき様が見える様な演奏だ。富樫雅彦によるソロも有る。もちろん三人が丁々発止と渡り合うスリルのあるこれぞ即興演奏と言うのも有る。そんな違いのある演奏をアルバム一枚にバランスよく並べ一つの組曲と言えるような作りに仕上げられている。演奏の記録に終わらない「作品」となっているのだ。それにしても山本邦山の尺八の演奏の自在ぶりには舌を巻く。佐藤&富樫と言う世界でも屈指のインプロヴァイザーのコンビと同等に渡り合う。これを聴く者はフルートを凌駕する尺八の多彩さ、変幻自在さを知る事と思う。（末冨）

355. Giancarlo Schiaffine&Michele Iannaccone : Memo From
(Cramps/1979年)

ジャンカルロ・スキアッフィーニは、1942年ローマ生まれのトロンボーン、チューバ、ユーフォニウム奏者。ローマ大学では物理学を専攻。音楽は独学だった。ジャズを演奏しながらも、70年ダルムシュタットでシュトックハウゼン、リゲティ、グロボカールに師事。即興ユニット、「ヌオーヴェ・フォルメ・ソノーレ」を結成。72年フランコ・エヴァンジェリスティに師事し、電子音楽を学んだ。73年「グルッポ・インプロッヴィザツィオーネ・ヌオヴァ・コンソナンツァ」と共演。と、バロック音楽から現代音楽、フリー・ジャズ、インプロヴァイズド・ミュージックまで幅広く演奏する。ミケーレ・イアンナッコーネは、1944年ローマ生まれのドラマー。ジャズ・ドラムを演奏していたが音楽院で打楽器を学び、現代音楽も演奏する。「ヌオーヴェ・フォルメ・ソノーレ」でスキアッフィーニと活動を共にしていた。79年ミラノで録音された本作は、彼ら二人の初のデュオ・アルバム。だが、73年と78年のスキアッフィーニのアルバム三作には、イアンナッコーネが参加している。ここで聴ける演奏は、「フリー・インプロヴィゼイション」。テーマ等何もない完全即興だ。己の技術、経験を容赦なくお互いがぶつけ合った厳しい演奏だ。トロンボーンや打楽器から発せられるノイズも含めた様々な音の断片を、瞬時に選択・配置して行く。つい最近演奏された音源と言われても頷いてしまうだろう。（末冨）

356. 生活向上委員会大管弦楽団：This Is Music IsThis!?
(Teichiku/1979年)

なんとも人をくったような名前のバンド名と言うか「楽団」名だ。「生活向上委員会」の歴史は意外と古くて、国立音大クラリネット科在籍中の梅津和時と原田依幸のデュオで活動していた1971年から始まる。梅津は74年単身ニューヨークに渡った。翌年盟友原田を「NYのビールはうまいぞ。」と騙しておびき寄せ・・・いや、呼び寄せた。そして「生活向上委員会NY支部」の出来上がり。梅津（as）、原田（p,b-cl）にアーメッド・アブドゥラ（tp）、ウィリアム・パーカー（b）、ラシード・シナン（d）を加え Studio We で収録された演奏をリリース。帰国後は「集団疎開」を結成しアルバムをリリースした。これが核となってこの大管弦楽団は出来た。メンバーは、梅津&原田コンビに、早川岳晴、片山広明、板谷博、篠田昌己、佐藤春樹ら個性の強い実力派ぞろい。ド派手な衣装に、えらく間抜けなタイトルが付けられたオリジナル曲。「変態七拍子」！ 演奏中客席になだれ込んで行き、目をつけた客をミュージシャン達が取り囲こみ、一斉に耳の横で管楽器の咆哮を無理やり聞かせる。お笑いバンドと思ったTVがよく収録していたものだった。「A列車で行こう」を演奏しているが、草葉の陰でエリントンは吹き出している事だろう。最後の「青年の主張」は、当時貧乏（今も？）だったバンド・メンバーの悲痛な叫びだ。「金をくれ〜」とバンドマンの永遠のテーマを叫んでいる。（末冨）

357. Ornette Coleman:Of Human Feelings (Antiles/1979年)

オーネット・コールマンは、1930年テキサス州フォートワース生まれのアルト・サックス、ヴァイオリン、トランペット奏者、作曲家。16歳の時母親からアルト・サックスを買ってもらった（アルバイトで貯めたお金で買ったと言う説も）。独学で練習をし、R&Bバンドで演奏した。その後ビー・バップに興味を示し演奏をしたが、当時すでに風変わりな演奏をしており、客に殴られるような事もあったそうだ。アルト・サックスが移調楽器だと言う事を長らく知らずに演奏を続けていた。どうもその時の感覚が他とのズレを養った？ようで、その後の「ハーモロディック理論」（Harmony,Motion,Melodyからの造語）へと繋がっているのだろう。何が功を奏すか分からない。79年録音の本作は、73年に録音された「ダンシング・イン・ユア・ヘッド」で衝撃を与えた「プライム・タイム」の3作目。オーネットは「フリー・ジャズ」の元祖と言われるが、彼の演奏は誰とでもいつでも共演可能と言った音楽ではない。聴く事と演奏する事が密接に関係し、周囲はオーネットの演奏に注意深く耳を澄ませていなければ、演奏の方向を見失う事になる。「プライム・タイム」の演奏は、一見ポップで聞きやすいノリの良いものに思えるが、全員がバラバラのようで、合っているようで、一体どうなっているのやら不可解な何とも不思議な音楽。ここでは、ハーモニー、リズム、メロディーが同等に生き生きと自由に展開して行く。（末冨）

358. Barre Phillips : Jounal Violone Ⅱ (ECM/1979年)

バール・フィリップスは、1834年サンフランシスコ生まれのベース奏者。47年よりベースは独学で習得。62年バークリー音楽院を卒業。その後クラシックのコントラバス奏者フレッド・ジンマーマンに師事。同時にNYでアーチー・シェップ、ドン・エリス、ジミー・ジュフリー、ジョージ・ラッセルらと共演するようになる。レナード・バーンスタインのフィルハーモニック・オーケストラにも参加。67以降はヨーロッパで活躍する。68年ロンドンの教会で、世界初の即興による無伴奏ソロ・ベースの録音をした。「ベース音楽」と言える世界を作り上げた世界屈指の演奏家だ。バール・フィリップスは、ECM最初期からアルバムを今日までリリースし続けている。これも、彼が79年にECMへ録音した大変美しいアルバム。ジョン・サーマン（ss、bs、b-cl、synth）とAina Kemanis（voice）が曲によっては加わるが、基本的にはベース・ミュージックと言ってよい内容。多重録音も含め、キッチリと構成された中でのインプロヴィゼイション。ECM独特のクリアーな録音の良さもあって、彼の力強いピチカート、美しいアルコの音がくっきりと浮かび上がる。演奏される音楽も、透明度の高い、そして広がりのある音空間を創造する。ベース一本なのに、ヴィオラやチェロも使っているかのように聴こえてしまう所もある。盟友ジョン・サーマンはシンセサイザーも繰り出して、演奏に華と広がりを与える。A・ケマニスの声も、この透明感のある音楽に貢献している。他の即興専門のマイナー・レーベルでは、より激しい演奏を行うが、ECMのレーベル・カラーも十分意識して作られたアルバムと言えるだろう。透明感と広がりのある音空間が心地よい。私は、90年代に2度バール・フィリップスのライヴを地元防府で行っている。最初は、吉沢元治とのベース・デュオ。次はソロだった。デュオの1曲目は、CD「吉沢元治：音喜時」に収録。（末冨）

359. Sean Bergin&Ernst Reijseger : Mistakes (Broken/1979)

ショーン・バージンは、南アフリカ、ダーバン生まれのソプラノ、テナー・サックス奏者。南アフリカで演奏活動を断念し、73年にロンドンに移住。その後アメリカに渡り活動。76年にはアムステルダムに定住。歌手を含むグループ「MOB」を率いる他、数多くのインプロヴァイザーと共演をして来た。78年録音の本作は、54年オランダ生まれのチェリスト、Ernst Reijseger/エルンスト・レイズグルとのデュオ・アルバム。彼らのデュオは、この録音のためだけに顔を合わせたのではなくて、バージンがアムステルダムに移り住んだ頃からデュオ・チームを組んで活動を続けていたのだった。だからこその、アレンジに凝った演奏も行える。それを反映するようなアルバムの構成になっている。たった5秒の曲?から、5分程度の曲まで全14曲。ほとんどはS・バージンの曲。全くのフリー・インプロヴィゼイションの曲や、モンク風の曲もあるが、南アフリカ出身者らしく、大らかな楽しくなるメロディーの曲が多い。S・バージンがペニー・ホイッスルでアフリカン・メロディーを奏で、E・レイズグルが楽しげにボンゴを叩く曲もある。7曲目は、レイズグルのソロ。チェロをギターのように弾いて哀愁のメロディーを爪弾く。演奏する楽しさが伝わって来る。ジャケット・デザインはいかにも「フリー・インプロヴィゼイション」と言っているかのようだが、中身はもっと大らかな内容。レイズグルは、来日して豊住芳三郎と、デュオ・ツアーを行ったこともある。私は病院のロビーでのふたりの演奏のヴィデオを見たが、まさにレイズグルは、このアルバムで聴けるような、チェロをギターのように横に抱えた演奏とかもやっていた。何とも引き出しの多いミュージシャンだ。Reijsegerと書いて「レイズグル」と読むそうだが?　　(末冨)

360. Andrea Centazzo, La Donna Smith, Davey Willams : Velocities (Trans Museq/79年)

1978年、アンドレア・チェンタツォは、ユージン・チャドボーンの協力の元、最初のアメリカ・ツアーを行った。アラバマ州 Tuscaloosa を拠点にユニークなインプロヴィゼイションを行っている二人組、ラ・ドンナ・スミスとデイヴィー・ウィリアムスと共演を行った。何度かの共演を経て、彼らは音楽的にも人間的にも親密な関係を持つに至った。翌年、チェンタツォは、スミスとウィリアムスの二人をヨーロッパへ呼び、かれらの最初のヨーロッパ・ツアーを企画した。ローカルな地域で活動をしていたスミスとウィリアムスの国際デビューと言ったところだろうか。イタリアのボローニャと、チェンタツォのスタジオで2度のレコーディングが行われ、スミスとウィリアムスが設立していたレーベル「Trans Museq」から「Velocities」としてリリースされ、近年チェンタツォのレーベル「Ictus」から、2010年アラバマ州バーミンガムで、かれら3人が久しぶりの再会を果たした時の公演の様子を加えて CD で再発された。演奏はスミス(vln, viola)、ウィリアムス(g, banjo)、チェンタツォ(premier drum set, ufip cymbals, gongs, perc, synth)によるフリー・インプロヴィゼイション。当時の NY のロフトで演奏されていたものとも、所謂ヨーロッパ・フリーと呼ばれていたものとは、相当に異なる演奏は、始めて聴いた時は新鮮だった。何か新しい音楽が現れ始めた感じがしたのだった。体力フリー（と当時呼んでました）とは全く別の、音は音だけでいいじゃないか、それ以上の意味を込めなくてもと言ってるようで、主義主張をゴリ押しする時代は終わったんだぞと彼らに言われているような気分になった。彼らのアルバムを必死なって買おうとするも、滅多に店頭に並ぶことがなくて苦労した覚えがある。地方都市に、新しい芽が吹いて、それがそれまでとは違った音響を響かせるとは、正に現在を先取りしていた二人だった。そんな彼らをチャドボーン達は認め、ネットワークに取り込んだ。(末冨)

361. Charles Austin : Miami (Atomosphere/1979年)

チャールズ・オースティンは、マイアミを拠点に活躍していたサックス奏者。ソプラノ、アルト、テナーのサックスのみならず、フルート、クラリネット、オーボエ、イングリッシュホルンも吹く。オースティンと言えば、必ずジョー・ギャリヴァン（ドラム、パーカッション、シンセサイザー奏者）の名前が抱き合わせのように出て来る。これまでのオースティンのアルバムと言えば、ほとんどは二人の共同名義ばかりだ。62年、ギャリヴァンが、ニューヨークからマイアミに移り住んで、テレビ・ショー「Music USA」の指揮をしていた時に、オースティンと知り合って、以来ふたりの共同作業とも言っていい関係は長く続く。79年録音のこのアルバムは、珍しくもチャールズ・オースティンのリーダー作だ。当時は、ロンドンを拠点にして、ヨーロッパ各地で演奏をしていたギャリヴァンも当然のごとく参加している。オースティンの地元マイアミを音で描いたといった風情を感じるアルバム。Tony Castellano(p)、Papito Hernandez(b)、Jose Cigno(perc)他ヴォーカルも加えた演奏。アルバム導入部は、鳥の鳴き声を模した音が飛び交う。その上でオースティンのフルートが柔らかなメロディーを奏でる。このアルバム全体にマイアミの森の中の音が、通奏低音のように鳴り続ける。フルートやオーボエ等の柔らかい音を使って、JAZZ・JAZZ していない演奏が多いのだが、サックスに持ち替えると途端にホットな JAZZ の色が濃くなる。所々男女ふたりの詩の朗読も混ざり、アルバム全体を組曲として構成してあるようだ。ビートルズの「ミッチェル」も演奏され、美しく解体されて美味。オーボエの音色がよく合っている。オースティンは、マイアミをずっと拠点として活躍していたようだ。アメリカでは、ローカル・ミュージシャンといえども要注意。（末冨）

362. Anthony Davis/James Newton Quartet : Hidden Voices (Indianavigation/1979年)

アンソニー・デイヴィスは、1951年ニュージャージー州パターソンで生まれた。ピアニスト、作曲家。彼の作る音楽は、ジャズ、フリー・ジャズに限らない広範囲のもので、ブロードウェイ・ミュージカルから、オペラ（「Wakonda's Dream」は、アメリカ先住民の家族の物語を描いたオペラ。マルコム・X の生涯を描いた「X. The Life And Times Of Malcolm X」は、CD で聴ける。）まで。ワダダ・レオ・スミスのグループ「New Dalta Ahkri」に参加し、74年「Reflectativity」(Kabell)が初録音となる。ワダダ・レオ・スミスとの関係は現在も続き、マラカイ・フェイヴァース、ジャック・ディジョネットと共にスミスのグループ「Goleden Quartet」で活躍した。75年にマリオン・ブラウンの「Vista」に参加。さて、この「Hidden Voices」は、ジェームス・ニュートン(fl)との双頭カルテットで79年に吹き込まれた India Navigation 盤だ。他は、New Dalta Ahkri のメンバーとして一緒に演奏をして来たフェローン・アク・ラフ(ds)、アメリカ先住民のベーシスト、リック・ロージー(b)、そしてジョージ・ルイス(tb)。凄いメンバーが集まってるように見えるが、当時はまだまだ皆若手。それが今では、デイヴィスはカリフォルニア大学サンディエゴ校の教授で、エール大学、ハーバード大学でも教鞭をとったこともある。ジョージ・ルイスは、コロンビア大学で学部長を務める教授だ。さて、ここでの演奏だが、フリー・ジャズと呼ぶには丹精で形が整った演奏。隅々まで神経の行き届いたアレンジが、彼の作曲能力を知らしめる。だが、一級のインプロヴァイザーでもあるメンバーなので、その中から浮かび上がって来るソロは、やはり素晴らしいものだ。フロントをフルートとトロンボーンにしたことで、あからさまなフリー・ジャズ然とした音楽から引き離している。ジャズのエネルギーを持った室内楽の印象。その後デイヴィスは、ガムランを始め非西洋音楽、近現代のクラシック音楽、様々な黒人音楽も統合したような創作を始める。（末冨）

363. Dwight Andrews : Mmotia-The Little People (Otic/1979年)

ドゥワイト・アンドリュースは、1951年デトロイト生まれのマルチ・リード奏者。ワダダ・レオ・スミスの New Dalta Arkhri メンバーとして「Go In Numbers」、「Spirit Catcher」、「Divine Love」、「The Mass On The World」、「Leo Smith Creative Orchestra:Budding Of A Rose」、または「Roscoe Mitchell Creative Orchestra:Sketches From Bamboo」(レオ・スミス盤と同メンバー)。または、Jay Hoggard/ジェイ・ホガード(vib)の「In The Spirit」(Muse/1992)に参加しているが、リーダー・アルバムとなると、おそらくこのアルバム1枚だけなのではないだろうか。演奏するよりも、主に教育者として活躍している。エール大学を出て、母校やハーバード大学でも講義を持つ。1996年から98年にかけては、National Black Arts Festival のディレクターも勤めている。アフリカン・アメリカンのアート全般を後世に伝える役割を担った重要人物の一人。79年録音の本作は、Dwight Andrews(ss、as、b-cl、contrabass-cl、alto-fl、indian wood-fl、perc)、NanaVasconcelos(perc,flextone,corpo,voice,bottles,beads,atumpan) と、Nat Adderley(p)の三人による演奏。三人同時は少なく、ドゥワイト・アンドリュースの様々な楽器による無伴奏のソロになる曲が多い。そこにナナ・ヴァスコンセロスが加わると、彼の色合いが突然濃くなる。誰の演奏だろうがナナが加わると、どれも彼の色に染め上がってしまうほどの強い個性を持っている。ここでも、どっちのリーダー作なのか分からなくなってしまうところがある。だが、一見そう見えてもD・アンドリュースの曲の中での個性発揮には違いない。N・アダレイは、あのナット・アダレイの息子で、ピアニスト。正直言うと、あのナット・アダレイがピアノを弾いているのかと、しばらく思っていた。87年には、バーニー・ウォーレル、ジャラマディーン・タクマも含めたブッチ・モリス以下9名が参加した、ジャズ、ロック、ブルース、ファンクが渾然一体となったようなユニークなプロジェクト「Fool Proof:No Friction」にも参加して4曲を提供して、演奏もしている。(末冨)

364. Fred Van Hove : Church Organ (FMP/SAJ/1979年)

フレッド・ヴァン・ホフは、1937年ベルギー、アントワープ生まれのピアノ、オルガン奏者。ロックンロール・バンド、ビッグ・バンドで歌伴をしていたが、17歳の時ビ・バップを始め、酒場で演奏をしていた。しだいにコルトレーンやオーネット・コールマンに惹かれていき、バンドはフリー・ジャズを演奏するようになっていった。ペーター・ブロッツマンと出会い、ハン・ベニンクとトリオを結成した。68年から75年まで活動を継続。その間「Balls」、「Elements」、「Outspan No. 1&2」、「Tschus」等8枚をリリース。パイプ・オルガンで前衛音楽。と、考えたらリゲティの名前が真っ先に浮かぶだろう。彼は、「ヴォルーミナ(1961～62)」と「エチュード(67)」というトーン・クラスターを多用した(というか、ほとんどというか)衝撃のオルガンの為の曲を作曲している。この2曲は、パイプ・オルガンと言えば教会音楽という概念を吹っ飛ばしてしまった正に驚異の音楽だった。即興の世界にも、このパイプ・オルガンを使って過激な音をぶちかましてくれたミュージシャンがいたのだった。それが Fred Van Hove(フレッド・ヴァン・ホフ～本当の発音はどうなんだろう？ ファン・ホーフェ？)だ。ピアノの時は、パワープレイよりも、どこか飄々として、隣でベニンクやブロッツマン達が大暴れしていても、ひとり他所を向いてまるで無関係と言った塩梅で、ピアノをポツリポツリと弾いているような所がある。ところが、オルガンの前に座ると豹変する。人間が変わったように、怒涛のクラスターの嵐をおみまいするのだ。リゲティ共々オルガンを扱うと、ここから轟音を轟かせたい気分になるのか？Van Hove は教会の中を轟音で満たすだけではなく、所々彼らしいユーモラスな音使いや、ふっと息を抜く音が出て来る。来日した折、日本の教会でも演奏したがったようだが、まず日本では演奏させてはもらえないだろう。(末冨)

365. Hugh Davies : Shozyg Music For Invented Instruments (FMP/SAJ/1979年)

ヒュー・デイヴィズは、1943年イギリス生まれのコンポーザー/パフォーマー。60年代はシュトックハウゼンのパーソナル・アシスタント/エンジニアを3年間勤めていた。数多くのシュトックハウゼンの曲を具現化出来たのは彼に負うところも多かったようだ。68年から71年にかけてはデレク・ベイリー、エヴァンパーカー、ジェイミー・ミューアらと Music Improvisation Company に参加。1979年録音の本作は、ユトレヒトとベルリンでのフェスティヴァルでの演奏で、全て彼の自作の楽器のソロだ。その自作の楽器の写真がジャケットにも載せられていない為具体的にどういう形をしているのか、どういった構造なのか、どうやって音を出しているのかは推測するしかない。テーブルの上に置いてあるだけのようだからおそらくそんなに大きなものではないのだろう。出て来る音も弦を弾いて出された音のようだ。エレクトロニックな音ではなくて、エレクトリックな音だ。電子音をその音源として使ったエレクトロニクスとは全く別の発想で作られた創作楽器と呼んでいいだろう。短い弦状の物を弾いたり擦ったりして、それを変調を加えることもなく増幅させているようだ。創作楽器の場合は不完全な場合が多く（だからこそ面白い。）、結局出せる音は逆に制限される。だからこそ進化させるという面白さもあるのだが。彼の場合は、その後見ていても楽しい自作楽器に成長して行った。彼が68年と言うまだまだフリー・ジャズとしてくくられていた即興音楽の世界にジャズとは全く別の文脈から、それも汎用性の全く無いような自作の創作楽器という、相当に特殊な分野からの参入は、それが Music Improvisation Company と言う、先鋭中の先鋭のグループだったとは言え、時期を考えれば驚異だし、今現在から振り返ると、よくぞ参入してくれたと感謝するしかない。だが、こう言った"楽器"は、即興でしか"演奏"のしようがないのも確かなのでは？（末冨）

366. Stary Dobry Cirkus/ Interjazz IV (Supraphon/1979年)

これは1979年プラハで行われた「INTERJAZZ IV」で演奏されたオーケストラによる6曲収録したアルバム。Antonin Matzner(synth, producer), Jiri Stivin(fl, as), Trevor Watts(ss, as), Alan Skidmore(ts), Rudiger Carl(ts), Willem Breuker(ts, as, b-cl), Albert Mangelsdorff(tb), Rudu Malfatti(tb), Jarmo Sermila(tp, synth), Tony Oxley(vln), Jacek Bednarek(b), Louis Moholo(ds), Rudolf Dasek(g), Gunter Sommer(perc), Emil Viklicky(synth, B-2 のみ)の総勢15名（1曲コーラスも加わる）のメンバーは、チェコスロヴァキア、オーストリア、イギリス、東西ドイツ、南アフリカ、オランダ、フィンランドと、8カ国からそうそうたるミュージシャンが集結した、ある意味グローブ・ユニティ以上の広がりを持った人選だ。特にオーケストラのリーダーを設けなかったようで（この企画のプロデューサーはスプラフォンのプロデューサーを務めていた Antonin Matzner）、作曲した者が各々指揮をとったのであろう。1曲ごとに作曲者が違う為、オーケストラのカラーは、その分多彩になっている。グローブ・ユニティーとかで想像出来るフリー・ジャズ・オーケストラの演奏する音楽とは、良い意味で違っており、一つのオーケストラから、色々な音楽要素が放出されており、聴いていて楽しい。シンセサイザーを使っているところからも、他のオーケストラとはだいぶ響きも印象も異なる。トニー・オクスリーがドラムを叩かず、ヴァイオリンを弾いているのも面白い。このアルバムは Interjazz と言うフェスティヴァルの開催国であるチェコスロヴァキアのスプラフォンのオリジナル盤だが、同じ録音を、東ドイツの AMIGA が「Prag-Jamboree 1979」。西ドイツは FMP が「Interjazz IV Good Old Circus」として同時にリリースしている。よく考えて見ると、旧東欧の共産圏で、このようなジャズ・フェスティヴァルが毎年開催され、このようなオーケストラの企画が出来たという事実は凄い事だ。勝手にジャズ先進国と自称していた日本で、これだけの国からミュージシャン（それも先鋭的な）を集結させ、このようなクリエイティヴな演奏を出来るとはとうてい思えない。ぜひ一度聴いて欲しいアルバム。（末冨）

367. Jemeel Moondoc & Muntu : The Evning Of The Blue Men (Muntu/1979年)

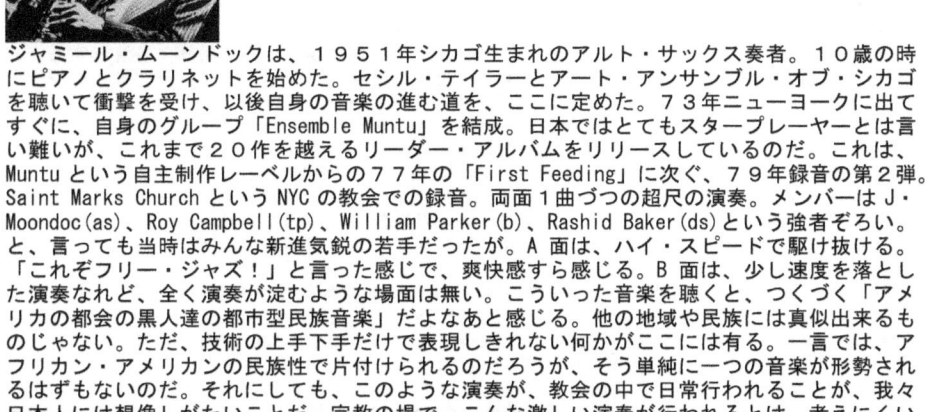

ジャミール・ムーンドックは、1951年シカゴ生まれのアルト・サックス奏者。10歳の時にピアノとクラリネットを始めた。セシル・テイラーとアート・アンサンブル・オブ・シカゴを聴いて衝撃を受け、以後自身の音楽の進む道を、ここに定めた。73年ニューヨークに出てすぐに、自身のグループ「Ensemble Muntu」を結成。日本ではとてもスタープレーヤーとは言い難いが、これまで20作を越えるリーダー・アルバムをリリースしているのだ。これは、Muntuという自主制作レーベルからの77年の「First Feeding」に次ぐ、79年録音の第2弾。Saint Marks ChurchというNYCの教会での録音。両面1曲づつの超尺の演奏。メンバーはJ. Moondoc(as)、Roy Campbell(tp)、William Parker(b)、Rashid Baker(ds)という強者ぞろい。と、言っても当時はみんな新進気鋭の若手だったが。A面は、ハイ・スピードで駆け抜ける。「これぞフリー・ジャズ！」と言った感じで、爽快感すら感じる。B面は、少し速度を落とした演奏なれど、全く演奏が淀むような場面は無い。こういった音楽を聴くと、つくづく「アメリカの都会の黒人達の都市型民族音楽」だよなあと感じる。他の地域や民族には真似出来るものじゃない。ただ、技術の上手下手だけで表現しきれない何かがここにはある。一言では、アフリカン・アメリカンの民族性で片付けられるのだろうが、そう単純にこの音楽が形勢されるはずもないのだ。それにしても、このような演奏が、教会の中で日常行われることが、我々日本人には想像しがたいことだ。宗教の場で、こんな激しい演奏が行われるとは、考えにくい。場であり、空間であり、地域社会であり、宗教が音楽に及ぼす影響が彼らの演奏には様々な形で作用しているのだろう。そうして、この音楽が出来上がったのだ。（末冨）

368. Jerome Cooper : The Unpredictability Of Predictability (About Time/1979年)

ジェローム・クーパーは、1946年イリノイ州シカゴ生まれのドラマー。アメリカン・コンサーヴァトリーとループ・カレッジで学んだ。68年オスカー・ブラウン.jrやカラパルーシャと共演後、渡欧。ヨーロッパでは、AEC、スティーヴ・レイシー、ローランド・カーク、フランク・ライト、アラン・シルヴァ、ノア・ハワード等の渡欧組みを中心に共演。71年に帰国。サム・リヴァース、カール・ベルガー、ジョージ・アダムスらと共演。リロイ・ジェンキンス、シローンと共にレヴォリューショナリー・アンサンブルのドラマーとしての活躍は有名。レスター・ボウイのグループで、セシル・テイラーのユニットのメンバーとしても、アンソニー・ブラクストンのアンサンブルのメンバーとしても録音を残している。1979年7月NYC録音の本作は、サウンドスケープで収録された彼のソロ・アルバム。ドラム・ソロだけ？と、引くことなかれ。そこらへんに転がっているクリシェまみれの退屈な「ドラム・ソロ」とは一線を画す。バス・ドラとハイハットだけを鳴らしながら、チャルメラを吹いたり、ホイッスルを鳴らしたり、バラフォンを叩いたりと、いたってシンプルな演奏なんだが、これが聴かせる演奏なのである。とくにバラフォンを使った演奏は圧巻！　前年の78年にも同じくソロのアルバムを出していた。79年5月にも同じサウンドスケープでオリヴァー・レイク(as,fl)とのデュオが行われており、これはHAT HUTから「For The Peole」としてリリースされた。彼の演奏は、太古からの響きが彼を通して伝わって来るようだ。（末冨）

369. Jiri Stivin&Pierre Favre：Vyletr （Supraphon/1979年）

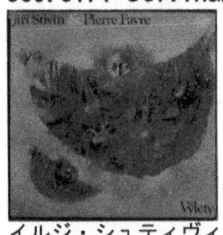

イルジ・シュティヴィンは、１９４２年旧チェコスロヴァキア、プラハ生まれ。フルート、サルト・サックス、バス・クラリネット、各種リコーダー、民族楽器の笛類等々を演奏する。バロック以前の古楽の演奏から、現代曲の作曲・演奏、ロック、ジャズ、フリー・ミュージックと活動の幅がとにかく広い。アカデミックな中でのフルートやリコーダーの習得に加え、６１年ロック・バンドにも在籍し、独学でサックスもマスターした。６０年代マルチン・クラトチビリ（p）と「Jazz Q」結成。６７年～６９年にかけては、カレル・ベルブニーの「SHQ」に参加。ロンドンのロイヤル・アカデミー・オブ・ミュージックに入学し、同時にコーネリアス・カーデューのスクラッチ・オーケストラにも参加している。旧チェコスロヴァキア盤なので日本での流通は数少なかったが、７０年頃から相当数のアルバムをリリースして来ている。特にギターリストの Rudolf Dasek/ルドルフ・ダセクとの共演が多い。７９年録音のこのアルバムは、打楽器奏者の Pierre Favre/ピエール・ファブルとのデュオを収録した二枚組大作。各種フルート、アルト・サックス、バス・クラリネット、各種リコーダーに加え、crumhorns、renaissance ranket、transverse folk pipe、fuyara、syrinx、bressan-baroque recorder、ocaria、voice と、名前を聞いただけでは瞬時に頭に浮かんで来ないような楽器をたくさん使用している。使う楽器も多いが、彼の引き出しの多さも特筆もの。さすがにリコーダーとフルートの腕前は流席に凄い。二枚組にしなければとても収まりはしなかっただろうアイデアの宝庫。共演のピエール・ファーブルも百戦錬磨の強者、彼も各種打楽器で、同じく引き出しの多さでも負けてはいない。一部ヴォイスの Pavel Kuhn/パヴェル・キューンも参加。多重録音も行い、壮大な作品に仕上がっている。カヴァー・アートも含め大変素晴らしいアルバムだ。彼の数多いアルバムの中には、「テレマン：リコーダー協奏曲」もある。（末冨）

370. John Carter：A Suite Of Early American Folk Pieces For Solo-Clarinet （Moers Music/1979年）

ジョン・カーターは、１９２９年テキサス州フォートワース生まれのクラリネット奏者。アルト、テナー・サックス、フルートも演奏していたが、７０年代半ばあたりからは、クラリネットに専念しているようだ。オーネット・コールマンと同郷で、歳も半年前の生まれだ。４０年代終わり頃オーネット・コールマンとチャールズ・モフットと一緒に演奏をしていた。４つの大学で音楽を学んで、L.Aにウインド大学を自身で創設するくらいの学究肌。スウィング期にはクラリネットは花形楽器だったが、モダン期になると少数となった。フリー・ジャズの勃興と共に少し増えて来た。それでも、圧倒的に演奏者が少ないのは、今も変わらない。フリー・ジャズのようなエネルギッシュな音楽にはクラリネットの音は不向きだが、現代のインプロヴァイズド・ミュージックだと、より表現の幅は増しているので、クラリネットも増えて来てはいる。本作は、ジョン・カーターの７９年西ドイツのデュセルドルフで収録されたクラリネット・ソロ・アルバム。タイトルが「アーリー・アメリカン・フォーク・ピース」となっているが、古いフォーク・ソングを掘り起こして演奏しているのではなくて、全曲カーター自身の作曲したもの。演奏自体も、これのどこがアーリー・アメリカン・フォークなの？と言いたくもなるような高周波を飛ばしたり、音の上下運動の激しい演奏が多いフリー・プレイなのだが、所々かすかにそれと感じさせる瞬間が無いでもない。７９年に、バーデン・バーデンで、カーター、ロビンソン、ヨルゲンズマン、コンラッド、ペトロウスキ、トロヴェシの５人のクラリネット奏者を集め、ロックウッド（vln）やエイエ・テリン（tb）まで加え、ジェニー・クラーク（b）、スタン・トレーシー（p）、アルド・ロマーノ（ds）、ギュンター・ゾマー（ds）らまで揃えた豪華なクラリネット・アンサンブルが演奏した。（末冨）

371. Peter Kowald&Barre Phillips : Die Jungen:Random Generators (FMP/1979年)

ペーター・コヴァルトは、精力的に世界中を飛び回りながら、様々なミュージシャンとのデュオ演奏を行って来た。「DUOS」と言うアルバムにその軌跡が刻まれている。共演相手の国も人種も楽器も様々で、沢井一恵(箏)、坂田誠山(尺八)、半田淳子(琵琶)のような邦楽演奏家も含まれる。これら80年代の録音に先立つ79年には、同じベース(コントラバス)のバール・フィリップスとのデュオ・アルバムをFMPからリリースしていた。当時は、「ベース2台で?」と、こちらの想像力を超えた組み合わせ(想像を超えた演奏)に、一瞬購入をたじろかせられたのだった。通常のジャズの場合は、ピチカートがほとんどで、よっぽどのことがない限り、アルコ(弓)での演奏は聴かれない。時々あるにはあるが、(ポール・チェンバースとか)大概はテクニック不足は否めず、音が悪い。アイデアも不足。だが、インプロヴァイザーのベース奏者は、アルコの方が7割で、ピチカートが3割といった割合の演奏が多い。それプラス特殊奏法にも長けており、1本のベースから、それは多彩な音響を生み出してしまうのだ。低い音は当然として、駒の下の弦を使って高い音を出したり、ベースを叩いてみたり、弦に物を挟んで奇妙な音を出してみたりと、見ていていても楽しい。それに、どうもベース奏者同士で演奏するのも好きなようで、最近はベース奏者どうしの色々な組み合わせや、アンサンブルも聴けるようになった。「ベース音楽」とひとつのジャンルとして分けてもいいくらいだ。このコヴァルトとフィリップスのデュオ・アルバムは、そんな「ベース・ミュージック」の正に第1号。ベースを軋ませ、声も出し、丁々発止のやり取りが聴ける。翌年フランス人ベーシストのふたり、Beb GuerinとFrancois MechaliがNOTOからデュオ・アルバムをリリースしている。81年にはコヴァルトとバリー・ガイ。82年は、コヴァルトとマールテン・アルテナも。(末冨)

372. Malcolm Goldstein : Soundings for solo violin(MG/1979年)

マルコム・ゴールドスタインは、1936年NY生まれのヴァイオリン奏者、作曲家。60年代初頭から、現代曲の作曲・演奏から即興演奏、モダーン・ダンスとのコラボレーションまで幅広く活躍する。ヴァイオリンの新たな奏法や音色の探求、そしてヴァイオリンによる即興演奏を早くから行って来たパイオニアだ。これは、1979年ハートフォード「リアル・アート・ウェイズ」での無伴奏ソロ・ヴァイオリンのライヴ録音を彼自身が自費出版したアルバム。レーベル名らしきものが書かれていなくて、MG-1とだけクレジットしてある。両面20分少々の一曲だけが、編集されずに収録されている。即興を編集すると「作品」になってしまう。こうしてLPの形にするのも作品化だろうが。91年にも同じ「Soundings」というタイトルのCDがリリースされているが、こっちは彼との交流が長くて深い作曲家達の現代曲(J・Cage、P・Olivelos、P・Corner、J・Tenney、M・Goldsteinに混ざってO・Colemanも)を演奏している。ヴァイオリンの音色と言えば、殆どの人はクラシックのヴァイオリン奏者(近頃はもっとポップなヴァイオリンも多いが)の奏でる「美音」を想像されることだろう。ここでゴールドスタインが演奏するヴァイオリンからは、あなたの想像する音色の正に正反対の音が鳴り響いています。ギシギシ鳴っています。メロディーの断片すら有りません。この楽器の素材である木、金属の弦、馬の尻尾が素材のまま鳴っている感じ。これを聞くと、クラシックのヴァイオリン奏者が逆に無理をして「美音」を出しているような・・。その為に小さい頃から訓練、練習を重ねているんだが。それを通り越したゴールドスタインのような者が、そのもっと先に有る何かに向かって進んでいるのです。(末冨)

373.Polly Bradfield:Solo Violin Improvisations (Parachute/1979年)

ヴァイオリン奏者、ポリー・ブラッドフィールドの１９７９年録音の無伴奏ヴァイオリン・ソロ・アルバム。幼い頃からピアノとヴァイオリンを演奏していた彼女は、高校生の時セシル・テイラーを聴いた事で、大学でJAZZを学ぶ。NYCでユージン・チャドボーンやジョン・ゾーンと出会い、それからはヴァイオリンに専念することとなった。セシル・テイラーに影響されJAZZを始めたらしいが、直接の影響は彼女の演奏からは感じられない。パワフルな表現は極力抑えた禁欲的な音が特徴だ。アルバム・ジャケットに、小さな頃の彼女がノコギリで木を切っている所の写真がデザインされている。彼女のヴァイオリンの音を暗示している。そう、所謂クラシックのヴァイオリン奏者が出す、あの美音とは正反対で、正に「ノコギリ弾き」なのだ。意識的にそうしているワケだ。ここでの演奏には、通常のフレーズの感覚も無い。正に、ギシギシ、ゴシゴシと鳴る音の破片を辺りに撒き散らしている。ヴァイオリンがノイズ発生器と化しているのだ。ヴァイオリンと言う伝統の垢にまみれたような楽器を使って、ストレートなジャズやクラシックから外れた音楽を作ろうとすればするほど、伝統的な美音を出しのでは対抗出来ない。そこであえて本来の音から逸脱するのは常套手段だ。そんな彼女が影響を受けた音楽家は、パガニーニ、バルトーク、アイヴス、リゲティ、ジャンゴ・ラインハルト、ジョー・ベヌーティ、スタッフ・スミス、エディ・ラング、スウェーデンのフィドル音楽等々というのだから、新しいことに挑戦する者は、まずは基礎固めを十分終えてから挑むのだとの証明だ。残念なことに、彼女はジョン・ゾーンのアルバム「Big Gundown」（８６年）の録音を最後にシーンから姿を消してしまった。私個人はヴァイオリン・アルバムの傑作のつもり。
（末冨）

374.近藤等則/Kondo Toshinori:Fuigo From A Different Dimention (Bellows/1979年)

近藤等則は１９４８年愛媛県今治市生まれのトランペット奏者。京大軽音楽部でジャズに傾倒した。７２年上京し、土取利行や高木元輝らとフリー・ジャズの演奏をした。７８年頃からNYに移住し活動を続ける。このアルバムは、そんな時期の１９７９年に、パリ、ボローニャ、NYCで録音されたトランペットとアルト・ホーンの無伴奏ソロ・アルバム。レーベル名のBellowsとは日本語ではフイゴ（風を送る道具）の事。ロゴは、Bellowsの「ベロ」と音のまんまの「ベロ＝舌」の絵になっている。駄洒落である。こういうところが自主制作らしくて楽しい。さて演奏だが、トランペットとアルト・ホーン（これを聴く機会は少ないのでは？）から発せられる断片的な、そして様々な音が、まるで楽器でオノマトペでも発しているかのように鳴らされる。１分に満たない演奏から、１０分の演奏までの計８曲だが、一度全部解体して、ランダムに置き換えても通用してしまう感じもするが、どうだろう。演奏に連続性や物語性を求める向きにはお薦め出来ない。音に魂を込める「フリー・ジャズ」から、音は音そのものに価値を置く「フリー・ミュージック」に彼の演奏が移行して行ったこれはその証言であり宣言なのだろう。そんな彼も昔は、土取利行と二人でマックス・ローチとクリフォード・ブラウンのコピーをしては練習に励んでいたと、インタビュー記事を読んだ記憶がある。「思わず遠くへ来たもんだ。」という感じか？　今では、エレクトロニクスとトランペットを組み合わせて、もっと遠くに行ってしまわれている。いや、音に魂を込めることに回帰しているので、一周して元に戻ったのか？（末冨）

375. Max Roach&Archie Shepp : The Long March (Hat Hut/1979年)

マックス・ローチは、１９２４年ノースカロライナ州ニューランド生まれのドラマー。４歳の時 NY ブルックリンに移住。１２歳でドラムを始める。４３年のコールマン・ホーキンスのアルバムが彼のファースト・レコーディング。「ミントンズ」のジャムセッションに参加し、ビー・バップの夜明けを迎えた。ケニー・クラークに継ぐモダン・ドラミングの確立に大きく寄与した功績は大きい。チャーリー・パーカーやクリフォード・ブラウンとの演奏は、後世に永遠に残って行くだろう。だが、彼はここで止まりはしなかった。アビー・リンカーンと結婚してからは、黒人問題に大きく傾斜したアルバムを残すようになった。「ウィ・インシスト」、「パーカッション・ビター・スウィート、「イッツ・タイム」、「リフト・エヴリ・ヴォイス・アンド・シングズ」他。７６年ローチは、アーチー・シェップと「Force-Sweet Mao-Suid Afrika 76」と言う２枚組アルバムをリリースして我々を驚かせた。デュオの相手がシェプと言うのも驚きだったが、ジャケット・デザインにも驚かされた。海の中から大きく突き上げられた握りこぶし。その隣を毛沢東が泳いでいるではないか。ファイティング・ニグロの異名を取るローチでも、ここまで露骨に表現を行ったかと言う驚きもあるが、いくらローチといえどもフリー・ジャズはやらないと勝手に思い込んでいた我々の意表を突く形で登場したアルバムだった。そして、７９年ヴィルソー・ジャズ・フェスティヴァルで彼らのデュオ・コンサートが行われ、HatHut が２枚に分けてリリース。ローチの「音楽的な」ドラム・ソロと、シェップの「ジャイアント・ステップス」等のソロ。デュオは、時に静けさもたたえた凄みのある演奏から、激しい演奏までと、一気に聴かせる２枚だ。ローチは、他にもセシル・テイラーとも「Historic Concert」（７９年）、ブラクストンとの「Birth&Rebirth」（７８年）、「One In Two.Two In One」（７９年）が有る。（末冨）

376. Sakis Papadimitriou&Floros Floridis : Improvising at Barakos (LP/1979 年)

サキス・パパディミトリウ（で、いいのか？）は、１９４０年ギリシャ、テッサロニキ生まれのピアニスト、小説家、ブロードキャスター等々と肩書きの多い人。Floros Floridis/フロロス・フロリディスも同じくテッサロニキ生まれのクラリネット奏者。アルト＆ソプラノ・サックスも吹く。７９年アテネのジャズ・クラブ「Barakos」で録音された本作は、ギリシャ初のフリー・インプロヴィゼイション盤とされている。日本人の我々から見ると、ギリシャは、ヨーロッパの国のひとつだし、フリー・インプロヴィゼイションの盛んな国々がすぐ近くに有ると言うのに、それまでこのような音楽がごくごく一部でしか演奏されなかったのが不思議に思える。あの旧ソ連だってガネーリン・トリオが存在していたと言うのに。ここら辺の事情をもっと調べてみたい。さて、この演奏はと。フロリディスはブロッツマンの影響大なのか、終始激しく吹きまくる。逆にパパディミトリウは、ジャズ、ケージらの現代音楽、そして各地の民族音楽と幅広い音楽への関心を示しているように、多彩な演奏。後年顕著なピアノの内部奏法も聴ける。私は、彼の演奏を８６年の in situ 盤で彼の事を知り、大ファンになった。この二人、あまりの方向性の違いと、性格の違い？でこのデュオは短命に終わったらしい。だが、この翌年の８０年、二人共無伴奏ソロ・アルバムを仲良くリリースしている。Papadimitriou は、「1980.Improvisation Series 3 Piano Contacts」。Floridis は、「Improvisation Series 4」。共に同じレーベルから。（末冨）

Disk Guide of Open Music

377. SNAPSHOT/JAZZ NOW JAZZ AUS DER DDR (FMP/1979年)

「FOR EXAMPLE」リリースの興奮冷めやらぬ間に、FMP は東ドイツのミュージシャンだけの演奏ばかりを集めた二枚組 LP（豪華なブックレット付き）をリリースして来たのだった。当時は、ドイツはまだ東西に分かれていた。ベルリンという一つの都市が半分に分かれていたことは、今の若い者には到底ピンとは来ないだろう。カーテンの向こう側の JAZZ。それも、フリー・ジャズを垣間見ることが出来るだけで、興奮を覚えていた時代だった。Free Music Production は、1979年8月10～12日にかけて西ベルリンの Akademie der Kunste で、東ドイツのミュージシャンだけでコンサートを開催した。これは、その中から選曲されたアルバム。東ドイツのミュージシャンのアルバムは、すでに FMP は1973年の Ernst-Ludwig Petrowsky のアルバム「Just For Fun」、Ulrich Gumpert+Gunter Sommer+Manfred Hering の「Old Song」を皮切りに時々アルバムをリリースして来た。しかし、それは Petrowsky, Gumpert, Sommer らに限られていた。この二枚組 LP で初めて聴くことが出来たミュージシャンが多かった。当時、東ドイツには AMIGA という国営のレーベルがあって、結構な枚数のフリー・ジャズの LP をリリースしてはいたが、さすがに入手は困難だった。ベルリンの壁もとっくに無くなって、誰が旧東独出身のミュージシャンだなんて気にもしない時代だが、旧東独出身の優れたミュージシャンが多いのに気づくことだろう。先に上げた三人の他、トロンボーンの達人の Bauer 兄弟、Manfred Schulze, Heinz Becker, Klaus Koch, Hans Rempel 等々。ブックレットは、「FOR EXAMPLE」同様、写真も豊富で見ているだけで楽しい。解説もたっぷりとある。(末冨)

378. Ulrich Gumpert Workshop Band (AMIGA/1979年)

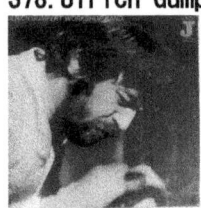

ウルリッヒ・グンペルトは、1945年東ドイツ、Jena 生まれのピアニスト。61年から64年にかけてワイマールで音楽を学んだ。67年から70年までは、Klaus Lentz のバンドで活躍した。69年に自己のバンドを結成。72年ワークショップ・バンドを結成。これが後のウルリッヒ・グンペルト・ワークショップ・バンドになる。当時の演奏は、東ドイツの AMIGA で72年に東ベルリンで録音された「100 X Jazz In Der Kammer/Jazz-Werkstatt-Orchetter:Retrospektive」で聴ける。Ulrich Gumprt の他、Conrad Bauer(tb), Gunter Sommer(ds), Ernst-Ludwir Petrowsky(ss)らの名前を見ることが出来る。また、73年から75年にかけての Jazzerkstatt des Berliner Rundfunks での演奏を収録した「Jazz Aspekte」(NOVA)では、Gumpert&Sommer+Manfred Hering の演奏が聴ける。さて、本作は、彼が率いる、Heinz Becker(tp, fl-h), Manfred Hering(as, ts), Ernst-Ludwig Petrowsky(ss, as, cl), Helmut Forsthoff(ts), Conrad Bauer(tb), Klaus Koch(b), Gunter Sommer(ds)と言う、当時の東ドイツの精鋭部隊が集まったバンドの79年の西ベルリン、アカデミー・オブ・アーツでのライヴ録音。これがリリースされた当時は、東ドイツのミュージシャン達ということもあって、他のFMP で聴ける西側のミュージシャン以上に興味をそそられたものだった。見たことのない壁の向こう側見たさといったところだろうか。そんな私の思い入れなんか嘲笑うように、彼等の演奏は腕達者が深刻ぶった顔をせずに、カーラ・ブレイ・バンドも真っ青なカラフルで自由闊達な快演を聴かせてくれた。当時の東ドイツについて我々が抱いていた勝手な思い込み（社会主義体制による社会主義リアリズムの強制の為、前衛主義的表現は有り得ない等々。こんなフリー・ジャズが演奏されているなんて夢にも思わなかったのだった。）なんか吹っ飛ばしてくれたのが、彼らのバンドの演奏だった。このアルバムは、東ドイツの VEB Deutsche Schallplatten と、西ドイツの FMP の共同製作。このジャケットの AMIGA 盤は東ドイツ。(末冨)

379. Peter Kowald, Wadada Leo Smith & Günter Sommer :
Touch The Earth (FMP/1979年)

FMPを築いた偉人コヴァルト。彼ほど多くのジャンルの共演者を得たベーシストはいない。アメリカの黒人、ワダダ・レオ・スミスは、A・デイヴィス（p）、W・ブラウン（b、fl）と共に「ニュー・ダルタ・アークリ」を結成し、全く新しいセンスによるトランペットと多楽器主義を示した。D・ベイリーの「カンパニー」へ招待され、日本へは詩人白石かず子に招かれ、その後エレクトリック・マイルス路線へと進んだ。ドラマー、ギュンター・ゾマーは共演者に反応して全体をまとめあげる欧州即興演奏の典型だ。それは個人主義と民主主義の共存。これは闘争の音楽「フリー・ジャズ」とは違い、個の平等性と主張の尊重が保証された地盤が必要だ。欧州でも人種問題はあった。それ故「理想のシステム」は「フリーミュージックという理念」を求めたのだ。冒頭の疾走感は次第に内省的な三つの「声」となり、一転、激しい叫びが支配する。そして再び「三つの声」はそれぞれの裡へと帰っていく。即興はいかにして終わるべきか。作曲との差異のありかだろう。即興に終わりはない。即興は旅であり故郷はない。それ自体が目的だ。　（金野）

380. Wadada Leo Smith : Spirit Catcher (Nessa/1979年)

ブルース、ジャズ、クラシックを超え、現代音楽、フリー果てはワールド・ミュージックなる音楽産業及び現象から完全に離れた所にレオ・スミスは存在する。トランペッターとしての活動は幼少の頃から始まるが、自宅の五百楽器の可能性を把握しての山々を音楽に取り込んでいく地味な作業が、いつか演奏され、録音され、会った事なマルチ・インストルメンタリスト象徴としてもある。自己の内なる声（音）に忠実な日々音楽に取り組んで来た半生を通しく。作曲家にとって喜び以外の何物でもないだろう。ア器自を選び、記譜している地味な作業が、いつか演奏され、録音され、会った事ない世界中の人々まで届くのは、作曲家にとって喜び以外の何物でもないだろう。アルバム「スピリット・キャッチャー」は創造における音によるアプローチを忠実に表現した三つの作品から成っており、A面のImagesでは、ハーモニーがメロディーを呼び起こし、音色がビジョンまでも広汎させて行く美しい世界が展開されている。ただ一つベースの音が弱く録音されてしまったのは惜しい。B面、The Burning of Stonesはハープのアンサンブルの為に作曲された作品で、これをバックにスミスはソロ・トランペットの即興演奏を行っている。Spirit Catcherはアークラスメイション（当時はアークリアンベンション）と名付けられたスミスの記譜法ならではの、ミュージシャン個人が自己に挑戦し、それと同時にアンサンブルとしての調和が要求される、緊張感溢れる秀作である。他の作曲家の作品にも数多く参加しているスミスであるが、彼の演奏家としての理由には彼のトーンの美しさだけに留どまらず、スミスなら期待以上にあるよう吹いて、作品の価値を高めてくれるという、白人作曲家達の思惑が存在するからでもある。スミスの様な芸術家こそ、彼にとってふさわしい活動の場が与えられる事をファンは願うのみであるが。（牧野）

Disk Guide of Open Music　193

381. The Milo Fine Free Jazz Ensemble : Against The Betrayers
(Shih Shih Wu Ai Records/1979, 80年)

マイロ・ファインは1952年ミネソタ州ミネアポリス生まれのドラム、クラリネット、ピアノ奏者。ずっと地元ミネアポリスを拠点に活動を続けてきた。61年からドラムを始め、66年にピアノを始める。69年から Free Jazz/Improvised Music を演奏し始める。74年からはクラリネットも始める。79年から80年にかけて録音された演奏を収録した本作は、自身のレーベル「Shih Shih Wu Ai Records」の第3弾。長く共演を続けているギターリストのSteve Gnitka(g)に、Anthony Cox(b)が加わったトリオの他、ソロやデュオも聴ける。M・ファインのドラムは、細かく刻み続け、所謂ドラマーらしい演奏とは少々異質なもので、ジョン・スティーヴンスの影響を感じる。ピアノの演奏もせわしない。クラリネットの演奏も同じく。S・Gnitka のギターは、通常のエレクトリック・ギターの奏法の範囲を大きく逸脱するものではなく、所々ベース・ギターのようにも聴こえる。ベースの A・コックスが全体をしっかりと支える上でクラリネットやギターが暴れ回っている感じだ。個人的にはローカル・ミュージシャンのイメージがどうにも強い M・ファインなんだが、初期の HatHut（76＆77年）にはギターの S・Gnitka とのアルバムが2枚出ていたりする。自身のレーベルも含め数多くのマイナー・レーベルからアルバムが出ており、デレク・ベイリーやアンソニー・ブラクストンとのデュオ・アルバムもリリースされている。現在も現役でミネアポリスで活動中だ。ローカルには間違いないかな。東京に住んでいないとローカル・ミュージシャン呼ばわりするのは、日本人の悪い習性だ。今時どこに住んでいようと演奏活動は出来る。（末冨）

382. Peter Brötzmann&Han Bennink：厚木コンサート
(GUABUNGUE/1980年)

1980年4月 ペーター・ブロッツマンとハン・ベニンクが初来日した時は、ちょっとし事件だった。当時、ヨーロッパの（アメリカでも同じだが）フリー・ジャズ・ミュージシャンが日本でコンサートとは、そうそう有る事ではなかったから。それもブロッツマンとベニンク・クラスが！ 私は中野と市ヶ谷のコンサートに行っている。厚木で行われたコンサートは、この二人の来日コンサートを企画・主催した者達「厚木ジャズ・サーカス」による彼らの地元でのコンサートだ。そのコンサートの録音から切り出して編集した、銀色に輝く豪華なジャケットとブックレットを付けてリリースされた LP がこれだ。演奏はと言うと。ブロッツマンの演奏は、サックスの音の大きさ、破壊力はある程度想像していた通りだったが、ベニンクの演奏は我々の想像をはるかに越えていた。「ドラマー」としての演奏はほんの一部でしかないのだ。そのドラムも壮絶に凄かったのだが・・。ピアノにありとあらゆる攻撃をしかけ（椅子で弾いた！）、床も脚立も大きな竹もステージじゅうが打楽器。サックスもブロッツマンより上手いんじゃないかと言うくらいだし、トロンボーンを吹きながらドラムも演奏する。ヴァイオリンも、ハサミ？も。とにかく一箇所にじっとはしていない。ステージいっぱい所狭しとなにがしかの音を出しながら動き回ってる。まさか、あれから35年後私がハン・ベニンクのこの時のようなパフォーマンスを行った CD をリリースするとは思わなんだ。CD での共演は豊住芳三郎「DADA, 打打」です。（末冨）

383. Music Revelation Ensemble:No Wave
(Moers Music/1980年)

ジェームス・ブラッド・ウルマーは１９４０年サウスカロライナ州セントマシューズ生まれのギタリスト。５９年にピッツバーグに移住し、プロとして演奏を始めた。６７年からはテトロイトで作曲法を学びながら演奏をしていた。７３年にはアート・ブレイキーのグループで演奏。ポール・ブレイ、ジョー・ヘンダーソンらとも共演。同年オーネット・コールマンと出会い、彼から理論を学び、８０年までオーネット・コールマンのグループのレギュラーを務めた。「アー・ユー・グラッド・トゥ・ビー・イン・アメリカ」（Rough Trade）で変態ギターぶりを遺憾無く発揮し、音楽共々世間を「あっ！」と言わせたウルマーだが、前述したように正当な音楽を学んだ上で今の様なスタイルを築き上げたのだ。「アー・ユー・グラッド・・」の録音の半年後、ウルマーは、デヴィッド・マレイ（ts）、アミン・アリ（b）、ロナルド・シャノン・ジャクソン（ds）を率いて「ミュージック・リベレーション・アンサンブル」と名乗ってメールスのステージに立った。しかし、本作はこのライヴではなく、デュッセルドルフでのスタジオ録音だ。ウルマーはこの音楽を「ハーモロディック・ファンク」と呼んだ。ファンクを基調にどこまで飛べるか？　ポップなようでいてシリアス。フリー／アヴァンギャルドのようでいて独特な軽みも持ったこの音楽は、明らかに師匠オーネットのプライム・タイムの影響を感じさせる。８年後日本のDIWに二作目、１０年後に三作目を残した。（末冨）

384. Rick Rozie, Lee Rozie & Rashied Ali : Afro Algonquin
(Moers Music/1980年)

1980年西ドイツで録音されたアメリカ先住民のロージー兄弟と後期コルトレーン・グループを支えた名ドラマー、ラシッド・アリの壮絶なトリオ演奏だ。この年メールス・フェスティヴァルに出演したトリオは大好評を博した。ただし、この録音は、フェスティバル終了後に録音されたもの。Algonquinとタイトルにあるように、ロージー兄弟はカナダのOttawa川流域に住んでいるアルゴンキン族らしい。コンサートの時に、彼ら北米先住民がおかれた厳しい状況を聴衆に対しアジテイトしたそうだ。それをそのまま音楽に置き換えたような激しい表情の演奏が聴ける。しかし、ただ闇雲に声高に叫んでいるような演奏ではない。詩の朗読が有ったり、フルートの演奏も有る。そこでは先住民の血が濃く出た音楽になっている。実際、コンサートの時「我々の古いインディアン民謡をベースとした演奏をします。」と観客に向けて話している。全編に渡って兄Rickのベースの演奏は特筆もの。豊かな表現力を持つ。当時すでに兄のRickは、ジャッキー・マクリーン、バリー・アルトシュルらのグループのレギュラー・ベーシストも努めニューヨークのジャズ・シーンでは重要な役割を担っていたし、コネチカット大学で教鞭もとっていた。その後もAnthony Davis等のアルバム等で名前を見かけ、このアルバムでも聴けるような存在感の有る演奏を聴ける。だが、弟のLeeの演奏は残念ながら、このアルバムと、Ronald Shannon Jackson And The Decording Societyの数枚のアルバムでしか聴くことが出来ないようだ（実は我が家には、メールス・フェスティヴァルの時の、客席で録った録音のコピーが有る。）。誠に残念だ。これだけ気合の入ったサックスもそうそう聴けるものじゃないのに。ともあれ、シャノン・ジャクソンの重要作に名前を連ね、強力な演奏を残せているのは幸運でもある。アリは、もう言わずもがなの変幻自在ぶりで、トリオの推進役をよく勤めている。だが、この兄弟揃ってのアルバムが、これ一作だけとは残念。（末冨）

385. The Art Ensemble Of Chicago : Urban Bushmen (ECM/1980年)

１９７８年、アート・アンサンンブル・オブ・シカゴ（以下 AEC)はECMに「ナイス・ガイズ」を録音した。当時はAECとECMのイメージが結びつかなかったので少々驚いたものだった。ECM特有のクリアーな音質でAECが録音されるという事、そしてマンフレート・アイヒャーのプロデュースはどう演奏に反映されるのか？　M・アイヒャーは「口も出す。」プロデューサーとして夙に有名だ。正直言って「ナイス・ガイズ」はAECにしては軽い出来で、少々肩透かしをくらった感じがした。マイナーのメジャー？ECMへのまずは賛辞がわりのショーケース的なアルバムだった。何しろ、AECの４年ぶりの新作で、おまけにまさかのECMからとなると、こっちも肩に力が入ってる。そのわりには・・？が、正直なところだった。しかし、次の「フルフォース」はAECらしい重量級の出来で満足したものだった。が、その録音の４ヶ月後、ミュンヘンでライヴ録音された本作「アーバン・ブッシュメン」には驚かされた。スーパーヘビー一級のアルバムの登場だった。２枚に渡って、それまでの彼等の集大成と言ってもよい演奏が続く。「グレイト・ブラック・ミュージック」の名の通り、彼等の血液の中に流れるブラックの歴史を俯瞰したような音が演奏のいたるところに現れる。彼らの音楽には、非常に強い構成感が有り、２枚のディスクを通して、ひと晩のステージが大河ドラマを凝縮したように流れて行く。こんなジャズ・グループなんか他には見当たらない。彼らのステージは、音だけではなく視覚的にも魅せる。が、ライヴに行けなくて、こうして録音だけ聴いていても、彼らの音だけで十分表現の幅広さを想像出来るのだ。人間の多彩な感情、歩いてきた歴史を凝縮した９０分間！　AECを初めて聴こうとするなら、録音の良さもあるが、これか「Live In Japan」をお薦めする。共に２枚組だが、AECまでたどり着いたリスナーに「初心者向け」もないだろう。（末冨）

386. Maarten Altena, Maurice Horsthuis, Maud Sauer, Paul Termos : Op Stap (Claxon/1980年)

マールテン・アルテナは、１９４３年アムステルダム生まれのベース、チェロ奏者。作曲家。ヨーロッパ・フリー屈指のベーシスト。ICP、Claxonに無伴奏ソロ・アルバム有り。67年のマリオン・ブラウンの「ポルト・ノーヴォ」でよく知られる。ドラムは、ハン・ベニンク。スティーヴ・レイシーとは、長年に渡り共演をしており、デュオ・アルバムも有る。「High,Low And Order」（Claxon/78年）、Maud Sauer/モード・サワーは、５２年アムステルダム生まれのオーボエ、リコーダー奏者。作曲家。Paul Termos/ポール・テルモスは、５２年生まれのアルト・サックス奏者。作曲家。「サクソフォン協奏曲」等有り。Horsthuisは、ヴィオラ奏者。作曲家。別掲に詳細有り。Claxonは、アルテナが設立したレーベル。スタートは、77年の「K' Ploeng」で、アルテナの他、デレク・ベイリー(g)、テリー・デイ(perc)、Horsthuis(viola)、トリスタン・ホンジンガー(cello)、ミヒェル・ヴァイシュヴィッツ(crackele-synth)と言う凄いメンツが揃った名作。だが、ここではもっと、このレーベルらしいと思える「Op Stap」を紹介。ここに集まった４人はヴィオラやオーボエと言う楽器からも想像出来るが、みんなアカデミックな音楽教育を受けた者達ばかり。(これは、エネルギー・ミュージックをガオーッ！とやってる連中も実はどこかの大学で学んでいたりするのやら。）これは即興アルバムには違いは無いのだろうが、全曲かなり緻密に書かれてあるようだ。オランダの伝統芸？のどこかとぼけたような、どこまで真面目なんだか分からないような所も満載の曲ばかり。一体どこからどこまでが即興でやっているのか、きっちりと書かれているのやら、判別が難しい。曲によっては、即興の割合はかなり違ってはいるようだが、そんなことを考えながら聴いていると、あっという間に１枚聴き終わる。それにしても、みんな達者なことよ。Claxonには、バス・リコーダーのソロ・アルバムがあったりして、要注意なレーベル。（末冨）

387. Fred Anderson&Steve McCall : Vintage Duets　Chicago, January 11, 1980 (Okka/1980年)

Fred Anderson/フレッド・アンダースン（ts）は、1929年ルイジアナ州モンロー生まれ。（関係の無い話だが、私の住む防府市は、このモンロー市とは姉妹都市縁組をしている。）スウィングからハード・バップを通過してフリー・ジャズに向かった正統派フリー・ジャズ・ミュージシャンとも言えるのではなかろうか。AACMの創設メンバーの一人。65年に「クリエイティヴ・ジャズ・アンサンブル」を結成している。Steve McCall/スティーヴ・マッコール（ds）は、1933年シカゴ生まれ。57年からプロ活動を始めた。彼もAACMの創設メンバーの一人。70年代はヘンリー・スレッギル、フレッド・ホプキンスとの画期的トリオ「エアー」でも活躍した。サイドメンでの活躍は数知れずな活躍だ。そんなAACMの重鎮二人による80年代のデュオアルバム。抜群の繊細さとパワーを併せ持つマッコールを相手に、アンダースンは、どっしりとそして悠然と構え、盟友とのデュオを慈しむかのごとく対話を続ける。派手さはないが、滋味豊かな演奏。これぞまさに、フリー・ジャズの中核、王道を行く演奏と言える。お互いの相手への反応し具合や、展開の持って行き方等じっくりと聴き込む楽しさが味わえる。一気に持って行くような演奏も聴いてて気持ちはいいが、この二人のような演奏こそ、聴き手の集中力と理解力が試されるのだ。こういうアルバムこそが、自分が棺桶に入るまで聴き続ける事の出来る逸品なのだ。アンダースンは、地元シカゴで、Velvet Loungeと言うジャズ・クラブも経営していた。多くのミュージシャンに演奏の場を与え、自らもステージに立った。79年録音のトリオ作「Missing Link」もお薦め。2002年には、AECと共演し、「Peace Be Unto You」としてリリースされている。（末冨）

388. Conrad Bauer : Solo (Amiga/1980年)

コンラッド・バウアーは、1943年旧東ドイツのゾンネンベルク生まれの、当代屈指のトローンボーン奏者の一人。弟のヨハネスも同じく優れたトロンボーン奏者だ。ドレスデン音楽院で学んだ。プロとしての最初のキャリアは、ギタリスト＆歌手としてだった。それも、Ernst-Ludwig Petrowskyのバンド「Manfred Ludwig Sextet（68年～70年）」だったというから面白い。70年代に自己のグループ「イグジス」で、フリー・ジャズを演奏した。ペトロウスキーやウルリヒ・グンペルトのグループで活躍中の76年からは、無伴奏ソロを始める。80年東ベルリンで録音されたこのアルバムは、その最初の成果を記録したもの。東ドイツのレーベル「Amiga」からリリースされた。全6曲。信じられないような超絶的テクニックで縦横無尽に吹きまくる。多重録音かと思ってしまう瞬間があるくらいだ。テクニックが表現手段に直結してしまっている感は、否めない。が、ここまでやってくれると「あっぱれ！」と言ってしまう。以降は、ロングトーンを使ったもっと余裕のある演奏をするようになる。彼のソロと言えば、84年、ケルンの市営ガス・電気・水道局が管理する巨大な地下水槽「ゼフェリン」の中でソロを行っている。ここは、残響時間が45秒もあるという。自身のトロンボーンの音と、そのトロンボーンの残響音とのデュオといったところだ。70年代の、バウアーのリーダー作は、この他に「FEZ」（Amiga/75年、77年）と「Conrad Bauer&Gianluigi Trovesi Duo:Secret Point」（Doragon/1979年）がある。（末冨）

389.Ethnic Heritage Ensemble : Three Gentlemen From Chicago (Moers Music/1980年)

シカゴの AACM からは、次世代の優れたミュージシャンがどんどん現れる。その代表格的な二人、カヒル・エル・ザバーとエドワード・ウィルカーソン（二人は、AACM の会長を務めていたことがある）に、ライト・ヘンリー・ハフを加えたこのトリオは、その後も長く続く重要なグループの一つだ。エル・ザバーは、1953年シカゴ生まれのマルチインストゥルメンタル奏者（主に打楽器）。75年に AACM の会長になっている。マラカイ・フェイヴァースとレスター・ボウイ（アリ・ブラウンも）のリチュアル・トリオで多くのアルバムをリリースしている。ディジー・ガレスピー、キャノンボール・アダレイ、スティーヴィー・ワンダー、ポール・サイモンとの共演もある。エドワード・ウィルカーソンは、1953年インディアナ州 Terre Hante 生まれのサックス等マルチ・リード奏者。彼も AACM の会長を務めたことがある。8 Bold Soul や、メンバーが25人にもなる Shadow Vignettes を率いている。ライト・ヘンリー・ハフも、1950年シカゴ生まれのサックス等マルチ・リード奏者。アンサンブルの名前通り、ここでは単なる勢い任せのフリー・ジャズは演奏されず、自らのルーツ、アフリカ、それも太古のアフリカの大地のリズムと、現代のアフリカン・アメリカンの文化を混ぜ合わせた音楽が展開される。リーダーのザバーは、手製のバンブー・フルートを吹き、ゴングとシンバルだけでフロントを煽り、通常のドラマーの領域を大いに逸脱する。フロントのふたりのリード奏者も、熱演。本作は、1981年ドイツ・レコード批評家賞を受賞した。名盤！エスニック・ヘリテッジ・アンサンブルは、現在もメンバーを入れ替えながら続いている。今のメンバーは、エル・ザバーの他、ハミエット・ブルーイェット(bs)とクレイグ・ハリス(tb)が参加している。（末冨）

390.Jay Clayton : All-Out (Anima/1980年)

ジェイ・クレイトンは、1941年オハイオ州ヤングタウン生まれのジャズ・ヴォーカリストであり、60年代のフリー・ジャズと70年代のロフト・シーン、そして現代音楽の分野で、声による技術と表現の拡張に努めて来たヴォイス・パフォーマーでもある。オハイオの大学を卒業後63年に NY に移住。スティーヴ・レイシーのレッスンを受けた。コルトレーン、マイルス、ミンガス、モンク、ドルフィー達の生演奏を聴くことが彼女にとってのジャズの授業だった。67年頃自宅を使い「Jazz At The Loft」と題したコンサート・シリーズを行い、サム・リヴァース、デイヴ・リーブマン、ジーン・リー、セシル・マクビーら多くのミュージシャンが出演した。ムハールのアンサンブル、ジョン・フィッシャーのインターフェイス、バイロン・モリスの Unity と言った性格の違うグループにも加わり活躍し、アルバムも残している。彼女は現代音楽の分野でも活躍しており、ジョン・ケージのヴォーカル曲の演奏や録音（「Works For Piano&Prepared Piano vol,1」、「Three Constructions」、「Four Walls」で聴ける。）、また Steve Reich のアンサンブルには長年在籍し、来日もしている。「Music for 18 Musicians」で聴くことが出来る。さて、このアルバムだが、1980年録音の彼女の初リーダー作。その前の73～75年に録音された「Peter Fish/The Silver Apple」が初録音。63年に NYC に出て来て、フリー・ジャズの渦中に身を置いて以来、17年目にしてやっと作られたリーダー作になる。透明感のある声は、これだけといったジャンルの狭い範囲に身を置くことから、いい意味で解放される事の出来るツールだったのかもしれない。同じヴォイスの Shelly Hirsh ら三人も参加したエスニック＆アンビエント風な曲や、H・スタッドラーの曲もある。長いキャリアに裏打ちされた多彩な表現を聴くことが出来る。共演の Jane Ira Bloom(ss、as)も良い。クレイトンのヴォイスと対等な立場で演奏をする。まるで、サックスが声のように自在に吹き鳴らされる。（末冨）

391. Pharoah Sanders : Journey To The One (Theresa/1980年)

これはファラオ・サンダースが１９８０年に「Theresa」に吹き込んだ２枚組のアルバム（CDでは１枚に収録）。７０年代後半ははっきり言って、彼は失速していた。時代はジャズを押しのけフュージョン旋風が吹き荒れた。もう一方でロフト・ジャズの運動はアンダーグラウンドなれど活発に行われていた。そこにファラオ・サンダースの姿は見当たらなかったような気がするが（アルバムの存在だけで、実際の活動を知らずに判断してしまう我々日本人リスナーの悪い所）、実際はどうだったのだろう。さて、このアルバムだが、ファラオ復活を強く示したものとなった。勿論６０年代のファラオのまんまではない。激しいテナー・サウンドは勿論聴けるのだが、全体的に音楽の重心が軽くなっている感じだ。総勢１８人のミュージシャンを動員したものなのだが、その中には日本の琴（正確には"箏"）、タブラ、シタール、ハルモニウムといった楽器も含まれている。所謂フリー系ミュージシャンの姿は無い。演奏された曲の中には「アフター・ザ・レイン」、「イージー・トゥ・リメンバー」といったコルトレーンの愛奏曲も含まれる。まるでコルトレーンが乗り移ったかのような感じだ。だが、総じて６０年代から７０年代前半までの自分を一歩離れて見ることが出来るようになったようで、いくら激しく吹奏しようとも、どこか吹っ切れている音がする。自分の周りに８０年代という「今」を纏うことによって、これまでとは違うファラオの音楽をその後邁進することになる。何も眉間に皺を寄せて深刻ぶった顔をして演奏し、また聴くだけがジャズではないだろう。これを聴いた時「フリー・ジャズの"顔"としてのファラオ」は終わったなと思った次第。いい意味で次のステップに移行出来たきっかけとなったアルバム。同じく Theresa には、８１年「Rejoice」、８２年「Live」「Heart Is A Melody」を続けて録音している。（末冨）

392. Ray Anderson : Harrisburg Half Life (Moers Music/1980年)

レイ・アンダースンは、１９５２年イリノイ州シカゴ生まれのトローンボーン奏者。スーザフォンや歌も歌う。７３年 NY に移住。７７年ジョージ・ルイスの後を継いでブラクストンのグループに参加。「Seven Compositions 1978」（Moers Music）で聴くことが出来る。Barry Altschul のグループにも参加する。共演歴は、ロスコー・ミッチェル、ヘンリー・スレッギル、サム・リヴァースと言ったフリー系ミュージシャンから、ジョン・スコフィールド、ベニー・ウォレス、そして Dr.John までと幅広い。Slickaphonics というファンク・バンドも結成し、多くのアルバムをリリースしている。今やレイ・アンダースンは、ジャズ界屈指のトロンボーンのスターとしての地位にあり、「フリー・ジャズ」のイメージは無いかも知れない。しかし、彼は７０年代後半、バリー・アルトシュル（ds）のトリオのメンバーとして、メールス・ジャズ・フェスティヴァルに出演し、７８年には Mark Helias(b)と Gerry Hemingway(ds)と共に「Oahspe」（Auricle）と言う初リーダー・アルバムをリリースしている。このアルバムは、８０年ドイツでの録音。Mark Dresser(b)、Gerry Hemingway(ds)と言う後年 A・ブラクストン・グループのレギュラーに収まる凄腕コンビに、一時期デュオで共に活躍したギターリスト、Allan Jaffe を加えたカルテット演奏。A 面２曲目のバラード以外は、バリバリとアグレッシヴにトロンボーンを吹く。彼のトロンボーンの音色は独特で、さながらダミ声の男の声のようだ。M・Dresser と G・Hemingway の二人は変幻自在の演奏を聴かせる。ベースとドラムのコンビとしては、ジャズ界屈指だろう。様々な音楽的要素が混ざり合って展開する楽しいアルバム。（末冨）

393. Tomasz Stanko : Music From Taj Mahal And Karla Caves (Leo/1980年)

トマシュ・スタンコは、1942年ポーランド、Rzeszowで生まれのトランペット奏者。Voice of Americaから流れて来るジャズに惹かれた。58年始めて聴いたジャズのコンサートは、デイヴ・ブルーベック・カルテットだった。62年にAdam Makowics(p)らとオーネット・コールマン、ジョージ・ラッセル、マイルス・デイヴィスにインスパイアされたポーランド初のフリー・ジャズのグループ「JazzDarings」を結成。63年〜67年は、Krzystof Komeda Quintetに参加。より広い音楽の知識をここで得る事が出来た。アルバム「Astigmatic」(Muza/65年)は、ヒリヒリするような緊張感が聴き手を刺激する傑作。初リーダー作は、「Music For K」(Muza/70年)。さて、これは1980年に録音された無伴奏ソロ・トランペット・アルバム。しかし、ただのソロ・アルバムとは少々違うのだ。その録音された場所が、なんとインドのタージ・マハルとカルーラ洞窟というではないか。だいたいそんな所でこんな録音をさせてくれるのかどうか、正直疑問符は付く。だが、本当だと信じて聴けば、電気処理されたエコーではないナチュラルな響きにも聴こえる。それはともかく、場所が場所だという先入観があるせいなのか、トマシュ・シュタンコの演奏がスピリチュアルに聴こえて来る。抽象的な演奏なのは確かなのだが、人を苛立たせたりするようなものではない。元々彼の書く曲もトランペットの演奏も、叙情的で美しい響きが特徴だ。こうした場所での演奏もよく似合っている。アルバム・プロデューサーはフィンランド人のドラマーEdward Vesala/エドワード・ヴェサラ。リリースしたのはLeo Records。と言っても、ロンドンのLeoではなくて、ヘルシンキのLeoです。彼のアルバムは、ECMからもたくさんリリースされている。最初のアルバムが「Balladyna」(75年)。コメダ作品集の「Litania」(97年)は、必聴！(末冨)

394. 高柳昌行&New Direction Unit : Live at Moers Festival (TBM/1980年)

1980年5月26日、ついに高柳昌行&ニュー・ディレクション・ユニットは、メールス・フェスティヴァルのステージに立ったのだった。当時のユニットのメンバーは、高柳昌行(g)、森剣治(as,fl,a-fl,cl,b-cl,篠笛)、飯島晃(g)、井野信義(cello)、山崎泰弘(ds,perc)の5人。アメリカのフリーともヨーロッパのフリーとも違う（日本にも比較出来るグループは存在しなかったが）高柳昌行・ニュー・ディレクションの激しく、厳しい音楽が、メールスの観衆にどう受け止められたか？ 1曲目は、第5福竜丸の乗組員だった久保山愛吉について語られたナレーション（ドイツの作曲家ヘルベルト・アイメルトの作品「久保山愛吉の墓碑銘」から使われた。）が、2曲目には韓国の反体制詩人、金芝河の詩が演奏に重なって流された。2曲とも演奏は静かに、そして厳しい表情で続けられた。グラジュアリー・プロジェクション/暫時投射の新しい試みと言えよう。3曲目はマス・プロジェクション/集団投射で音の洪水をメールスの観衆に浴びせた。最後は高柳のソロ。「サブコンシャス・リー」でコンサートを締め括った。82年高柳は、「ロンリー・ウーマン」と題した初のソロ・ギター・アルバムをリリースしている。これは、ニュー・ディレクションのときとは全く違ったギターの演奏で、オーネット、リー・コニッツ、チャーリー・ヘイデン、トリスターノ、イギリス民謡、オリジナルを演奏している。メールスでのユニットのステージ終了後のアンコールで、高柳はぶっつけ本番のギター・ソロで「サブコンシャス・リー」を弾いた。録音を後から聴いた高柳は、いつかこの形を発展させたら面白いだろうと思っていた。副島輝人氏の話では、演奏後ひとりのスイス人が目に涙を溢れさせながら「これは大事な事だ。大切な音楽だ。」と語ったそうだ。(末冨)

395. 富樫雅彦/&山下洋輔：兆 (Next Wave/1980年)

１９８０年頃は新宿 PIT INN にアパートから歩いてよく行っていた。北新宿に住んでいたものだから、歌舞伎町を通り抜けて、DiskUnion と DIG に行っては時間と少しのお金を費やしていたのだった。その頃の新宿 PIT INN は朝の部があって、５００円でコーヒーが飲めてライヴが聴けたものだった。そこで橋本一子のソロとか、スクエアの前身のバンドとかも聴いたものだ。その新宿 PIT INN には、（今とは場所が違う）当時は山下洋輔がよく出演していた。何日間か続けて、毎日趣向を変えて演奏をしていた。確か１５００円だったと思う。山下洋輔のライブで、あるときからメロディーの美しい、だがどのアルバムでも聴くことが出来ない曲が演奏されるようになった。新曲を演奏しているのだろうとは思っていたのだが、このアルバムが出て謎が解けた。「ノスタルジア」という曲だった。８０年に録音されたこのアルバムだが、当時は結構話題になったものだ。富樫雅彦と山下洋輔という、どう見ても交わりそうにない二人のデュオだったから。６０年代二人は渡辺貞夫のグループに参加していたが、音楽的な相違で喧嘩別れをしてしまい、その後交流はなかったようだった。音楽を見ても到底交わりそうにないものでもあった。それが１５年ぶりに共演したというのだから、ジャズ界ではニュースになったのだ。「噛み合うのか？」とも思ったが、そこはすでに百戦錬磨の二人、感動的な演奏を繰り広げている。当時、山下が富樫側寄りの演奏をしたなどという論評も目にしたが、その前から PIT INN で、山下トリオや色々なセッションを生で聴いていた私は、所謂「山下トリオ」の疾風怒濤の演奏からは軌道を変え始めているのがよく分かっていたので、ここでの演奏はだいたい想像はついたものだった。が、そんな想像を越える名演である。これのライヴ盤「兆・ライヴ」も出た。(末冨)

396. The Social・Science Set (The Break Doctor/1980年)

この CD は、１９８０年カリフォルニア、バークレーの 1750 Arch Street Studio での録音と、サンフランシスコ、The Great American Music Hall で行われた The Metalanguage Festival Of Improvised Music でのライヴ録音から収録されている。当時は２枚の LP でリリースされ大変注目されたアルバムだ。参加しているのは、デレク・ベイリー (acoustic-g)、エヴァン・パーカー (ts,ss)、近藤等則 (tp)、ROVA Saxophone Quartet(B・Ackley,L・Ochs,J・Raskin, A・Voigt)、グレッグ・グッドマン (p,perc)、ヘンリー・カイザー (el-g) の９人。当時の日本人のリスナーにとっては、近藤、D・ベイリー、E・パーカーこそ著名だったが、アメリカ西海岸勢の６人はまだまだ見知らぬ存在に近かった。東のワールド・サキソフォン・カルテットに対して西のロヴァ・サキソフォン・カルテットはまだまだ極一部でしか話題になっていなかったし、H・カイザーにもそれは言えた。G・グッドマン然り。だが、それは知名度の問題で、ミュージシャンの度量の問題とは別物。２３分に及ぶベイリーだけを除いたアンサンブルが聴きものだ。８人ものミュージシャンが集団即興を繰り広げているのだが、お互いの距離感を図りながら単に騒々しいだけのカオスには陥る所は皆無。ベイリーの演奏はラスキン (cl,bs,as) とのデュオ、オークス (ts,sopranino sax)、近藤とのトリオのみ。エヴァン・パーカーは１曲ソロ有り。同時期の NY ダウンタウンの J・ゾーンらの演奏（録音上で）と比べると、彼ら程の演奏の断片化や目まぐるしい程の展開は見られない。(末冨)

397. David Eyges : The Arrow (Music Unlimited/1980年)

デイヴィッド・イージスは、1950年サンフランシスコ生まれのチェロ奏者。53年一家はマサチューセッツ州バーモントに移住。5歳でピアノを、11歳でチェロを始めた。ボストン大学、マンハッタン音楽院でまなんだ。若い頃ジャズに夢中になったが、NYに出てからは、ジョン・リー・フッカー、マディ・ウォーターズ、ライトニン・ホプキンズ等のブルースに熱中し、バンドでブルース・ギターも弾いた。チェロを弾きながらも、アカデミックなクラシックの道には進まず（オーケストラやシアター・アンサンブルに所属したことはある）、ジャズの数少ないチェロ奏者の道を選んだ。このアルバムでも共演している、バイヤード・ランカスター、サニー・マレイ、ポール・ブレイ、セシル・マクビー、サーマン・バーカー、ジーン・リー、ジャッキー・バイアード。そして特にアーサー・ブライスとは長く共演を続けており、デュオ・アルバム「Sky」がある。ファースト・アルバムは、77年録音の「The Captain」マーク・ホワイトケイジ(as)、ロニー・ボイキンス(b)、ジェフ・ウィリアムス(ds)とのカルテット。80年 NY でのライヴ録音の本作は、バイヤード・ランカスター(as, ss, fl)とのデュオ。お互い引き出しの多い者同士の、自由闊達なスリリングな対話が続く。彼のチェロは、ジャズとブルースに魅了されているくらいだから、楽器がクラシカルなものとは言え、演奏はリズミカルだったりブルース臭を出すのも厭わない。どころか積極的に出す。だから、アルコでの演奏よりは、ピチカートの方が多いくらいだ。翌年は、このふたりにサニー・マレイを加えたトリオのアルバム「Crossroads」をリリースした。日本のヴィーナス・レコードからリリースされたポール・ブレイの「Modern Chant」ではブルース・ディトマスとトリオで共演している。（末冨）

398. Tristan Honsinger, Toshinori Kondo, David Toop, Steve Beresford : Imitation Of Life/Double Indemnity (Y Records/1980, 81年)

「Y Records」でリリースされた、80年録音の Tristan Honsinger/トリスタン・ホンジンガー(cello、voice) と Steve Beresford (p, fh) のデュオ・アルバム「Double Indemnity」から2分台から6分台の短い演奏を3曲と、このセッションから未発表だった9分台の曲を2曲収録。それと、81年録音のこの二人に David Toop/デイヴィッド・トゥープ(el-g, bass-g, fl, alto-fl, wooden-fl, small instruments)と近藤等則(tp, voice, mutes, rattles, small instruments)が加わったカルテットのアルバム「Imitation of Life」から21分台と17分台の2曲を組み合わせた新装版復刻 CD。特に、81年（この本は80年録音までだから反則だが）の方では、ホンジンガーもベレスフォードの使用する楽器が格段に増えて、おもちゃのギターまで登場する。ホンジンガーとベレスフォードのデュオも、相当にはトンでるが、81年のカルテットの方は、存在自体が反則のような4人の、ハチャメチャな即興演奏が聴ける。よく「おもちゃ箱をひっくり返したような」と形容されるが、正にこれがそう。この先どうなるのか、どこへ行くのか、どう言う終わり方をするのかサッパリ分からない。これが即興演奏を聴く楽しさの一つ。特にベレスフォードとトゥープの二人は、一つのおもちゃで遊んでいたと思ったら、すぐ放り出して他のおもちゃで遊んでいる子どもの如し。どこからどう見ても（聴いても？）もうここにはジャズどころか、フリー・ジャズですら見当たらない。単に「即興」なのだ。スノッブな連中を嘲り笑うような支離滅裂さに乾杯！しかし、これもしっかりとした音楽性と技術を持ってる者にだけ許された表現なのだ。シロートが「俺にも出来る。」と勘違いしてやったら、3分ともたずにネタは切れ、砂漠の真ん中で立ち往生となる。（末冨）

399. Ned Rothenberg : Trials Of The Argo (Lumina/1980.81年)

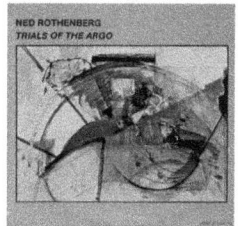

ネッド・ローゼンバーグは、1956年マサチューセッツ州ボストン生まれのマルチリード奏者で作曲家。アルト・サックス、バス・クラリネット、尺八が主要楽器。オバーリン音楽院（1865年設立のアメリカ初の4年生の音大）で学んだ。現在、循環呼吸やマルチフォニックを使うリード奏者は多いが、彼は78年（この年NYに移住）から、これら高度なテクニックを用いて無伴奏ソロを行っていた。また Bob Ostertag(synth) と Jim Katzin(vln) と Fall Mountain というトリオを組んで活動。トリオは、ジョン・ゾーン、フレッド・フリスらの注目を受ける。このアルバムは、彼自身で設立したレーベル、Lumina Records の第1弾としてリリースされた記念すべきファースト・アルバム。片面に20分前後の1曲づつ収録。Side.Aは、初めて聴いた時はショックを受けた。様々なリード楽器やホームメイド楽器を使って多重録音をして、その上でアルト・サックスが鳴らされる。一切電子音を使わずに、楽器から出る多彩な音響（ノイズと言っていい）だけでミュージック・コンクレートを作っていた。その部分部分を聴いているだけでも面白い。Side.Bは、アルト・サックスだけの無伴奏ソロ。（81年録音）多重録音等は一切無し。このレコードが日本に入って来てすぐに買ったのだった。それまで全く聴いた事が無かったタイプの音楽だった。サックス1本でここまで演奏可能とは！ 勿論ブラクストンのソロも、エヴァン・パーカーのソロもとっくに知ってはいた。テクニック的な面では、有り得ないような演奏をしているワケでは無いのだろうが（とは言うものの、この当時これが出来る者は、そうそうそこら辺に転がってはいないが。）、ここで繰り広げられている音楽そのものが、舌を巻くようなテクニックはともかく、他に聴いた事が無いタイプのものだった事に驚いたのだった。フリー・ジャズには無いものだった。かと言って現代音楽でもないし。一言「クール」な演奏だ。（末冨）

400. Jon Rose : Forward Of Short Leg (Dossier/1980～86年)

ジョン・ローズは、1951年イギリス生まれのオーストラリア人のヴァイオリン奏者。このアルバムでは、その他にピアノ、チェロ、19 strings erectric violin、19 strings cello という自作楽器も使用している。本作は1980年から86年までの様々なセッションが収録されている。参加ミュージシャンは、80年前後に現れた新感覚のインプロヴァイザーからエヴァン・パーカー、バリー・ガイらヨーロッパ・フリーの初期から活躍を続ける大御所（録音当時はまだまだ若かったが）、国籍も様々。くわしくはジャケット写真を参照して下さい。これら多くのミュージシャン達が、デュオから Dense Band や The Relative Band といった7人編成のバンドまで色んな組み合わせで演奏が聴ける。全16曲も有ることから分かるように、一曲が41秒というのから、せいぜい6分弱。多くは2分台と短い。ジョン・ローズの80年から6年間のサンプルを並べたアルバムと言ってよいであろう。せっかく面白いのに突然プツリと演奏が切れるのは、少々フラストレーションが貯まるのも確か。ここで聴ける演奏は、それまでのフリー・ミュージックに見られた長いソロがあるとか、疾風怒濤の熱演とかは、一切無し。細かく刻まれた音の断片が目まぐるしく変化して行く。こういった演奏も今から見ると、その後は一時の流行のようにあっちこっちで行われるようになって行った。しかし、彼等のようにその最先端で牽引して行った者達には賞賛しかない。本作は、たくさんの演奏の、たくさんの録音を短く切り刻んで並べ合わせ、一つの音響作品としたのかもしれない。（末冨）

INDEX

【A】
Air 122
Amalgam 45
AMM 37
Area 133
Art Ensemble Of Chicago 47, 196
Aaltonen Juhani 92
Abrams Muhal Richard 30, 115
Acting Trio 43
Altena Maarten van Regteren 139, 196
Altschul Barry 166
Allen Byron 14
Anderson Fred 197
Anderson Ray 199
Andrews Dwight 185
Austin Charles 184
Ayler Albert 12, 59
阿部薫 123, 176

【B】
Bailey Derek 53, 61, 71, 74, 101, 121, 172, 201
Barbieri Gato 32
Bauer Conrad 197
Bennink Han 30, 53, 61, 69, 73, 108, 154, 194
Berger Karl 65, 98
Bergin Sean 183
Beresford Steve 113, 164, 179, 202
Bernard Claude 162
Berrocal Jacques 137
Beswick Richard 157
Bizien Gaby 116
Black Artists Group 89
Blake Ran 8, 20
Bley Carla 43
Bley Paul 18, 63, 78
Bluiett Hamiet 149
Blyth Arthur 149
Boni Raymond 136, 162
Bowie Lester 99
Bradfield Polly 175, 190
Bradford Bobby 70
Braxton Anthony 37, 39, 79, 101, 106
Breuker Willem 30, 129
Brotzmann Peter 38, 44, 73, 92, 154, 191, 194
Brown Marion 19, 32, 62
Bratti Giorgio 63
Burrell Dave 57
Burwell Paul 162, 171, 179

【C】
Capon Jean-Charles 142
Cardew Cornelius 70
Carl Rudiger 83, 117
Carrol Baikida E. J. 101
Carter John 188
Carter Kent 130, 171, 173
Centazzo Andrea 175, 183
Chadbourne Eugine 138, 175
Charig Mark 156
Chekasin Vladimir 174
Cherry Don 36, 72, 91
Christmann Gunter 94, 148, 167
Circle 69
Circadian Rhythm 171
Clayton Jay 198
Coleman Ornette 5, 6, 182
Coltrane Alice 72
Coltrane John 15, 23, 31
Company 132, 152
Cooper Jerome 152, 187
Coombes Nigel 113
Coursil Jacques 53
Coxhill Lol 163
Cora Tom 175
CPU 131
Creative Construction Company 60
Crothers Connie 102
Cusack Peter 131
Cuypers Leo 112
Cyrille Andrew 102

【D】
Dalaba Lesli 169
Daniel Ted 105
Dauner Wolfgang
Davidson Lowell 19
Davie Allan 111
Davies Hugh 171, 186
Davis Anthony 184
Dean Elton 143
Delcloo Claude 44
Dixon Bill 13, 29
Doyle Arthur 151
Dolph Eric 7
Dudek Gerd 154
Dubuffet Jean 173
Dyani Johnny 168

【E】
East Bionic Symphonia 133
Ethenic Heritage Ensemble 198
Evolutionary Ensemble Unity 134
Eastley Max 162, 171, 179
Ellington Duke 9
Ellis Don 11, 62
Elstak Nedley
Evans Gil 8
Ewart Douglas 176
Eyges David 202

【F】
FMP
For Example 59
Free Music Communion 89
Free Music Trio 166
Free Music Quintet 41
Favors Malachi 155
Favre Pierre 40, 81, 132, 188
Fine Milo 194
Floridis Floros 191
Fontaine Brigitte 51
Freeman Earl 122
Frith Fred 103

【G】
GAP 147
Gitten' To Know Y' all 57
Globe Unity Orchestra 96
Gruppo Di Improvvisazione Nuova Consonanza 141
Ganerin Vyacheslav 174
Garrick Michael 12
Gaslini Giorgio 15
Giuffre Jimmy 10
Goebbels Heiner 144
Goldstein Malcolm 189
Goodman Greg 167, 201
Graves Milford 27, 102, 159
Green Burton 22
Grimes Hennry 26
Guhl Andy 156
Guitar Solo 2 129
Guitar Solo 3 178
Gulda Friedrich 145
Gumpert Ulrich 87, 192
Guy Barry 141
銀巴里セッション 11
グループ・音楽 7

【H】
Human Arts Ensemble 97
Haden Charlie 45, 138
Haines Paul 43
Hampel Gunter 18, 52, 132
Harris Beaver 110
Harth Alfred 144
Hazvoet Kees 144
Hemphill Julius 80
Henry Cow 110
Hering Manfred 87
Holland Dave 65, 71, 80
Honsinger Tristan 139, 167, 202
Hooker Wiliam 130
Horsthuis Maurice 196
Van Hove Fred 38, 73, 185
Howard Noah 24
日野皓正 65

【I】
ICP-Tentet 160
Inspiration&Power 14 94
Inter Jazz Ⅳ 186
Iannaccone Michele 181
Iskra 1903 67
一柳慧 124

【J】
Jackson Michael Gregory
Oliver Jackson 173
Jaffe Allan 165
James Bob 17
Jarman Joseph 36, 145
Jaume Andre 136
The Jazz Composers Orchestra 41
Jazz Realities 26
Jenkins Leroy 114, 151
Johansson Sven Ake 81, 148
Johnson Oliver 171
Jones Arthur 44

【K】
Kaiser Henry 158, 179, 201
Kenyatta Robin 56
Kowald Peter 85, 92, 117, 192
Krog Karin 40
Kuhn Joachim 33, 54, 132

Kuhn Rolf 33
Kumpf Hans 116
加古隆 171
金井英人 77
菊地雅章 61
小杉武久 111, 124, 180
近藤等則 175, 190, 201, 202

【L】
Lancaster Byard 68
La Barbara Joan 113
Lake Oliver 104, 125
Lasha Prince 9
Lacy Steve 35, 82, 107, 111
Lee Jeanne 8
Lewis George 176
Lewis John 6
Logan Giuseppi 12
London Jazz Composers Orchestra 85
Lovens Paul 117, 171, 178
Lowe Frank 91, 152
Lyons Jimmy 54
Lytton Paul 123, 171, 178

【M】
Malfatti Radu 136
Mangelsdorff Albert 71, 73, 132
Martin Stu 65
Maslak Keshavan 169
Mate Philippe 142
McCall Steve 197
McGregor Chris 60
McIntyre Maurice Kalaparusha 84, 152
McLaughlin John 65
McPhee Joe 109, 159
Melis Marcello 112
Mengelberg Misha 108
Miller Harry 155
Minor Jouck 81
Mitchell Roscoe 28, 147
Moholo Louis 117, 170
Moncur Grachan Ⅲ 104
Monk Meredith 86
Moondoc Jameel 187
Moondog 4
Morris Lawrence "Butch" 142
Moslang Norbert 156
Moye Don 121
Mtume 76
Murray David 137

Murray Sunny 21, 50
Musica Elettronica Viva 47
Music Improvisation Company 64
Music Reveration Ensemble 195
水野修孝 88
翠川敬基 135
宮間利之とニューハード 134
森山威男 118, 119

【N】
Naughton Bobby 142
New Jazz Tro 82
New Phonic Art 68
Newton James 168, 184
New York Art Quartet 14
New York Contemporary 5 13
Niebelgall Buschi 154
Nicolson Annabel 171
Nicols Maggie 170
Nommo 136
中川昌三 158
中村達也 140

【O】
Osbourne Mike 75, 128
Oswald John 179
Ovary Lodge 115
Oxley Tony 111
沖至 126

【P】
Paik Nam June 5
Parker Evan 61, 121, 123, 167, 171, 198, 201
Pauvros Jean-Francois 116
Papadimitriou Sakis 191
Peacock Annette 63
Penderecki Krzysztof 72
Petrowsky Ernst-Ludwig 96
Pilz Michel 117
Phillips Barre 42, 182, 189
Portal Michel 79
Pukwana Dudu 90
Pullen Don 27

【R】
Revolutionary Ensemble 84
Rahoerson Serge 142
Rava Enrico 90

Ranta Michael 124
Reed Lou 114
Reichel Hans 125
Redman Dewey 88
Reid Bob 109
Reijseger Ernst 183
Riley Howard 74
Rivers Sam 139
Roach Max 191
Robinson Perry 116
Rollins Sonny 10
Rozie Lee 195
Rozie Rick 195
Rosenboom David 153
Rothenberg Ned 203
Rova Saxophone Quartet165, 198, 201
Rudd Roswell 28, 95
Russell George 16, 35
Russel John 113
Rutherford Paul 108

【S】
The Sea Ensemble 106
Sauer Maud 196
Spontaneous Music Ensemble 42, 162
Sanders Pharoah 48, 199
Schiaffine Giancarlo 181
Schiano Mario 93
Von Schlippenbach Alexander 25, 46, 86, 148, 150
Schonenberg Detlef 94, 103
Schoof Manfred 34, 48, 118
Schuller Gunther 6
Schweizer Irene 117, 146
Sharrock Sonny 58
Shepp Archie 29, 31, 191
Silva Alan 49
Simmons Sonny 9, 25
Siracusa Gerard 136
Skidmore Alan 128
Snyder John 109
Solomon Dave 113
Smith La Donna 183
Smith Wadada Leo 77, 189, 192
Smith Warren 158
Snapshot 192
Snow Michael 67
Sommer Gunter 87, 192
SOS 128
Stanko Tomas 200
Stevens John 70

Stivin Jiri 188
Stockhausen Karlheinz 49
Stratos Demetrio 175
Sun Ra 16, 64
Surman John 55, 65, 128
坂田明 118, 124
坂本龍一 128
佐藤允彦 52, 76, 93, 95, 111, 134
白石かずこ 161
鈴木昭男 180
生活向上委員会NY支部 119
生活向上委員会大管弦楽団 181

【T】
Tamia 174
Tarasov Vladimir 174
Taylor Cecil 23, 24, 87, 97
Tchicai John 50
Teitelbaum Richard 161
Termos Paul 196
Terroade Kenneth 55
Thelin Eje 81
The Trio 66
Thornton Clifford 107
Tippetts Julie 170
Tippett Keith 172
Todd Gary 113
TOK 173
Toop David 162, 171, 179, 202
Tracey Stan 105
Tristano Lennie 4
Tudor David 98
Tusques Francois 17
Tyler Charles 135
高木元輝 46, 51, 61, 75, 120, 126
高橋悠治 111
高柳昌行 127, 200
タージ・マハル旅行団 78
ツトム・ヤマシタ 76
土取利行 120, 128
富樫雅彦 51, 95, 120, 127, 201
豊住芳三郎 61, 75, 100, 176

【U】
Un Drame Musical Instantane 157

【V】
Velbney Karel 33
Vesala Edward 92, 143, 154
Vitet Bernard 73

Disk Guide of Open Music 207

【W】
Wachsmann Philipp 157
Wadud Abdul 149
Waisvisz Michel 146
Ware David S. 160
Waters Patty 20
Watts Marzette 27
Westbrook Mike 56
Wheeler Kenny 92
Wilen Barney 39
Wiliams Valdo 34
Wild Flowers 140
Williams Davey 183
Wilson Phillip 163
Winston Norma 83
Wittwer Stephan 136
World Saxophone Quartet 177
Wren Tony 157
Wright Frank 58
海童道祖 66

【Y】
山下洋輔 93, 99, 118, 201
山本邦山 180
湯浅譲二 153
吉沢元治 46, 100

【Z】
Zimmermann Bernt Alois 21
Zoller Attila 22
Zorn John 164, 175

Free music 1960~80 Disk Guide Edition
Copyright©2017Chap Chap Records
All Right reserved
http://www.chapchap-music.com
1863 Shinden, Hofu-city, Yamaguchi-prefecture,
747-0825, Japan
Edited by Takeo Suetomi, Koji Kawai
Photo courtesy of SABU TOYOZUMI,
ALEXANDER VON SCHLIPPENBACH
Cover design Misono Ueda
Published by TPAF : ISBN 978-4-906858-13-2
1-42-8-107 Minamiogikubo, Suginamiku Tokyo, Japan

フリーミュージック1960~80（ディスクガイド編）
企画制作：ちゃぷ ちゃぷ レコード、
著者：末冨健夫、金野吉晃、河合孝治、横井一江、
牧野はるみ、川口賢哉　豊住芳三郎、織田理史
編集：末冨健夫、河合孝治
表紙デザイン：上田美園
発行所：TPAF
ISBN 978-4-906858-13-2

www.ingramcontent.com/pod-product-compliance
Lightning Source LLC
Chambersburg PA
CBHW022127080426
42734CB00006B/265